名师工程
创新课堂系列

新课程·新理念·新教学
丛书编委会主任：马立 宋乃庆

用《论语》思想提升数学教育智慧

提升

胡爱民 ◎ 著

西南师范大学出版社
全国百佳图书出版单位 国家一级出版社

图书在版编目（CIP）数据

用《论语》思想提升数学教育智慧/胡爱民著.
—重庆：西南师范大学出版社，2010.4
　（名师工程系列丛书）
　ISBN 978-7-5621-4901-9

　Ⅰ.①用… Ⅱ.①胡… Ⅲ.①数学课—教学研究—中小学 Ⅳ.①G633.602

中国版本图书馆 CIP 数据核字（2010）第 067769 号

名师工程系列丛书

编委会主任：马　立　宋乃庆
总策划：周安平
策　划：李远毅　卢　旭　郑持军　郭德军

用《论语》思想提升数学教育智慧
胡爱民　著

责任编辑：张浩宇　曹　攀
封面设计：周　晓
出版发行：西南师范大学出版社
　　　　　　地址：重庆市北碚区天生路 1 号
　　　　　　邮编：400715　市场营销部电话：023-68868624
　　　　　　http://www.xscbs.com
经　销：新华书店
印　刷：九洲财鑫印刷有限公司
开　本：787mm×1092mm　1/16
印　张：17
字　数：267 千字
版　次：2010 年 4 月　第 1 版
印　次：2012 年 8 月　第 2 次印刷
书　号：ISBN 978-7-5621-4901-9

定　价：30.00 元

《名师工程》
系列丛书

学术指导委员会

主　任	顾明远				
委　员	陶西平	李吉林	钱梦龙	朱永新	顾泠沅　马　立
	朱小蔓	张兰春	宋乃庆	陈时见	魏书生　田正平
	张斌贤	靳玉乐	石中英	钱理群	

编撰委员会

主　任	马　立	宋乃庆			
编　委 （按姓氏拼音排序）	卞金祥	曹子建	陈　文	邓　涛	窦桂梅　冯增俊
	高万祥	郭元祥	贺　斌	侯一波	胡　涛　黄爱华
	蓝耿忠	李韦遴	李淑华	李远毅	李镇西　李力加
	李国汉	刘良华	刘海涛	刘世斌	刘扬云　刘正生
	林高明	鲁忠义	马艳文	缪水娟	闵乐夫　齐　欣
	沈　旎	施建平	石国兴	孙建锋	孙志毅　陶继新
	田福安	王斌兴	魏　群	魏永田	吴　勇　肖　川
	谢定兰	熊川武	徐　斌	徐　莉	徐　勇　徐学福
	徐永新	严永金	杨连山	杨志军	余文森　袁卫星
	张爱华	张化万	张瑾琳	张明礼	张文质　张晓明
	张晓沛	赵　凯	赵青文	郑忠耀	周安平　周维强
	周亚光	朱德全	朱乐平		

《名师工程》系列丛书

征 稿 启 事

《名师工程》系列丛书是西南师范大学出版社策划、组织出版的大型系列教育丛书。丛书以新课程下的新教学为背景，以促进施教者的教育能力为落脚点，以提高教育质量、提升教师水平为宗旨。

丛书首批推出的"名师讲述""教学提升""教学新突破""高中新课程""教师成长""大师讲坛""教育细节""创新语文教学""教育管理力""教师修炼""创新数学教学""教育通识""教育心理""创新课堂""思想者""名师名课""幼师提升""优化教学""教研提升""名校长核心思想系列""名校工程""高效课堂""班主任专业化"等系列，共130多个品种，其余系列也将陆续出版。为了让广大教师有一个交流、借鉴的机会，同时也为了给广大教师提供更多、更好的图书，《名师工程》系列丛书编辑出版委员会特向全国教育工作者征集稿件。

稿件要求：

1.主题鲜明、新颖，有独创性。

2.主题以提升教育能力为主，也可适当外延。

3.主题要有一定规模、有典型案例支撑。

4.案例要贴近教育实际，操作性强。

5.文章、书稿结构清晰，语言精彩。

书稿作者在选题确定之后，请及时与我们做好沟通，具体事宜确定好之后再进行创作；也欢迎用已经完稿的稿件投稿。一线教师如希望参与图书案例的创作，可联系我社策划机构，由策划机构备案，在适合的图书中参与创作。

真诚欢迎各位教师踊跃投稿。

联系方式：

西南师范大学出版社高教分社

电话：023-68254356　　E-mail：zcj@swu.cn

西南师范大学出版社高教分社北京策划部

电话：010-68403096

E-mail：guodejun1973@163.com

编者的话

当前，以人为本的教育理念正在逐步深化，素质教育以及基础教育课程改革不断推进。在这场深刻又艰苦的教育改革中，涌现了无数甘为人梯、乐于奉献的优秀教师。他们积极探索、更新观念、敢于创新、善于改革，在实践中创造性地发展、总结了很多先进的教育思想、教育理念；创造性地开发了很多新的教学模式、教学内容和教学方法。这些新思想、新模式、新方法在实践中极大地提高了教学质量，是教育改革实践中的新内涵和宝贵财富。这些优秀教师就是我们的名师，这些新内涵就是名师的核心教育力。整理、总结、发展、推广这些教育新内涵，是深化教育改革、完善教育体制、提高教育质量、提升教师水平的一件大事。

教育，是民族振兴的基石；教师，是教育发展的根基。

胡锦涛总书记在全国优秀教师代表座谈会上指出："教师是人类文明的传承者。推动教育事业又好又快发展，培养高素质人才，教师是关键。没有高水平的教师队伍，就没有高质量的教育。"十七大报告又进一步强调了必须加强教师队伍建设，不断提高教师的素质。当今世界，社会进步一日千里，科技发展日新月异，知识更新的周期越来越短。教师作为"文明的传承者"更要与时俱进，刻苦钻研、奋发进取，尽快提升自身素质和能力，为推动教育事业的健康发展贡献自己的力量。

基于以上，西南师范大学出版社策划、组织出版了大型系列教育丛书——《名师工程》。希望通过总结名师的创新经验、先进理念，宣传名师的核心教育力，为广大教师职业生涯提供精神源泉和实践动力，在教育实践层面切实推动从教者职业素养的提升。通过《名师工程》实现"打造名师的工程"。

丛书在策划、创作过程中力求实现以下特色：

一、理念创新，体现教育的人本精神

教师角色在以人为本的教育理念下发生了重大的变化，教师的素质和能力也面临更高的要求。如何弘扬、培植学生的主体性、增强学生的主体意识、发展学生的主体能力、塑造学生的主体人格等问题成为教师在目前教育中亟待解决的难题。丛书以教育管理者和教师为主要读者对象，通过教师综合素质的提高而将人本教育的思想落实到教育实践中，真正实现教育培养人、塑造人、发展人的本质要求。

二、全面构建，系统提升教师的教育能力

丛书选题的最大特点就是系统、全面地针对教师教育能力的提升而展开。施教者的能力决定教育的效果，教育改革的落实、教育效果的提高无不体现在教师身上。丛书针对不同教育能力、不同教学要求、不同教育对象，有针对性地设置选题。棘手学生、课堂切入、引导艺术、班主任的教导力、互动艺术、课堂效率、心灵教育等等，这些鲜明的主题从教育的细节出发，从教育实际情况出发，有针对性地解决问题，让教师在阅读中学有所指、读有所获。

三、科学权威，体现教育的时代前沿性

丛书邀请全国各地著名的教育工作者执笔，汇集在教育改革与实践中涌现的先进理念、成果和方法，经过专家认真遴选、评点总结而成，代表了目前教育实践中先进的教育生产力，具有时代前沿性，是广大一线教师学习、借鉴的好素材。

四、注重实践，突出施教的实用价值

丛书采用了通俗的创作方法，把死板的道理鲜活化，把教条的写法改变为以案例为主，分析、评点为辅，把最先进的教育理念和方法融入有趣的情境中。经典的案例，情境式的叙述，流畅的语言，充满感情的评述，发人深省的剖析，娓娓道来、深入浅出，让教师更充分地领会先进、有效的教育方法。

在诸多教育、出版界同仁的支持与努力下，《名师工程》陆续推出了《名师讲述系列》《教学提升系列》《教学新突破系列》《高中新课程系列》《教师成长系列》《大师讲坛系列》《教育细节系列》《创新语文教学系列》《教育管理力系列》《教师修炼系列》《创新数学教学系列》《教育通识系列》《教育心理系列》《创新课堂系列》《思想者系列》《名师名课系列》《幼师提升系列》《优化教学系列》《教研提升系列》《名校长核心思想系列》《名校工程系列》《高效课堂系列》《班主任专业化系列》等系列，共130多个品种，后续图书也将陆续出版。

丛书在出版创作过程中得到各地、各级教育部门与教育工作者的大力支持与帮助，在此一并表示感谢！

教育事业是全社会共同的事业，本丛书的出版一方面希望能对广大教育工作者有所帮助，共绘先进成果；另一方面也是抛砖引玉，希望更多的教育工作者参与到出版创作中来，百家争鸣、百花齐放，为促进教育事业的发展共同努力！

致读者的一封信（代序）

亲爱的读者朋友：

    您好！

    让我们先从法国的一个修道院说起吧！人们在修道院里发现了一本书，它大约写于一五二三年。在这本书的题记中，人们发现了这样一段文字：

    "我的朋友，我恳求您，当您读这本书的时候，要用双手紧紧拿住书背，以免一个突然的动作使书页文字破损。要知道一个作家完成一本著作，心情之愉快犹如水手找到了避风港。看上去他写书只是三个指头捏一支笔，可是他整个身心尽瘁于斯。感谢上帝，我伦贝特只是在您的名义下，才能写出这本书。阿门！"

    当您捧起这本书时，便捧起了我的一颗心——一颗真实的、忐忑的、疲惫的心。真实在于它是从自己心中汩汩流出的清泉，忐忑在于不知道作为读者的您是否认可，疲惫在于完成书稿使自己"身心尽瘁于斯"。

    在此，我还想对您说：

    首先，我只是一个师专化学系毕业的人，不是文科出身，更不是学者，没有您想象的那样对《论语》具有多么精深的钻研。所以，请不要过高要求我对《论语》的阐释有多么的专业与精准。一千个读者便有一千个哈姆雷特，即使对于那些专业的《论语》研究者而言，某些语句在不同的学者中也有不同的理解。但是，我可以保证，您所看到的，就是我看到《论语》那些文字时心中真实的念头、确切的想法。

    其次，我只是一个教小学数学的教师。对于《论语》，我也会从为人、处事、修身等角度思考其本义。可是，我会更多地从职业的角度去想：这一点对教学、对教育学生有什么帮助？这样一来，此时心中所思便与文中语句的本义不知相差其几千里也。所以，对于"行其道""证其果"中的言语，您可能会觉得或牵强附会，或文不对题……我不完全同意您的观点，但是我完全尊重您表达自己观点的权利。"好读书，不求甚解；每有会意，便欣然忘食"，是我读《论语》、写此书的写照，也是我向往的境界、一直努力追求的方向。

　　再次，之所以用"信其言、解其语、行其道、证其果"的体例，是因为佛家有言：欲求无上菩提，须行"信、解、行、证"之道。"信"即对圣贤所说的话坚信不疑，所谓"信则灵"；"解"即对圣贤所说话中的道理有悟于心、通达无碍，所谓"明明德"；"行"即理则悟、事须修，要想得成正果，须从实地修行，所谓"修行在个人"；"证"即从"信其言"到修成圣果，绝非一蹴而就，不同的人因方向、目标的不同，到达不同的证悟阶段和实证境界。简而言之，"信其言"即原文，"解其语"即解读，"行其道"即随想，"证其果"即悟入。

　　还有，我要感谢我的家人。完成书稿时，我的儿子刚好两岁四个月，写稿期间，一直是家人在照顾他。有了他们的背后支持，才使得我既能安心撰写书稿，又能看见儿子茁壮成长；我要感谢我的朋友，如刘全祥、李楠、苏干浩等人，没有他们的鼓励，我也走不到今天；我要感谢我的学校领导肖以梧、苏慧贤，正是在他们一贯坚持的提高教师素养、提高课堂教学效率和质量，始终秉持全员、全面育人的办学宗旨的要求下，才使我常常去思考一些问题；我要感谢福田区教育局教研中心陈祥俊主任和黄爱华副主任，是他们的督促、鞭策才使我走到今天；我更要感谢福田区教育局李吉南局长、刘玉新书记等领导，正是他们对于福田教育的不懈思考与追求、对于福田教师队伍的期望与要求，给了我鼓励、支持、压力和动力。

　　最后，感谢读者您对本书的支持，恳请提出批评、指正！

　　此致

敬礼！

胡爱民

二〇〇九年九月

目 录
CONTENTS

一、学而时习之
——有效复习，使知识结构合理化

【信其言】

子曰："学而时习之，不亦说乎？有朋自远方来，不亦乐乎？人不知而不愠，不亦君子乎？"

——《论语·学而第一》

【解其语】

此句大意是，孔子说："学习了，然后时常温习、践行，不是一件令人高兴的事情吗？有志同道合的朋友从远处来，不是一件令人快乐的事情吗？别人不理解我，我却不怨恨他，难道不是君子应有的作为吗？"

孔子自己就是"学而时习之"的代表人物。《史记·孔子世家》中说："读《易》，韦编三绝。"说的是孔子读《易》这本书，严格说不是"书"，应该叫"书简"，那时的书一般都是用熟牛皮绳编起来的竹简。孔子读《易》的过程中，读了一遍，心有所感、所惑，再读一遍，又有新的体悟，又读一遍，如是反复再三，不知读了多少遍，最后导致编书简的牛皮绳子都不知道断了几次。可是孔子犹未满足，说："假我数年，若是，我于《易》则彬彬矣。"（《史记·孔子世家》）"加我数年，五十以学《易》，可以无大过矣。"（《论语·述而》）可见，孔子对"学""习"的认真态度。

【行其道】

对于"习"有着不同的解释。一种意见认为此处的"习"为温习、复习之意；一种意见认为此处的"习"是实践、实习之意；还有一种意见认为，前两者之意都有。

站在教师的立场上，我更喜欢将"习"认为是既要练习，又要整理，还要复习，在不断的践行中习得知识，获得智慧。将"学而时习之，不亦说乎"理解为：（学生）学习了，然后时时练习，（教师帮助学生）时常进行整理和复习，（使学生）不断习得知识，获得智慧，这不是一件令人十分高兴的事情吗？

信息的长时记忆和保持规律以及遗忘发生的规律告诉我们，要保持良好的学习效果，需要进行系统的不断的复习。第一次最佳复习时间为学习刚刚结束后的5～10分钟，所以我们在新授内容结束后一定要及时地进行学习总结和巩固练习；第二次最佳复习时间为学习当天的晚些时候或第二天，所以我们需要要求学生按时完成家庭作业；后续的最佳复习时间分别是学习一个星期和一个月后，所以，我们在每隔一段时间后，需要进行相关学习单元的整理和复习。

心理学还告诉我们，合理地应用组织策略可以对学习材料进行深入的加工，进而促进对学习内容的理解与记忆。所谓组织策略即根据知识经验之间的内在关系，对学习材料进行系统、有序的整理、分类和概括，使之结构合理化。

所以，"学而时习之"对于我们帮助学生有效学习具有非常重要的意义。

【证其果】

每一个单元后的"整理和复习"教学是最有利于帮助学生建构数学知识网络、培养学生思维能力的。

一、师生要有"联"的意识——有建构数学知识网络的意识

教师要改变就题练题的整理复习教学方式，自己在思想观念上要具有帮助学生学会整理知识系统的意识，而不是仅仅停留在检验学习效果、查漏补缺的水平上。如果教师没有这方面的意识，那么"取法乎下"，学生就只能"仅得下下"了。

因此，在平日的整理复习中就要注意渗透建构知识网络的意识，并逐步

帮助学生学会整理知识的方法。

例如，在整理复习平面图形的面积时，可以先让学生说一说："你准备怎样复习？"根据学生的发言，适时引导得出：可以根据推导过程来复习，可以以面积公式为主线复习，还可以通过找各种图形之间的转化关系来复习……然后让学生根据不同的思路整理出知识网络。这样可以充分激发学生整理、建构知识网络的自主性，并以这个建构的过程来帮助学生掌握建构数学知识网络的方法。

二、教师要有"联"的本事——教"活"知识

一方面，教师要教给学生"活"的知识。要让学生弄懂、弄透每一个知识点，并了解与各个知识点前后相关联的内容，掌握知识点之间的隶属、因果、包含等逻辑关系，使学生弄清知识的来龙去脉，知道新旧知识的联系，从而帮助学生认识到知识点之间存在的网络结构。

另一方面，教师要把知识教"活"。在教学过程中，教师要联系学生的实际认知能力，灵活地使用教学方法，大胆合理地处理教材。

例如，在分数除法教学中，我们就可以改变"分数除以整数——一个数除以分数"先意义后法则的课程编排体系，而根据分数除法法则灵活处理为：将两种分数除法的法则统一为一个教学体系授课。经实践证明，学生根据分数除以整数计算法则，自己可以十分轻松地迁移得到一个数除以分数的计算方法，并很容易地归纳出一个统一的分数除法的计算法则。

三、知识要能"联"点成线——知识系统化

我们必须指导学生对所学的知识进行分类归纳、整理提炼，最后归入某一系统。各个知识点，特别是隶属于同一知识体系内的知识点不是孤立的，彼此之间有着或多或少的联系，往往环环相扣。只要我们把各知识点科学地、有序地、有机地联系起来，加以系统整理，就可以形成一个小的数学知识线，再把多个小知识线相互联系，就可以形成一个大的知识链条。

例如，在分数应用题中，分数乘法应用题根据单位"1"的情况可分一般分数乘法应用题和比多（少）百分之几的分数乘法应用题，分数除法应用题也同理。如果我们以单位"1"为中心，便可将分数乘法、分数除法、比

多（少）百分之几应用题这几个相对分散、独立的小系统归纳入一个大的系统。

四、利用目录，"联"线成面——知识网络化

教材前页中的目录事实上已经从全局的高度在提示我们知识的网络结构。

目录中每一个单元的标题就是根目录，其中的每一章节便是子目录，在每一章节中设置的知识点便是子目录的子目录，这样上下之间便形成了"单元知识——各章节知识——各知识点"的知识链条。然后各自相对独立的知识链条之间密切联系，一环扣一环，便组成一个知识网络。这样就从"点"到"线"再到"面"，建立了一个知识网。

例如，在"数"的整理与复习中，在"自然数→奇数、偶数→约数、倍数→质数、合数；分数→百分数；小数→有限小数、无限小数→循环小数"这些知识点中，自然数是基础，在此基础上拓展到奇偶性、质数合数等；然后峰回路转，另起一支，研究整数不能解决的问题——分数、小数，其中分数又延伸到百分数，小数的认识进一步拓展到对有限、无限的研究，并最终深入到对无限循环及无限不循环（π）的认识；整数、小数、分数相互独立地延伸形成各自的知识局域网，而它们之间又因为分数与小数的互化、分数的基本性质及分数与除法之间的关系等使各个局域的知识网联系起来，最终形成一个立体的、交叉的"数"的知识网络。

五、自主探索，建构网络

每一个单元的知识都是固定的，知识之间的联系及关系也是基本不变的。但是，只要我们善于调动学生，善于引导学生，我们照样可以让学生充分发挥自己的主观能动性，让他们自主地、积极地寻找知识之间的联系，建构知识的网络图。

例如在苏教版数学"分数的基本性质"的整理复习中，我们就做了这样的尝试。

师：想一想，在"分数的基本性质"这一单元中，我们学习了哪些知识？

（学生或凭记忆，或打开书本，说出本单元的知识有：分数的基本性质、约分、通分、分数大小比较等）

师：下面我们就以小组为单位，挑选自己感兴趣的，或者是自己觉得需要加强的内容来复习，弄清每个知识点里具体有些什么内容，并举出例子。

（学生分小组挑选自己的复习内容，翻书查阅每个知识点的具体内容，在草稿纸上写出例子）

生：分数的基本性质就是分数的分子、分母同时乘以或除以同一个数（0除外），分数的大小不变。例如：$\frac{4}{8}$ 的分子 $4 \div 4 = 1$，同时分母 $8 \div 4 = 2$，得到 $\frac{4}{8} = \frac{1}{2}$；或者分子 $4 \times 4 = 16$，同时分母 $8 \times 4 = 32$，得到 $\frac{4}{8} = \frac{16}{32}$。

生：约分就是把分数的分子、分母同时除以同一个数（0除外），最后使分子和分母是互质数，也就是最简分数。例如：$\frac{3}{6}$ 的分子 $3 \div 3 = 1$，同时分母 $6 \div 3 = 2$，得到 $\frac{3}{6} = \frac{1}{2}$。

生：通分就是把两个分母不同的分数转化成分母相同的同分母分数，它利用的就是分数的基本性质。例如：$\frac{3}{8}$ 和 $\frac{5}{12}$ 通分，$\frac{3}{8}$ 的分子 $3 \times 3 = 9$，同时分母 $8 \times 3 = 24$，得到 $\frac{3}{8} = \frac{9}{24}$；$\frac{5}{12}$ 的分子 $5 \times 2 = 10$，同时分母 $12 \times 2 = 24$，得到 $\frac{5}{12} = \frac{10}{24}$。

生：比较分数的大小，分母不同的时候可以利用通分，把它们变成同分母分数，然后再进行比较。

师：我们可不可以将这些知识整理成一个结构图呢？通过知识结构图，让人一眼看出各个知识点之间的联系。看看哪个小组最会想办法？

（学生以小组为单位，摸清知识点，理清知识之间的联系，寻找合适的结构图来表示）

生1：我们是这样整理的。因为分数的大小比较、约分、通分都要用到分数的基本性质，就好像行星围着太阳转一样。所以，我们用圆圈图来整理，分数的基本性质放在正中间，约分、通分、比大小在周围围着它。约分要约成最简分数，通分要用公分母通分成同分母分数。（如图1）

生2：因为书本里面先安排学习了分数的基本性质，然后按照约分、通分、分数比大小的顺序学习，又因为分数的基本性质不学的话，下面的约分、通分、比较大小就无法学，所以我们这样整理。（如图2）

生3：我们是用一棵树来表示的。分数的基本性质就好比是树干、是基础，没有它就没有办法进行后面内容的学习。在学习了分数的基本性质后再利用它来进行约分和通分，约分要约成最简分数，通分要通分成同分母分数。有时候我们会碰见两个分母不一样的分数比较大小，这个时候我们就要用约分和通分进行分数大小的比较，所以约分和通分是分数大小比较的基础，就好比树要先有根，再长出树干，然后才有枝叶。（如图3）

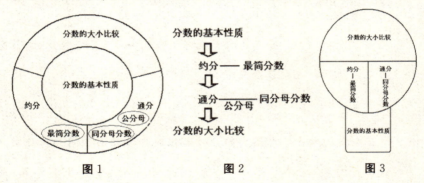

图1　　　　　　　图2　　　　　　　图3

二、巧言令色
——言语沟通和非言语沟通

【信其言】

子曰："巧言令色，鲜矣仁。"

——《论语·学而第一》

【解其语】

大意是，孔子说："那些终日花言巧语、察言观色的人，少有仁德之心。"

在《伊索寓言》里有一个狐狸和乌鸦的故事。乌鸦口中衔着一块肉站在树枝上，狐狸想得到那块肉，就假情假意地对乌鸦说："你可真美呀！你的身材多么优雅！你的面容多么高贵！我敢肯定，你的歌声一定和你的外表一样美丽，其他鸟儿都比不上你！请为我唱一首歌吧！"乌鸦听了，昂起头呱呱大叫，口中的肉就掉了下来。狐狸马上冲上去叼走了肉。狐狸说的就是"巧言"；陈凯歌导演的电影《刺秦》中，嫪毐面对秦王、吕不韦时，总是毕恭毕敬，甚至表现出胆小如鼠般的懦弱，而实际上，心硬如铁，狠如蛇蝎，这就是"令色"。一个人生活在世间，社会角色的差异必然会使一个人带着不同的面具，面对什么人就说什么话，这是人的社会性的必然表现。可是，一个人如果巧舌如簧、混淆是非、察言观色、专事谄媚，就落入了为人处世的魔道。

【行其道】

师生在教学交往、互动的过程中除了言语交往之外，还有非言语交往，如表情。表情分面部表情、肢体表情和语调表情，它们都是情绪表达的一种方式。言语交往和非言语交往是相互配合的，是师生沟通的一种手段。

作为教师，我这样理解"巧言令色，鲜矣仁"以激励和鞭策自己的：

言，即言语交往；色，即非言语交往，如面部表情、肢体表情、语调表情等。

巧言令色鲜矣！仁！——巧妙运用言语交往，令自己总是和颜悦色地面对学生的人少了，而那是教师应有的仁德。

在一次记者会上，一名居心叵测的外国记者问周恩来总理这样一个问题："中国人民银行有多少存款？"意欲以新中国的经济窘境给周总理难堪。周恩来总理回答说："十八元八角八分。"现场愕然。随后，周总理解释说，人民币的面值有"十元、五元、二元、一元""五角、二角、一角"和"五分、二分、一分"三种，加起来刚好是"十八元八角八分"。现场诸人为之折服。这就是"巧言"，令人叹服的语言魅力与智慧。

有很多学校在办公室、或者楼梯拐角处的墙壁上，安放有大的镜子，以方便学生和教师能够随时整理自己的形象，特别提醒教师在进教室之前，要照照镜子，让自己面带笑容、和颜悦色、精神饱满，这就是"令色"。这样，学生面对教师时，始终如沐春风。

【证其果】

如何在教学活动中，让自己能够巧妙地运用"言""色"，即言语沟通和非言语沟通来促进自己的教学呢？我们不妨从几个方面来修炼自己。

一是始终要有一颗"仁心"。教师要认识到自己面对的学生首先是一个天真活泼的儿童，是一个茁壮成长的稚嫩的生命，是一株含苞待放的花朵……而后才是一个求学的学生。只有心中有了这样一颗仁爱之心，我们才能在任何情况下都从容、善意地面对学生的种种状况，不会因为自己反复讲解学生却不能理解而嫌弃，不会因为学生上课捣蛋而痛骂……才会在任何时候总是小心翼翼地保护学生的尊严，就如同霍懋征老师与学生达成"你如果会回答就举左手，不会就举右手"的约定一样，时刻呵护学生的心灵。

禅宗六祖慧能说："心生种种法生，心灭种种法灭。"意思是只有胸怀仁爱之心，才能外显爱人之貌、之色。思想决定态度，态度决定行为。只有教师心中真正有了学生，有了正确的学生观，我们才能由衷地从心灵深处有感而发，表现出外在的令人如沐春风般的和颜悦色，以良好的、积极的情绪情感面对学生、感染学生。

二是要有"仁术"，也就是要会"巧言"。有这样一个笑话可以提醒我们语言智慧的重要性。话说一人请客，先来的几位客人已经就座，主人看还有客人未到，就自言自语："该来的还没来。"一位客人心想：那我是不该来啦?! 起身走了。主人一看，急了，忙说："怎么不该走的走了呢?"另一位客人心中恼火：看来是我该走了! 起身走了……这位主人要是通晓言语沟通的技巧与艺术，就不会出现这样的事情。

在教学中，面对形形色色的学生，各种突发情况下，教师如何"巧言"呢? 我们先看下面教学中的一个场景。

（有学生计算）

$$
\begin{array}{r}
704 \\
\times 5 \\
\hline
3570
\end{array}
$$

师：（惊讶地）得数是三千五百几十?

生：（不好意思）我错了。

师：哪错了?

生：4乘5等于20，写0进2，0乘5我算成0乘5等于5，5加进上来的2，所以……

师：所以算成3570了?

生：是的。

师：我想这位同学是故意出错，来提醒同学们的!

生：老师，我不是故意的，我算的时候确实想错了。

师：这组的小组长为什么推荐他? 小组长没有认真检查吧?

生：因为他最小，我们想给他机会（孩子们充满智慧）。

师：那给你机会再讲一遍，你现在想提醒同学们一些什么啊?

生：0×5千万别看成5，一定要看成0。

师：请你用红色粉笔将7改成2吧。

案例中，教师故作惊讶状，而不是生硬地对学生说"你这样做错了"，这就是以"色"代"言"，用夸张的表情暗示学生：你是不是做错了呢? 这种表情的暗示比粗暴的语言更能触动学生，保护学生的心灵，激发学生产生积极的情绪。所以，学生会"不好意思"，并主动承认："我不是故意的，我算的时候确实想错了。"

教师说："我想这位同学是故意出错，来提醒同学们的！""这组的小组长为什么推荐他？"就是利用学生的错误"逆水行舟"，于困境中利用巧妙的言语维护学生的尊严；我们也可"顺水推舟"，利用教学的意外情况，深入了解学情，将学习往更深处引导。

可以看出，要"巧言"，至少需要做到：

（一）"言""色"结合。不是任何时候都可以通过语言沟通达到良好的教学效果的。有时，不需要过多的言语，只需要一个夸张的表情（怀疑、惊叹、疑惑等），就能激发学生产生积极的情感，诱导学生深入地思考。所以，我们说"沉默是金"。有时，我们又需要通过教师的语言达到"尺水兴波"的效果，利用语言引导学生进行后续的学习。或语调抑扬顿挫，或语速快慢适中，或语言生动风趣……

（二）言简意赅。鲁迅说过："要用最简练的语言表现最丰富的内容。"数学教师的语言应该像刚洗完澡的婴儿一样干净，没有废话。紧紧地围绕自己的教学目标、活动意图，设计、运用目的明确、指向性强的语言；做到语言的简洁性、概括性相统一，语言简练而正确，意思明了而无误。

（三）启发思维。学生要将语言转化为思维总是有一定难度的。我们在与学生用言语沟通时，需要让语言具有一定的启发性和指导性。启发性在于能够引导学生进行深入思考，培养学生的思维能力；指导性在于能够帮助学生深入教学活动，特别是一些步骤多、要求多、需要学生动手实践的活动，如果缺乏指导性，学生往往不明就里，不能及时完成实践活动，学习效果就会大打折扣。

三、本立而道生
——思想有多远，我们就能走多远

【信其言】

有子曰："其为人也孝弟，而好犯上者，鲜矣；不好犯上而好作乱者，未之有也。君子务本，本立而道生。孝悌也者，其为仁之本与。"

——《论语·学而第一》

【解其语】

大意是，有子说："能够孝敬父母、尊爱兄弟的人却好忤逆尊长，这样的事情是很少发生的；不好犯上的人却好作乱，这样的事情就从未有过。君子要致力于根本的修养，有了正确的根本，自然就能衍生出良好的德行。孝敬父母、尊爱兄弟，就是做人的根本。"

《史记·五帝本纪第一》记述了这样一件事情。三皇五帝之一的舜的父亲瞽叟是个瞎子，舜的母亲死了之后，瞽叟便又娶了一个老婆，并生了一个儿子象。瞽叟和他的后妻以及儿子象都想杀死舜。他们骗舜上屋顶干活，然后放火烧屋，舜没有死。又叫舜下井干活，然后将井用土填实。瞽叟、象大喜，以为舜已经死了。然后三人瓜分舜之所有，象提出要舜的老婆和琴，其他的牛羊、粮食等都归了瞽叟夫妇。可是，舜没有死，又回来了。于是他们一家四人便陷入了这样一种状况："欲杀，不可得；即求，尝在侧。"舜的父母兄弟想杀死他，可又办不到；需要舜的时候，一叫，他又马上到。让人钦佩的是，"舜复事瞽叟爱弟弥谨"，注意，是"弥谨"（译为：更加恭谨）。帝尧考察了舜多年，最终"尧乃试舜五典百官，皆治"。

舜最终能继承帝尧的位置，便在于他能"务本"。能够面对数次杀自己的人，仍然能够不计前嫌，这样的人怎么可能不爱民如子，是为"仁"；能够数次逃脱各种生死陷阱而无恙，是为"智"；面对如此父母兄弟，仍然事父母以"孝"、事兄弟以"悌"，是为"礼"。所有种种，反映了舜为人、处事的根本，有了这个根本，自然就有了教化众生之道。

【行其道】

朱熹曾说："君子凡事专用力于根本，根本既立，则其道自生。"它给了我很大的启发。

首先是"君子务本"不必拘泥于为人、为"仁"这一方面。人生于世，身体发肤受之父母；兄弟与己，同宗同源，事父母以孝，事兄弟以悌，理所应当，切不可祸起于萧墙之内。

其次是做其他任何事情都要想明白事情的根本。身为教师就要想清楚教学的根本。从育人目标上说，是以学生的成绩、分数为本，还是坚持学生德、智、体、美、劳全面发展为本？从教学目标上讲，是以当堂课的知识、能力为本，还是坚持知识能力、过程方法、情感态度价值观全面发展为本？就数学教学而言，是以数学基础知识、基本能力为本，还是坚持数学基础知识、基本技能与基本数学思想、基本数学活动经验统筹发展为本？

所以，"君子务本""本立而道生"给我的启示是：教师在教学中一定要注意以学生的发展为根本。只有有了正确的教育思想与理念，我们才能在教育之道上越行越远。具体在数学教学中，除了要帮助学生获得基础的数学知识和能力之外，更要帮助学生领会数学思想、学会运用数学思想方法统领数学问题。

"思想有多远，我们就能走多远。"毛泽东为这句话做出了有力的注脚。

1955年1月，毛泽东曾经问钱三强："质子、中子是由什么东西构成的呢？"钱三强有些作难，因为这个问题已经超出物理学当时的发展水平。他如实回答："根据现在研究的成果，质子、中子是构成原子核的基本粒子。所谓基本粒子，就是最小的，不可再分的。"

毛泽东略加思考后说："我看不见得。从哲学的观点来看，物质是无限可分的。质子、中子、电子，也应该是可分的，一分为二，对立统一嘛！不过，现在实验条件不具备，将来会证明是可分的。你们信不信？你们不信，反正我信。"

1955 年晚些时候，美国科学家基格勒、恰勃林等首次发现了反质子和反中子。

毛泽东没有经过专业的物理学习，他为什么能够就当时物理学的前沿问题——基本粒子是否可再分，做出正确的预见呢？因为他认为，辩证唯物主义思想是人们认识和改造世界的最正确、最有力的武器，而"一分为二、对立统一"则是唯物辩证法的基本规律、核心规律。所以，毛泽东站在哲学的立场，从辩证唯物主义思想的角度提出基本粒子可以再分。

基于此，我们就不难理解美国著名的粒子物理学家、诺贝尔奖获得者格拉肖的建议："如果发现夸克和轻子是由更深层次的物质组成的，那么我提议把构成物质的所有这些假设的组成部分命名为'毛粒子'（Maons），以纪念已故的毛主席，因为他一贯主张自然界有更深的统一。"

【证其果】

辩证唯物主义思想是人们认识和改造世界的最正确、最有力的武器，唯物辩证法是马克思主义哲学的重要组成部分，它既是一种反映人们对客观世界认识的认识论，又是一种指导人们正确认识客观世界的方法论。认识、掌握和运用唯物辩证法，可以用科学的理论指导我们产生正确的思想，用正确的思想指导我们进行科学的教学。

毛泽东能够站在哲学的立场，从辩证唯物主义思想的角度提出基本粒子可以再分。数学也是科学的一部分，也是人们认识和改造世界的一种武器，那么我们也可以用辩证的观点和方法指导我们的数学教学，比如用唯物辩证法引导学生认识正负数。

一、以"矛盾"诱发认知冲突，帮助学生认识"负数的产生"

唯物辩证法认为，矛盾是事物发展变化的根本原因和动力。矛盾的观点是唯物辩证法最基本的观点，是唯物辩证法的核心所在。负数就是矛盾的产物：一方面，现实世界中存在一些相反意义的量，只用正数无法客观、准确地反映它们，比如海平面以上 50 米可以用"50 米"表示，那么海平面以下 50 米呢？原有的（正）数就无法满足需要了。这种现实与需要的矛盾促使人们思考扩大数的范畴，负数的产生就成为必然。另一方面，早期人们在解方程的过程中经常会遇到小数减大数不够减或者出现负根的情况，这时原有的（正）数已经无法自圆其说甚至阻碍了数学自身的发展，这种数学内部的矛盾也促使了负数的产生。

社会生产、生活实践中的矛盾与数学内部结构的矛盾共同促使了负数的产生。既然如此，我们就可以利用这种矛盾来诱发学生的认知冲突，引导学生认识负数。在教学中我们就看到了这样的数学活动：

数据信息：

① 足球比赛，中国国家队上半场进了 2 个球，下半场丢了 2 个球。

② 学校四年级共转来 25 名新同学，五年级转走了 10 名同学。

③ 张阿姨做生意，三月份赚了 6000 元，四月份亏了 2000 元。

请选择自己喜欢的方式把听到的数据信息在表格中准确地记录下来，要让别人一眼就能看懂你要表达的意思！

足球比赛	转学情况	账目结算
上半场（　）个	四年级（　）人	三月份（　）元
下半场（　）个	五年级（　）人	四月份（　）元

学生先后用文字、画图、符号等各具特色的方法记录，随后对各种方法进行比较，得出用正、负数来表示是最科学的。原有的数不能满足新的需要的矛盾顺利地转化为学生的认知冲突，诱使学生主动、积极地思考问题。

二、以"对立"引导对比认识，帮助学生理解"相反的意义"

唯物辩证法告诉我们，矛盾是客观存在的，任何事物都存在着矛盾、存在着矛盾的双方。有矛盾就有对立，对立就是矛盾双方相互排斥、相互分离的属性和趋势。事物就是在对立的双方相互依存、相互转化中不断地发展和变化。

正、负数体现了现实世界中对立的、一些相反意义的数量，除此之外还有一种形式的对立存在：某种量的增大或减小，可以用这种量的某一个状态为标准，把它们看成是向两个相反方向变化的量，例如温度的增加或减少就是以 0℃为标准，分为零上和零下两个相反的方向进行变化，这时就需要把数互为相反的两个性质表示出来。所以，正、负数是一种带有相反性质符号的数，它是对立在数学中的一种具体表现。

在教学中，我们可以借助这种对立来引导学生把正数、负数对比着进行认识，以帮助学生全面地认识负数的意义。例如，零上 4 摄氏度记作＋4℃，零下 4 摄氏度记作－4℃；比海平面高 8848 米，记作＋8848m，比海平面低 155 米，记作－155m；如果把向东走 30 米记作＋30m，那么向西走 50 米记做（　　　）m，"－40m"表示向（　　　）走了（　　　）米……像这样将互相对立的双方放在一起：零上与零下、高于海平面与低于海平面、向东与向西……学生就在对比中清晰地认识到正、负数是具有相反意义的量。

三、以"统一"促进认知顺应，帮助学生扩展数的认识

唯物辩证法指出，矛盾的双方不仅表现出对立，还表现出相互吸引、相互联结的属性和趋势，这就是"统一"。具体表现在矛盾的双方在一定条件下相互依存，一方的存在以另一方的存在为前提，双方共处于一个统一体之中；同时矛盾的双方依据一定的条件相互转化。

正、负数的统一导致了数系的扩展。人们最早认识的数系是"自然数系"，随后又扩展到"分数系"，负数的出现使人类对数的认识第一次越过正数域的范围。正、负数共存于有理数系之中，双方相互依存。正是在这个基础上，我们进而得出，如果两个数只有符号不同（如 5 与－5），我们就称这两个数互为相反数。

在认识负数的过程中，学生原有的自然数系、分数系的认知结构已经无法适应新的对象——负数，这时认知结构本身就必须被变革以使其达到一个新的"平衡"，即"顺应"。在教学中，我们可以引导学生将数的分类的知识进行新的梳理，使学生对数的认识进一步得到扩展和深化。我们可以指出：

数 $\begin{cases} \text{整数} \begin{cases} \text{正整数，如：} +1、+2、+3、+4\cdots\cdots \quad \text{正数} \\ 0 \\ \text{负整数，如：} -1、-2、-3、-4\cdots\cdots \quad \text{负数} \end{cases} \\ \text{分数} \begin{cases} \text{正分数，如：} +\dfrac{1}{2}、+\dfrac{3}{4}、+\dfrac{7}{8}\cdots\cdots \quad \text{正数} \\ \text{负分数，如：} -\dfrac{1}{2}、-\dfrac{3}{4}、-\dfrac{7}{8}\cdots\cdots \quad \text{负数} \end{cases} \end{cases}$

四、以"量变质变"避免"整体优先"，帮助学生辨析 "0 的特殊性"

唯物辩证法指出，一切事物的发展变化，首先从量变开始，没有量的积累就不会有质的变化，量变是质变的前提和准备；量变达到一定程度必然引起质的变化，质变是量变的必然结果。

在（$-\infty$，0）上，一个数无论怎样变大趋近于0，只要它不等于或大于0，它始终是一个负数；同样地，在（0，$+\infty$）上，一个数无论怎样变化，只要它不等于或小于0，它始终是一个正数。正、负数分别在（0，$+\infty$）和（$-\infty$，0）上就是一个量变的过程，在（$-\infty$，0）上，越是接近0的负数越大；在（0，$+\infty$）上，越是接近0的正数越小，它们没有发生质变。只有一个数向着自己相反数的方向变化直至超越0到达数轴的另一边，这时量的积累才会引起质的变化，负数转化为正数，正数转化为负数。所以，0既不是正数，也不是负数；它担负着区分正、负数本质特征的任务。

学生在思考"0是什么数"的时候，往往由于整体优先效应，认为0要么是正数，要么是负数。所谓整体优先效应就是，在人们认识事物的过程中，事物的局部特征是否与整体特征相匹配，并不影响人们对事物整体的认知，如具体的"0是什么数"暂时不会影响学生对正、负数的认识；但当需要认识局部（如"0是什么数"）时，事物的整体特征是否与局部特征相匹配，却会影响人们对事物局部的认知，所以会有学生认为0不是正数就是负数。

要避免整体优先效应对学生认识负数的干扰，使他们能够清晰地认识到"0既不是正数，也不是负数"，我们就需要设计出能够体现0非正非负特性的教学活动。

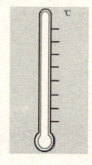

我们可以出示一个只有刻度线而没有刻度值的空白温度计（如图），要求学生完成：请你在这个温度计上表示出$+2℃$和$-2℃$。正、负数是以0为分界点的，而空白温度计上却没有任何分界标志，也就无法表示出$+2℃$和$-2℃$，学生就必须首先确定0的位置，然后确定相应的正、负数在什么位置。在学生明确了0既不是正数也不是负数这一点之后，我们就可以顺水推舟地借助数轴帮助学生进一步认识"正数都大于0，负数都小于 0；正数大于负数；越是靠近 0 的负数越大，越是靠近 0 的正数越小。"

五、以"否定之否定"联系"意义赋予"，帮助学生掌握 "正、负数的运算"

唯物辩证法指出，事物的发展是通过它自身的辩证否定实现的，事物发展过程中的每一阶段，都是对前一阶段的否定，同时它自身也被后一阶段再否定。否定之否定规律构成了事物辩证运动的实质，揭示了事物自身矛盾运动的本质即自我否定，向对立面转化；反映出事物从低级到高级、从简单到复杂的周期性螺旋式的发展过程。

在教学中，我们可以利用"否定之否定规律"并充分借助"意义赋予"，帮助学生掌握正、负数的概念及其运算。所谓"意义赋予"就是，把新的概念与已有的认知基础和生活经验联系起来，以便于人们理解和把握的认知过程。

例如：小华家在学校东边 500 米，记作 +500m，现在他从家出发向西走了 480 米，这时他的位置可以表示为（ ）m；如果再向东走 80 米，那么他的位置可以表示为（ ）m。小华家在学校东边 500 米记作"+500m"，即以学校为原点，以东为"正"。很容易想到，小华从家出发往西走 480 米，是对"以东为'正'"的否定，当为"−480m"；但此"−480m"非彼"−480m"，此时的"−480m"表示方向与"以东为'正'"相反，它是以学校为原点；而不是以小华家为原点，以西为"负"的"−480m"。所以，在否定"以东为'正'"得到"−480m"的基础上，还需将"+500m"分成"+20m"与"+480m"，利用"−480m"和"+480m"的相互否定将彼此抵消，得到小华的正确位置"+20m"。小华再向东走 80 米即否定"以西为'负'"得"+80m"，与原来的"+20m"合并得到"+100m"。学生的认识就在循环往复的肯定与否定中不断得到深化和提高。

四、传不习乎

——时时反思教给学生的有无错误

【信其言】

曾子曰:"吾日三省吾身:为人谋而不忠乎?与朋友交而不信乎?传不习乎?"

——《论语·学而第一》

【解其语】

大意是,曾子说:"我每天多次反省自己:为别人谋划办事有没有尽心竭力呢?与朋友交往是不是坦诚守信呢?要传授的知识和道理,是不是经过自己反复思量、亲身躬行了呢?"

《史记·赵世家》告诉我们一个与人谋忠、与友交信的感人故事。朝中大臣屠岸贾要灭掉赵朔一族。韩厥告诉赵朔,劝其逃跑,赵朔不从,并托付韩厥"不绝赵祀"。后来,赵氏被灭族,唯有一婴儿赵武被赵朔门客公孙杵臼及其朋友程婴所救。公孙杵臼和程婴谋划,一方面,李代桃僵,以另外一个婴儿代替赵武;另一方面,程婴背负卖主(友)求荣的骂名,向官府告发公孙杵臼和假赵武的藏身之地,保全自己和赵武;公孙杵臼则和假赵武同期赴死以作掩护。随后,公孙杵臼和假赵武被杀,程婴抚养赵武长大。赵武成人之后,韩厥从中斡旋,朝廷为赵家平反。程婴见事已成,遂自杀。

这就是戏剧《赵氏孤儿》的由来。韩厥、公孙杵臼、程婴三人为保赵氏一脉尽心竭力,义之所至,在所不辞;公孙杵臼和程婴两人肝胆相照,生死相托;程婴忍辱负重,抚养遗孤,事成则杀身成仁。为人谋而不忠乎?——忠!与朋友交而不信乎?——信!

【行其道】

对于"传不习乎",也有认为是"老师传授给我的学业有没有经常复习"的意思,这样就和前面的"学而时习之"统一起来了。但我更愿意理解为,传授的知识和道理要经过自己的反复思量,亲身躬行。宋朝诗人陆游不是说过"纸上得来终觉浅,绝知此事要躬行"吗?

这一段给我的启迪是:我每天都要不断地反思自己:对学生的教学乃至成长有没有尽职尽责?和同事交往有没有开诚布公,坦诚自己的教学得失,以取长补短?要交给学生的知识,自己有没有深入思考、亲自做过,确保无误?

比如关于作文教学,苏霍姆林斯基说过:"学生不会写作文,最简单的原因是教师不会写作文。"而对于教师写下水作文,叶圣陶老先生认为:"要是老师自己经常动动笔,就能更有效地指导和帮助学生。"他还指出:"真要对学生作文起作用,给学生切合实际的引导和指点……还在乎老师在作文的实践中深知作文的甘苦。因此,经常动动笔是大有好处的,'教师下水'确实是一个切要的要求。"教育部国家中小学教材审查委员会语文学科审查委员、特级教师金志浩就专门有一本著作《金志浩下水作文集》。这才是真正的为学生的教育尽心谋划,站在学生的立场,以儿童的视界审视教学、研究教学、实践教学。

【证其果】

曾子不断地要求自己从"忠""信""习"等各个方面修身养性。他给我们的启迪是:

一、要有反思的习惯

就如同曾子所说的"吾日三省吾身",我每天都不断地进行反思。不是每天只反省三次,也不是只反省"忠""信""习"这三件事,而是时时、事事、处处进行反省。波斯纳提出"经验+反思=成功"。美国著名科学家富兰克林曾经在他的自传中用十几页的篇幅来介绍他的反思之道:列出一个人必备的十三种美德(节制、沉默、秩序、果决、节俭、勤劳、真诚、公正、适度、清洁、平静、纯洁、谦虚），将每一种美德记在一页纸上，画出许多表格，每天反省自己，要是哪一条没有做到，就在那一页的表格中做个记号，每天坚持，从不懈怠。他的成功与自己坚持这种反思之道有着密切的关系。

要做一名成功的教师，就更离不开反思了。叶澜教授说过："一个教师写一辈子教案不一定能成为名师，如果一个教师写三年教学反思就有可能成为名师。"我们可以反思自己在教学实践中的成功之举，也可以反思自己教学中的不尽如人意的地方，或者将自己上课中的悬而未决的问题记录下来……先从点滴记起，时间久了，自然就有悟于心，能够于无声处洞见自己的教学得失，从而改进自己的教学。

二、要能保住"童真"

曾子要求自己从"忠""信""习"各个方面不断进步，争取做一个仁德之人，其他人何尝不是如此。小学生是什么？是儿童。明朝思想家李贽说："夫童心者，真心也；若以童心为不可，是以真心为不可也。夫童心者，绝假纯真，最初一念之本心也。若夫失却童心，便失却真心；失却真心，便失却真人。"大意是，为了能够给儿童一个更具有活力的未来，教师应该站在儿童的立场，以儿童为自己的出发点，审视自己的教育主张。所以，特级教师李吉林称自己是"一个长大了的儿童"，陶行知先生说："千教万教教人求真，千学万学学做真人。"

三、要有辨别真伪的法眼

语文教师为教好作文，写下水文；数学教师要避免错误，也可以把所有要求学生做的题目，自己全做一遍。有的学校甚至拿往年的中考、高考数学试卷让数学教师做。记得刚参加工作那会儿，自己时常要被学校、科组或师傅听课，无论是谁都会强调一点：千错万错，不能出知识性的错误。一节课有了知识性的错误，讲得再好，也是误人子弟，是一节坏课。一切严格、严厉的要求，都只是为了一个目的，就是希望站在讲台上的我们有过硬的专业功底。特级教师薛瑞平曾说过，教师要用自己的学术地位去赢得行政地位才能带来的尊重。学术地位从何而来，首先便是专业功底。

　　举个语文的例子。李白的《静夜思》中第一句"床前明月光"的"床"指什么？是"睡床"么？不是。不知道有多少人以讹传讹，也不知道有多少人将这个问题想当然地放了过去。传而习乎？——未习！其实，这里的"床"是指"井床"，也就是"井台的围栏"。《辞海》中的"床"便有这一释义。

　　再举一个数学的例子。我们知道，非 0 自然数就是 1、2、3、4、5、6、7、8……偶数就是 2、4、6、8……判断真伪：非 0 自然数的个数比偶数的个数多。很容易想到："2、4、6、8……"是"1、2、3、4、5、6、7、8……"的一部分，在一个整体中，总体总是大于部分，所以非 0 自然数多。其实，压根儿就不是这么一回事。当两个有限个元素的集合进行比较时，部分量小于总体量。但是，像偶数和非 0 自然数这样无限个元素的集合，我们可以在两者之间建立这样的一一对应关系：每一个非 0 自然数乘 2 等于一个偶数，$1 \rightarrow 2$、$2 \rightarrow 4$、$3 \rightarrow 6$……$n \rightarrow 2n$，有多少个自然数就有多少个偶数；反过来，有多少个偶数就有多少个非 0 自然数。所以，说非 0 自然数比偶数多是似是而非的。传而习乎？——未习！

　　皇侃在《论语集解义疏》中说："凡有所传述，皆必先习，后乃可传，岂可不经先习而妄传之乎？"由此，我们更能体会到"传不习乎"给我们带来的重要意义：要传授给学生的知识，自己一定要深入思考，亲身躬行，确保无误。

五、使民以时
——在有限的时间里做重要的事情

【信其言】

子曰："道千乘之国，敬事而信，节用而爱人，使民以时。"

——《论语·学而第一》

【解其语】

大意是，孔子说："治理一个国家，要严肃认真地对待工作，待人诚信勿欺，使人信服，节俭费用而不奢靡，爱护子民，役使百姓注意掌握时间分寸，不致耽误农时。"

《史记·孝文本纪》记载，汉文帝曾经想修建一露台，招来工匠一算，"直百金"，于是作罢。对宠信的慎夫人，要求其所穿的衣裙长不能拖到地上，宫室的帷帐"不得文绣，以示敦朴，为天下先"。"孝文帝从代来，即位二十三年，宫室苑囿狗马服御无所增益，有不便，辄弛以利民。"《史记·绛侯周勃世家》中还提到这样一件事情：汉文帝前往周亚夫驻扎的军营细柳营劳军，看见"军士吏披甲，锐兵刃，彀弓弩，持满"，派人通报"天子且至"——皇帝要来了。军门都尉说："将军说了，军中只听将军军令，不闻天子诏命。"等文帝亲自前来，还是进不去，只好派遣使节持节下诏，军门才打开。可是守门的军士说了，将军约法三章，军中不得骑马奔驰，文帝就下马拉着马缰慢慢走。见到周亚夫时，周亚夫身着铠甲并不叩拜，只是以军礼见文帝，说"介胄之士不拜，请以军礼见"。文帝叹服，"乃拜亚夫为中尉"。

周亚夫严格治军近似无情甚至有些嚣张，于他而言，"敬事"而已。同时，文帝，以及后来的景帝，坚持节用、爱人、使民以时，使得当时的社会发展水平得到空前提高，史称"文景之治"。

【行其道】

"敬事而信，节用而爱人，使民以时"给我们的启示是什么呢？

一、对待自己的工作，特别是教学工作要尽心尽力

有些事情得过且过，也许只是对自己产生一些消极的影响。但是，对学生、对教学敷衍塞责，则是涉及无数家庭、无数父母的攸关之事，是功在千秋的事情。十年树木百年树人，来不得一丝马虎，昧不得半点良心。毛泽东说过："共产党员最怕'认真'二字"。岂止共产党员，任何人、任何事情都怕"认真"二字，做事有尽于心，"敬事"而行，则无往不利。

二、练就把握时机的本领

古时社会以农耕为主，官府征集百姓从事各种徭役，时机不当、用时过长，必然会耽误农时。所以，皇侃《论语集解义疏》说："以时，谓出不过三日，而不妨夺民农务也。"南怀瑾先生在解读"使民以时"句时认为，把握时机、善用时势是非常重要的（见《论语别裁》）。教学也是如此。教学是一个师生不断进行活动交往的过程，教师选择什么时机介入学生的学习过程，是需要认真对待的。切入太早，问题显现不充分，教师行为过于强势；切入太迟，教学中生成的资源已经消失，无法有效利用生成资源进行深入的教学，显得课堂流于流程而生硬。

三、教学工作分好轻重缓急，节省精力去做重要的事情

文中孔子谈的"节用"，是站在国君治理国家的立场，从物质的角度提出要求。教师则要站在育人、教学的立场，从时间成本的角度去要求自己。这也是一种"节用"，即对时间、精力的有效利用。教师，特别是担任班主任的教师，每天都有许多事情需要应付，从班级的管理到教学的实施、从作业批改到班级卫生、从家长的访谈到学校及上级安排的事物……林林总总，时常感觉自己像陀螺一样忙得晕头转向，疲于应付。更令人郁闷的是，回头

一看，什么值得一书的事情也没有。时间久了，陷身于零碎琐事，更甚者浑噩度日。所以，我们要学会将事情按轻重缓急理一理：哪些是必须紧急处理的急务，哪些是可以延缓处理的要务，哪些是可有可无、可急可缓的事务。比如，还有 20 分钟就要去上课，可是课件制作还差最后 10 分钟收尾。这时学校通知今晚开家长会，要准备发言稿；同时有学生家长打来电话了解孩子的学习情况。怎么处理？优先处理急务——迅速做完课件，保证课堂教学顺利进行；计划处理要务——列出计划，在今天上课后的某个时间专门准备家长会发言稿；搁置其他事务——婉转谢绝家长的要求，另约时间沟通，将此事先搁置一边。所谓"事有先后，用有缓急"，要使自己的时间管理有效，就要善于处理工作的轻重缓急。

【证其果】

考试结束之后，我们都会针对学生的错误，将试卷进行讲评。可是一节课的时间又极为有限，在有限的时间内要把整张试卷面面俱到都讲评到，是不现实也是不科学的。所以，我们要在试卷的讲评中注意轻重缓急，讲究"舍""得"智慧，有所为有所不为。

首先，我们需要明确几点：

一、不是从头到尾，题无巨细，都要一一讲评

有时候，我们讲评试卷是从第一题的第一小题开始，按照试卷的题目顺序：填空、判断、选择、计算……从前往后，一题一题地逐一讲解，学生会的也讲评、可以一笔带过的问题也讲评，就像记录流水账一样。毛泽东在其军事思想中，一直坚持"伤其十指不如断其一指"，他曾反复强调，要消灭敌人，必须首先保证兵力是敌人的三倍、四倍甚至更多，即使是在总兵力不利的情况下，也必须保证局部兵力的绝对优势，这样才能保证集中优势兵力，有效消灭敌人。他常说，我们将五根手指收回来，是为了攥成拳头更有力地打出去。淮海战役中，中国人民解放军以 60 万兵力消灭国民党 80 万人，就是一个成功的范例。试卷讲评也是同样的道理，处处用力则处处无力，毕其功于一役则力拔千钧。所以，必须有选择地进行讲评。

二、不是没有错误的题目或错误少的题目，就不必讲评

有时候，试卷中的一些题目学生做的效果很好，正确率很高，这时我们可能就认为，学生已经掌握得很好了，没有再进行讲评的必要，便直接将这些题目跳了过去。殊不知，有些题目可以于平淡中见神奇，以这些题目为基底，稍加变化，便可以衍生出一类问题，可以有效引导学生触类旁通，进行思维能力的训练。如果我们将这些有价值的题目因为学生没有犯错误或错误较少就放过去，实在是暴殄天物。

三、不是错误多的题目，就一定要花大力气讲评

有时候，我们又会犯与上述情况相反的错误。因为考试中某一道或一类题目错得比较多，我们就认为，需要在这个地方进行有针对性的、花大力气的讲解和练习。可是，我们可曾认真地分析题目错误的原因：是方法完全没有掌握，还是题目意思模棱两可导致学生理解困难，或是题目本身偏僻，或是题目已经超出学生所学范围……对于一些由于题目本身超前、超纲、偏僻等原因造成的错误，则没有必要花大力气进行讲评。

四、不是只对对答案、改正错误即可

有一种做法是，在讲评试卷时，将题目的答案进行订正即可，这是一种极端不负责的行为。考试是为了帮助学生系统梳理知识、完善知识结构，通过考试、练习查漏补缺，帮助学生将掌握的知识在实际应用中灵活掌握、融会贯通，内化为自己的知识结构。到底结果如何，我们可借助试卷的答题效果来进行检验，但如果我们仅仅停留在做题与改错的层面，那么所谓知识的内化、能力的培养与智慧的提升便成为一句空话。

五、不是教师满堂讲评、满堂灌，搞"一言堂"

习惯性的做法是教师对试卷进行讲评。整个讲评的过程中，主角是教师，主体还是教师，学生的主体地位被削弱，学生的主观能动性被抑制，学生的积极的学习方式被磨灭。而事实上，往往教师讲的越多，学生越是无动于衷。从信息交流的角度讲，单一的信息沟通受到信息总量的大小、信息渠

道的流量大小、信息渠道的多少以及信息反馈效果等多种因素的限制，无法高效进行信息的输出、存储与反馈。所以，单纯的由教师进行"一言堂"式的试卷讲评是不可取的。

我们必须根据学生知识的掌握情况和考试中暴露的问题，对试卷中的题目进行一个分类和取舍，有的放矢地进行针对性的讲评。针对以上所述的试卷讲评的种种问题，我们可以确立以下对策。

（一）聚焦与省略

为了避免面面俱到的逐一讲评，我们将视野集中在讲评的几个焦点上，如知识的重点、学生掌握的难点、题目的疑点和关键点，针对这些焦点进行重点讲评，对于其他地方则一笔带过。这样我们就可以将更多的时间与精力放在学生最突出的、最想弄明白的问题上来。

比如，试卷中计算题一般有口算、竖式计算、脱式计算和简便计算，在这些题目中，口算和竖式计算是不需要花主要精力讲评的，也是学生自己可以订正的。重点一般在脱式计算中，而难点则在于简便计算。在讲评中，我们就需要将注意力放在这两者上面，而即使是这两者也是有所侧重的。一般而言，脱式计算只需要注意运算顺序、掌握计算方法、细心计算即可。而简便计算则往往会出现较多的问题，所以，计算类题目的焦点要集中在简便计算上。再细而言之，乘法分配律和"$a-(b+c)=a-b-c$、$a-(b-c)=a-b+c$、$a÷(b×c)=a÷b÷c$、$a÷(b÷c)=a÷b×c$"规律的应用又是简便计算中的焦点。而对于其他的计算问题，我们则可以进行省略处理。

（二）变式与发散

在试卷讲评中，针对习题中可能的种种变化，我们有必要进行一题多讲和变式练习，来引导学生寻求解决问题策略的多样化及优化，促使学生的思维得到发散与升华。

1. 一题多讲

在一题多讲中，学生可以从不同的角度分析、解决问题，促使学生根据自己的认知基础和思维特点进行选择，发现具有个性差异的解题方法，从而使每一个学生探索出解决问题的有效方法。同时，每个学生都试图寻求解决问题的方法，展现不同解法，体验了解决问题策略的多样化，发散了学生的思维，发展了学生的数学思维能力。

如：图中 ABCH、DCFE 分别为两个边长为 6 厘米和 3 厘米的正方形，求图中阴影部分面积。想一想，你能用哪些方法？列出算式并说出你是怎么想的。

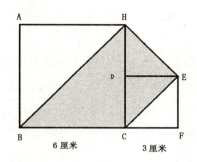

学生汇报交流解法与解题思路。学生探索出下面几种不同的解法：

(1) $6 \times 6 \div 2 + 3 \times 3 \div 2 + 3 \times 3 \div 2$

(2) $6 \times 6 \div 2 + 3 \times 3$

(3) $6 \times 6 \div 2 + 6 \times 3 \div 2$

(4) $6 \times 6 + 3 \times 3 - 6 \times 6 \div 2$

(5) $(6+3) \times 6 - 3 \times 3 - 6 \times 6 \div 2$

(6) $3 \times 3 \div 2 \times 6$

(7) $3 \times 3 \times 3$

2. 变式练习

在试卷讲评中应有意识地应用变式，帮助学生深刻理解、灵活应用概念与原理去解决问题。在讲评中运用一题多变，用不同的方式，从不同的角度，加入干扰信息，改变条件、问题……使题目变式丰富。让学生认真分析，打破思维定式，在数量变化之中抓住不变之处，揭示本质，促使学生的分析能力得到提高，认识得到深化，数学思维能力得到培养。如：

(1) 水果店里有 40 筐苹果，20 筐梨。苹果和梨一共有多少筐？

(2) 水果店里有 40 筐苹果，苹果比梨多 20 筐。苹果和梨一共有多少筐？

(3) 水果店里有 40 筐苹果，梨比苹果少 20 筐。苹果和梨一共有多少筐？

(4) 水果店里有 40 筐苹果，苹果是梨的 2 倍。苹果和梨一共有多少筐？

（5）水果店里有 40 筐苹果，梨的筐数是苹果的一半，苹果和梨一共有多少筐？

（6）水果店里有 40 筐苹果，梨比苹果少 50%，苹果和梨一共有多少筐？

（7）水果店里有 40 筐苹果，苹果筐数与梨的筐数的比是 2：1，苹果和梨一共有多少筐？

由于学生所处的环境和背景、已有的认知基础及自身思维方式的不同，使得他们在探究每一种解决策略时会考虑已有的条件、方案的多样性、方案的可行性等，从而使学生不断地经历"尝试——否定——再尝试——再否定——肯定"的过程，达到了体验解决问题策略的多样性，培养数学思维能力的目的。

（三）还原与梳理

"还原"即将试卷中的题目追根溯源至于相应的知识点。这是一种有效的试卷讲评方法。在试卷讲评过程中，每一道题我们都可以引导学生去思考：这道题目需要用到学过的哪个知识点？这个知识点在运用时需要注意什么？与之相关的还有哪些知识？比如，填空：$1-\frac{3}{8}=\frac{(\quad)}{(\quad)}-\frac{3}{8}=\frac{(\quad)}{(\quad)}$，我们可以引导学生将问题还原回知识点，学生意识到，要解决这个问题，必须应用整数 1 与分数的转化、分数加减法的计算方法这些知识。需要注意"1"必须转化为分母是 8 的分数，这样就可以应用同分母分数加减法的计算方法：分母不变，分子相加减；如果将"1"转化为分母不是 8 的分数，就还需要应用到通分的知识，以及异分母分数加减法的计算方法。像这样，在试卷讲评中将问题还原，自觉地运用了元认知的策略，学生不仅知道自己在做什么，而且明白自己在用什么做，为什么这样做。达尔文说："关于方法的知识，是最有价值的知识。"这种"还原"知识的做法既可以有效地引导学生将知识内化为认知结构，又可以培养学生自我学习、自我反思、自我调节的能力，为学生的终身发展打下坚实的基础。

"梳理"即整理知识网络。在试卷讲评过程中或结束后，我们需要联系试卷内容，对相关单元的知识点进行必要的梳理，使知识之间脉络更加清晰，结构更趋完善、合理。

学生在梳理知识的过程中理顺了知识点的从属、因果、包含等关系，使各知识各就各位，有条不紊，从而使储存知识更加方便。一旦知识形成了关系网，知识点之间相互衬托、支撑，各按线路归结于一定层次，牵一发而动全身，就极易记忆、巩固、掌握和利用。

众多知识点经网络组织后便可以更自由地演绎、推导、迁移，从而获得新知，使学生对每一个知识重新构造自己的理解，并由此获得了新的学习方法。同时使教师的"教"不再是讲演、解释或者传授知识，而是为了促使学生进行心智建构，从而真正让学生成为学习的主人，体现教师的主导和学生的主体地位。

（四）换位与"生本"

《数学课程标准》指出，数学学习活动是师生共同交流的互动过程，提倡小组合作、自主探究的学习方式。在试卷评讲中，我们也需要改变教师单一讲评的模式，让学生与学生之间、学生与老师之间架设起互动讲评试卷的桥梁。所以，教师适当与学生进行角色换位，让学生担负起试卷讲评的任务，或者在小组内进行试卷讲评，或者在全班进行某道题的讲解，这样更能体现学生的学习主体性，诱使学生积极主动地发现试卷中的问题，完善自己的知识结构。

这体现了以学生发展为本的"生本"理念。同时我们还需要充分考虑学生的情感态度因素。苏霍姆林斯基说过："让学生体验到一种自己在亲身参与掌握知识的情感，乃是唤起少年特有的对知识兴趣的主要条件。"学生的情感态度直接影响到试卷讲评的效果。我们需要在试卷讲评中始终坚持"表扬先进、鼓励后进"的原则，对考出好成绩的学生，大力表扬其优点，如思路清晰、思维敏捷、解法独到等；对暂时没有考出好成绩的学生，也要拿着放大镜找其优点，如卷面整洁、解题规范、有所进步等，鼓励其克服困难、奋起直追，使学生做到"胜不骄，败不馁"。

六、行有余力，则以学文
——先教学生做人，再教学生做学问

【信其言】

子曰："弟子入则孝，出则悌，谨而信，泛爱众，而亲仁，行有余力，则以学文。"

——《论语·学而第一》

【解其语】

大意是，为人子弟，居家孝顺父母、出门友爱兄弟，谨慎处事、诚信做人，胸怀爱心、善待他人，亲近仁人志士。如此躬行实践之后还有余力，就可以去学习其他的了。

《世说新语·自新》中记载了这样一件事情。周处少时危害乡里，荼毒百姓，人们苦不堪言，将他与山中之虎、水中之蛟并称为"三害"，尤以周处为最。百姓们为了能够摆脱"三害"的荼毒，便劝诱周处杀虎斩蛟，以去祸患。周处上山杀掉了老虎，又潜入水中杀蛟，"蛟或浮或没，行数十里"，周处与之搏斗三日三夜。百姓以为周处与蛟龙都死了，兴高采烈，奔走相告。没想到周处竟然杀死了蛟，重回乡里。周处听说了人们以为自己死了正在欢庆，终于知道了自己在百姓中的恶评，痛定思痛，意欲改过自新。于是远走他乡拜见著名文学家陆机，陆机不在，周处就将自己的情况告诉了陆机的弟弟陆云，并说："欲自修改，而年已蹉跎，终无所成！"陆云道："古人贵朝闻夕死，况君前途尚可？且人患志之不立，亦何忧令名不彰邪？"意思是说，古人贵朝闻道夕死可矣，况且你的前途还尚未可知。再说人就怕没有志向，只要能立志，又何愁声名不能远播呢？周处于是改过自新，勤学不已，最后成为朝中大员。

周处起初不孝悌、不谨信、不爱众，德之不修，学亦不成；及至后来，幡然悔悟，洗心革面，修德养身，学而有成。

【行其道】

古人说："德行本也，文艺末也。"一个人如果没有良好的德行而拥有智慧，不见得是一件好事。司马光在《资治通鉴》第一卷说："凡取人之术，苟不得圣人、君子而与之，与其得小人，不若得愚人。何则？君子挟才以为善，小人挟才以为恶。挟才以为善者，善无不至矣；挟才以为恶者，恶亦无不至矣。愚者虽欲为不善，智不能周，力不能胜，譬如乳狗搏人，人得而制之。小人智足以遂其奸，勇足以决其暴，是虎而翼者也，其为害岂不多哉！"

无独有偶，美国的海姆·G.吉诺特在其《老师怎样和学生说话》一书中记载了这样一件事情。

学校开学第一天，全体教师都收到了校长的一封信，信的内容如下：

"亲爱的老师们：

我是集中营里的幸存者。

我亲眼目睹了一般人看不到的事情：

毒气室由有学识的工程师建造；

孩子被受过教育的医生毒死；

婴儿被训练有素的护士谋杀。

妇女和孩童被受过高中或者大学教育的毕业生射杀；

所以，我怀疑教育。

我的请求是：

希望你们帮助学生做一个有人性的人。

永远不要用你们的辛勤劳动，

去栽培孕育出学识渊博的怪兽，

身怀绝技的疯子，

或者是受过教育的纳粹。

阅读、写作、数学等学科，

只有在用来把我们的孩子教育得更有人性时，

才显得重要。"

可见，究竟要培养怎样的人，这才是关键。我们首先是一位教育者，其次才是一个教学者。

【证其果】

司马光认为："才者，德之资也；德者，才之帅也。"一个拥有良好德行的人，往往比一个聪慧而无德的人更令人信赖，所以孔子说君子在处理小事上不见得有多聪明，但是能担当大任。美国总统罗斯福曾经说过："有学问而没有道德的人是一个恶汉。""行有余力，则以学文"给我们的启示是：教育学生首先教学生做人，然后才教学生做学问，要时时、刻刻、处处对学生进行德育教育。

我一直坚持认为：学生的思维可以自由发展，但是，习惯不能自由发展。我也一直提醒我的学生：我首先是大家的老师，然后才是数学老师。所以，有任何问题，我都会管的。不要以为老师不是班主任，就会放松一些要求。

"教育是什么……就是养成良好的习惯。"（叶圣陶语）小学阶段是人的成长的起步阶段，也是人的基本素质形成的开始阶段，是良好习惯养成的关键期。小学生学习行为又同其他行为方式（如生活习惯）有着密切的联系，它不仅对学习本身，而且对学生道德品质以及心理的和谐发展都会产生一定的影响。因此，良好的心理品质以及行为习惯的养成对于学生形成和完善个性、主体发展乃至对于提高整个下一代的身心素质，都具有重要的影响。所以，对学生的行为习惯而言，没有自由发展。

"纪律是执行路线的保证。"（毛泽东语）只有先养成良好的行为规范，形成良好的学习、生活习惯，才能为专心学习打好基础、做好准备。只有有了"规矩"，才有"方圆"，才可言其他，诸如学习知识，发展智力，培养能力等，才能够保证孩子们有所进步。习惯的自由发展确实可以使孩子在能力、成绩等某些方面有一定发展，但它否定了循序渐进的学习方法，违背了人的认知发展规律，不可避免地在学习生活习惯的其他方面存在缺陷，势必会使孩子们自由散漫而导致无心学习。所以，让习惯自由发展是不切实际甚至是得不偿失的。

我希望我的学生明白几个基本道理：第一，德者智；第二，学习习惯、方法比成绩重要；第三，思维越自由越好，但是，习惯没有自由发展。

在平时的教学中，我根据学生生理、心理及年龄特点，在培养学生各种习惯时，注意符合儿童学习活动的基本规律，注意适合儿童身心发展的规律，在对具体学习习惯进行指导的基础上，帮助学生逐步形成良好的学习习惯，从而带动其他习惯的养成，促进班风班貌的整体发展。

一、学习纪律培养

根据学生的特点，我首先对学生进行具体的学习行为训练。包括课前准备要求、上课常规要求和课后、集会要求。

1. 课前准备要求包括在教室、功能教室上课的各项要求以及班长组织上课的要求，还包括每天早上、中午进教室后应该做什么，不应该做什么。

2. 上课常规要求包括坐姿、手的摆放、举手发言的要求、讨论的要求。事实上，这一点我的学生仍然没有达到我的理想境地，学生以前形成的恶习几乎已经深入骨髓，要改变非一朝一夕之功。

3. 课后、集会要求包括课间十分钟的要求、学校大型活动要求、放学路队要求等。

同时，我注意良好习惯形成后的巩固。从心理学的角度看，学生对技能的形成会随时间的推移产生遗忘，因此要反复抓、抓反复。学生的学习行为和学习习惯需要得到及时提醒、督促和大量系统的训练，使之形成行为迁移，养成良好习惯，直至成为学生的本性。

二、文明礼仪要求

制定文明礼仪要求的目的是希望学生能知书达礼，懂礼貌。主要从禁止说脏话、不给同学取绰号、不使用粗俗语言、不打架闹事、不翻看动用他人物品、不撒谎歪曲事实背后乱说等方面进行教育。比如为了让学生养成实事求是的好品德，提醒学生从小就要说实话、不歪曲事实、不背后乱说。事实上还有一个目的就是要求学生不要歪曲教师对学生的要求，避免个别学生回家后说出不切实际的话，导致教师与家长之间产生不必要的误会。曾经有学生在家长面前说了与事实不相符的话，使其爷爷对教师的要求产生了误会，闹出了矛盾。最后双方经过调查才弄清是学生的传话出现了问题。

三、配合其他学科培养学习习惯

各个学科有各个学科的特点，各个老师有各个老师的要求。因此，教学的方法、学习的方式各不相同。那么学习这些学科的行为要求也就不同。其他学科的老师有哪些要求，作为老师就该了解并配合。在和科任老师长期相处中，我逐步知道了各科老师的具体要求。如美术、自然、劳动等学科的老师需要什么，有什么要求，我要做到心中有数，时时提醒学生回家准备，课前检查，学生慢慢地养成了习惯。

南怀瑾先生曾经说过："一般人反对外界对自己的限制，特别是年轻人，觉得压抑了个性的发展，认为这也要求，那也训练，是伪善，但是一个人的涵养就是从小训练培养出来的。"

我希望学生有一个好的行为习惯并逐步内化，使之成为稳定的品质。所以，我坚持认为：对小学生而言，行为习惯的培养、德行的养成比学习成绩更重要；而学生好的行为习惯是依靠严格要求、知行合一养成的；习惯成自然后，就内化为德行。而这可以使学生获益终身。

七、虽曰未学，吾必谓之学矣

——真正的学习者、研究者首先是行动者

【信其言】

　　子夏曰："贤贤易色，事父母能竭其力，事君能致其身，与朋友交言而有信。虽曰未学，吾必谓之学矣。"

——《论语·学而第一》

【解其语】

　　大意是，子夏说："能够做到礼敬学问高深的贤德之士，孝顺父母能竭尽全力，为国家效力能不惜生命，与朋友交往言行一致；这样的人即使没有经过正统的学习，我也认为他是在身体力行地学习。"

　　《坛经·自序品》记载，禅宗六祖慧能本为岭南新州百姓，没有受过任何教育，与母亲相依为命，日日以打柴卖柴为生。一天，慧能为客人送柴，回来的路上偶然听到一个事佛之人念到一句经文"应无所住而生其心"，于心有悟，心生欢喜，便问那人"客诵何经"，那人告诉他是《金刚经》。慧能便打听何处能够听讲此经，那人告诉他，可以前往湖北黄梅县东禅寺弘忍大师处。慧能回家将母亲安置好，便前往禅宗五祖弘忍处。弘忍见到慧能后说："从蛮夷之地来的人怎么能学习高深的佛法呢？"慧能反驳道："人分南北，而法无南北。"弘忍异之，便叫他到后院劈柴、春米。从此，慧能便呆在寺院，日日干着一些杂活。直到有一天，弘忍大师要从弟子中选拔一个人继承衣钵，他出了一道考题说，觉得自己修为足以继承衣钵的人，将自己的修行体会写成偈语。当时声望很高的弟子神秀便写道："身为菩提树，心如明镜台。时时勤拂拭，勿使惹尘埃。"众弟子皆以为善，时常念诵。慧能在

后院听到一个师兄弟嘴中念念有词，便问所念何事，由此知道了选拔衣钵弟子的事情。因为不识字，慧能便口述偈语，请一位叫张日用的江州别驾帮他写："身无菩提树，明镜亦非台。本来无一物，何处惹尘埃。"弘忍大师见到后，认可了慧能。之后，慧能继承了禅宗衣钵，并将禅宗发扬光大，使之成为大异于印传佛教的中国本土佛教。

慧能目不识丁，日日舂米，没有像其他的师兄弟那样按时学习，参禅悟道，可是他凭借自己的佛心与悟性，在舂米、劈柴与行住坐卧中，于每念中践行正道，虽未学，谓之学也。

【行其道】

本段给我们的启迪是：

一、知识贵在实践

生命在于运动，知识在于应用；学而不用，等于未学。哲学家说，我们的任务不仅仅在于认识和解释世界，更重要的在于改造世界。毛泽东在《实践论》中说："通过实践而发现真理，又通过实践而证实真理和发展真理。从感性认识而能动地发展到理性认识，又从理性认识而能动地指导革命实践，改造主观世界和客观世界。这就是辩证唯物论的全部认识论，这就是辩证唯物论的知行统一观。"知识不运用到实践，便是没有目标与对象的知识；实践没有理论知识做指导，便是盲目的实践。

学生在数学学习过程中，数学知识的建构立足于学生已有的经验基础，经过实践活动产生感性认识，再深化到理性认识。学生的认识过程是不是就到此为止了呢？答案是否定的。我们还必须引导学生回到数学实践活动中去。

学生能不能将学到的东西真正内化为自己的认知，并构造、归入新的认知结构呢？在由感性认识到理性认识的过程中是无法检验的。"实践是检验真理的唯一标准。"只有通过数学实践的综合应用、拓展延伸等活动，学生建构起来的数学知识才能实现从感性认识到理性认识、从认识到实践的两个飞跃，才能检验学生是否真正掌握了所学的知识和方法，是否具备了运用所学知识和方法解决实际问题的能力。只有把学习的知识应用到数学的实践活动中去，运用所学知识去解决问题，才能看清学生是否真正达到了学以致用的目的。

二、动起来，更精彩

彭端淑在《为学一首示子侄》中讲了这样一个故事：四川边上有两个和尚，一个穷，一个富。穷和尚告诉富和尚："我要去南海，你看怎么样？"富和尚就问他："你一无舟车行路、二无钱财度日，凭什么去呀？"穷和尚说："我只靠一个盛水的瓶子和一个盛饭的钵就足够了。"富和尚说："我这几年一直想雇船沿着长江往下游走，都没去成呢！你凭着什么去呀？"到了第二年，穷和尚已经从南海去了又回，把事情告诉了富和尚，富和尚惭愧不已。

即使一个人天资愚钝，不及常人，只要他笨鸟先飞，坚持不懈，也会如龟兔赛跑中的乌龟一样冲到终点；而一个聪慧过人的人，不思进取、不去行动，最后也只会落得如方仲永般的"泯然众人矣"的下场。所以，关键是看我们行动了没有。只有行动起来，才会有所变化、有所进步；说得再好，没有行动，一切也只是梦幻空花。

【证其果】

《尚书·说命》说："行之维艰。"朱熹说："论轻重，行为重。"程颐指出："君子之学，贵乎行。行则明，明则有功。"这些说法都与"虽曰未学，吾必谓之学矣"的重在行动的旨趣是一脉相承的。在这一点上，自己对于教育教学、特别是教育科研是深有体会的。

一、为行动而行动

"科研兴校""校兴科研"，这是很早就知道的。于是认为：科研是一件很崇高的事业；科研是一件专业性很强的事情；科研是一件"轰轰烈烈"的事情……

因为是一件崇高的事情，所以要积极地投入到科研的队伍中去，自己怎么能落后于人呢？因为是一件专业性很强的事情，所以要加强学习，花很大力气去啃《××研究的若干理论》《××研究方法论》等大部头的专著，以增加自己的学识。所以，走入了这样的误区。

1. 规格越来越高，实效越来越低，贪大求全。因为要"科研兴校"，牵涉到打造学校知名度的问题，所以申报课题能高则高，能报国家级最好，国家级够不上，弄个省级也可以。

2. 立项越来越多，落实越来越少，纸上谈兵。研究立项的时候求新求异，有没有解决问题不要紧，要紧的是能吸引眼球；小题大做，大题也大做；力争人人有课题，人人有项目，力求科研气氛浓厚。

3. 理论越来越多，操作越来越少，空中楼阁。研究一开始就发现，站在讲台上游刃有余，课题研究却实非所长；研究的过程中又发现题目过大——大题大做做不来，大题小做又没法做；研究末了才发现课题是有了，可是教学实际中的问题仍然存在。

4. 成果越来越多，价值越来越低，论文堆砌。临近结题，发现研究成果寥寥无几，于是赶紧网络检索，东拼西凑写出几篇论文代表研究成果；研究是否取得有效成果，成果是否具有推广价值，则需要打上问号。

这时才思考，该如何联系自己的实际、根据自己的问题、发挥自己的长处来做研究呢？

二、为问题而行动

因为自己的主阵地是课堂，自己的长处也是课堂教学，所以自己只能依托教学实际去进行研究，从实践中遇到的问题入手。问题大了，自己"吃"不下；问题深了，自己根底浅；问题宽了，自己把握不住。所以，问题不在大，小问题就行；问题不在深，实在就能行；问题不在宽，越具体越行。

1. 在学生学习中选题

我们一切的教学活动都是围绕着学生的学而展开的。学生立足于自己的经验和认知基础，对所面临的内容进行自主地建构；在建构过程中，由于个体能力差异，总会碰到各种问题。有些问题是粗心大意等学习品质造成的，另有一些问题看起来是学习品质的问题，而其实背后却隐藏着更深的学习心理的异常。郑毓信教授就曾经指出，如乘法分配律的运用中出现 $A\times(B+C)=A\times B+C$ 的错误，往往并不是粗心大意造成的，而是认知过程中的负迁移的心理效应造成的。所以，我们需要用更为细致的耐心、更为敏锐的观察力从学生的学习中去寻找我们进行小课题研究的素材。

2. 在教材研究中选题

自课程改革以来，教学用的教材与原来相比有了很大的变化。广大教师在长时间使用教材的过程中积累了一定的方法和经验，这些方法和经验在新教材的使用中是否仍然合适呢？与原来教材相比，新教材内容体系分散、开放性问题较多、基础性练习较少的特点使教师在教学过程中倍感棘手……这些教材使用中的问题都可以成为小课题研究的良好素材。

3. 在教学经验中选题

教学过程是一个教师和学生不断进行活动的过程，在这个过程中，教师总会思考和发现一些新的问题，在解决问题的过程中，教师的经验通过问题聚焦，对某一专题主动进行学习，将自己的经验逐步提炼和升华，上升为理性的认识，进而产生新的思考并付诸实践，产生许多优秀的做法。这样从教学经验中产生的问题也是小课题研究的好问题。

4. 在课改实践中选题

课程改革已经实施了几年，在实践过程中，教材发生了变化，教学方式发生了变化，学习方式发生了变化，对学生的评价方式也发生了变化……在这些变化中，我们到底采取了哪些新的做法，取得了什么效果，发现了什么问题……这些在课程改革中暴露出来的问题都可以作为小课题研究的问题。

例如，2006年2月，区教研中心通知我准备上一节苏教版的教材分析研讨课——"平移"。那段时间，我就想解决一个问题：什么策略能在上课伊始就抓住学生的心，又能天衣无缝地将"平移"的知识融入进去？为此，我茶不思，饭不想，"寤寐求之，求之不得，寤寐思服，悠哉悠哉，辗转反侧"。好不容易有了设想，在试教中，由于对学生情况预想不足，教学效果很不理想。而这时离正式上课时间只有一天了。在剩下的时间里，自己如着魔一般，头脑中闪过一个个念头，不断否定又不断闪现新的念头。突然灵光一闪：学生不是都会玩俄罗斯方块这个游戏吗？在俄罗斯方块游戏中，方块的向左、向右、向下运动不正好与平移有关吗？这样最终确定将"俄罗斯方块"游戏作为教学的素材。但是，这里面却有一个必须解决的问题：几乎所有的俄罗斯方块游戏中方块均会自动向下平移，这就使得方块的向左、向右平移变成了向左下、右下的"合"运动，这给学生学习平移造成了不小的麻烦。经过努力，终于找到了一个可以完全控制方块运动，使其不会自动下移的 FLASH 游戏。

在上课中，利用俄罗斯方块游戏有效地解决了向不同方向两次平移的问题。下面是教学中的一个片段：

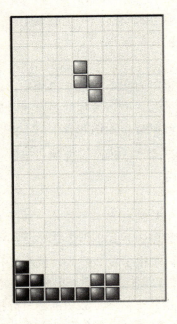

两人商讨解决：

    1. 你们准备将方块从原始位置移到哪个合适的位置？在目标位置上画出方块。

    2. 怎么把方块连续 2 次平移到目标位置？

    先向（　）平移（　）格；再向（　）平移（　）格。

学生两人合作解决问题后向全班同学介绍自己的结果。

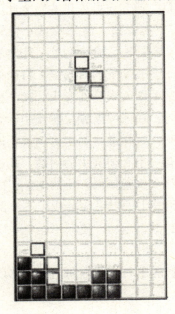

汇报结果：

    1. 我们想把它移到这个位置（如图）。

    2. 需要先向（左）平移（3）格；再向（下）平移（13）格。

到这里水到渠成，向不同方向平移两次的问题生动、具体地得到解决。

三、行动即研究，研究即行动

美国学者麦克纳认为："行动研究是一种运用科学方法解决课程问题的系统的自我反省探究，参与者是这种批判性反省探究过程和反省探究结果的主人。"

行动研究强调以实际问题的解决为主要任务，要求行动者研究和研究者实践两者相互协作，过程中可以随时根据实际情况进行修改，甚至更换主题以适应新的情况和问题。

行动研究的目的是应用科学的方法解决教学中的问题。它关注的是特定情境中的特定问题，无须重视研究结果是否可以推广到其他不同情境，无须关注研究变量的控制与操作。行动研究强调，在研究的过程中立足于自己的教学实际，把自己遇到的教学问题转化为教学研究的"小课题"，基于"教学问题"进行研究，基于"有效教学"进行教学设计，不断对教学行为进行反思。行动研究要求，在实践中经常性地思考，反省自己研究中的问题，根据问题及时调整、思考下一步的行动。行动研究注重立足于自己的教学实际，不断针对教学案例进行反思，关注特定情境中的特定问题，进行课例或者课例片段研究，不断提升自己的教学智慧，提高自己的教育教学水平。

在"平移"这节课里，我经历了"课堂上要解决什么问题——解决问题的方法是什么——课堂上是否解决了这一问题"这样一个研究的过程。在解决问题的过程中又发现了新的问题，促使自己进行更深入的思考，进行更进一步的研究。有老师指出："方块转动之后它的位置发生了变化，所以这时我们不能告诉学生俄罗斯方块游戏中方块是在旋转。"

方块的运动到底是不是旋转？什么是旋转？它有哪些要素？旋转与平移、轴对称有什么关系？这些问题驱使我查阅了大量资料，观察了多种俄罗斯方块游戏中的转动，并利用方格纸画图进行分析，终于发现"俄罗斯方块游戏中方块转动之后它的位置发生了变化"这个结论似是而非。

旋转变换与平移变换、轴对称变换同属于保距变换。原图形中的点都绕着一个固定的中心点转动一个恒等的角度，这样的变换称为旋转。旋转中心、旋转方向、旋转角度是旋转的三个要素。

通过对俄罗斯方块游戏中各种方块运动的分解图形进行研究，我们就可以发现：每一种方块在游戏中的转动可以视为旋转；每一种方块都是围绕各自一个固定的旋转中心进行旋转；这个旋转中心在旋转过程中位置不变；每一种方块都是按照顺时针（或逆时针）方向进行旋转；每一种方块每一次旋转的角度均为 90 度。

这时所有的念头、一切的体味犹如汩汩清泉涌上心头，自己情不自禁地拿起笔将心中所思所想记录下来。就这样，《"俄罗斯方块"中方块的旋转问题》一文一气呵成，并发表于华东师范大学数学系主编的《数学教学》杂志 2006 年第 9 期。

所有的一切在发生之前是根本没有想到的。行动的历程犹如在沙滩上行走，走了一步，就留下了一个脚印。而自己在事后回过头来看，有时觉得恍如做梦一般，许多不期而至的事情纷至沓来。

任何事情，"为之，则难者亦易矣；不为，则易者亦难矣。"为学也是同样的道理，"学之，则难者亦易矣；不学，则易者亦难矣。"

八、不重则不威

——威宜自严而宽，恩以先淡后浓

【信其言】

子曰："君子不重则不威，学则不固；主忠信；无友不如己者；过则无惮改。"

——《论语·学而第一》

【解其语】

大意是，孔子说："君子如果不庄重就没有威严，经常学习就不会至于鄙陋；主张忠信的美德；多与比自己优秀的人交朋友，但也不拒绝不如我的人以我为友；犯了错误不要怕改正。"

《大佛顶首楞严经》卷一中讲述了这样一件事情。佛祖问阿难最初是因为什么发心欲求无上菩提？阿难对佛说："我看见如来，相好庄严，遂心生欢喜，所以我就发心，愿舍离生死轮回，来跟佛出家修道。"阿难是佛陀的堂弟，出家后二十年间一直陪伴佛陀左右。过目不忘、博闻强记，对佛陀所说之法，多能朗朗记诵，为佛陀十大弟子之一，被誉为多闻第一。佛涅槃后，许多佛经的编撰便依靠阿难博闻强记，复述成书。而阿难的决心出家，便是因为佛祖的宝相庄严吸引了他，随后坚持不懈地学习佛法。这可算是重而威、学则固的一个佐证。

"竹林七贤"之一的阮籍可以作为"无友不如己者"的另类典型。《晋书·阮籍传》说嵇喜曾经去见阮籍，"籍作白眼，喜不怿而退"，可是嵇喜的弟弟嵇康买了几壶酒，抱着古琴去拜访他，"籍大悦，乃见青眼"。也就是说，阮籍看到了那些自己不喜欢的人便翻白眼，不屑理他；而见到性情相投的人，便用黑眼珠看人。凡是被阮籍翻白眼的人，要么是当时权贵，要么是德行有亏。而能够被阮籍青眼相看的人则多为一时俊杰，如嵇康也是"竹林七贤"之一。

【行其道】

"无友不如己者"这话自古以来便让人费解。不与不如自己的人交往，那么比我强的人，他不会和我做朋友，比我弱的人，我又不能和他做朋友。如此一来，我能和谁做朋友呢？从道理上说不通。就如同苏轼所说："世之陋者乐以不己若者为友，则自足而日损，故以此戒之。如必胜己而后友，则胜己者亦不与吾友矣。"更令人称奇的是，苏轼自己也是说一套做一套，他交友上至王公大臣，下至贩夫走卒，无不可为友，用他自己的话说就是"吾上可陪玉皇大帝，下可陪卑田院乞儿。眼前见天下无一个不是好人！"

我更喜欢把"无友不如己者"理解为，多与比自己优秀的人交朋友，但也不拒绝不如我的人以我为友，或者不学习朋友身上不如自己的地方。

这样我们在教育学生的时候，才可以理直气壮地告诉他们，多向优秀的同学学习，取人之长，补己之短；才可以告诉学生"尺有所短，寸有所长"，告诉他们"智者千虑，必有一失；愚者千虑，必有一得"。所以，优秀的学生不要骄傲，后进的学生总有所长，总有值得大家学习的地方。

对于"君子不重则不威"有不同看法。一种意见认为，君子要自重，人自重而人恒重之。我们常说面子是人家给的、自己挣的，就是这个意思。君子只有自重才能产生威严，学习的东西才会巩固。

而另一种意见更能引起我的思考，即君子如果不庄重就没有威严，经常学习就不会至于鄙陋。作为教师，自己对于这一点深有体会，平时和其他同行沟通时也能达成共识，那就是：对于学生的管理，见面伊始便要严格要求，确立教师自身的威信、班级班规的威信、行为习惯的威信、学习要求的威信。如果一开始便让学生觉得很随意、无所谓，后来想扭转乾坤就难上加难。

自己有切身体会主要是从两件事情吸取了教训。第一件事情是刚刚踏上讲台成为一名教师时，那时自己幼稚地认为，只要整日与学生打成一片，让自己与学生成为朋友，学生自然会对自己提出的要求言听计从。殊不知，学生少不更事，与你成为朋友、不谈学习、不谈纪律与要求，当然可以也非常愿意。可是，他们不懂得自我约束，不明白教师的良苦用心，谈到学习、纪律、要求，便会本能地拒绝接受。这时，自己再去强调行为习惯、学习要求，学生已经习惯成自然，要扭转过来事倍功半，就如同《学记》说的："发然后禁，则扞格而不胜；时过然后学，则勤苦而难成。"另一件事情是对于学生作业用笔的要求。学生自我觉醒的意识总是比我们想象的要强、要早，低年级的学生升上高年级后，总觉得自己长大了，可以用钢笔、水笔写作业了。自己起初没有把它当回事，便没做要求。可是钢笔不如铅笔那样容易擦掉改错，所以，学生交上来的作业简直不堪入目。自己便不得不改弦更张，做出硬性规定，可已经是"亡羊补牢，为时已晚"。

可见，教师"不重则不威，学则不固"。在管理学生的时候采取先与学生交朋友，用真情感化学生，再给学生提要求，用纪律约束学生的做法，往往会出现学生难以管束且埋怨老师越来越狠的不利局面。

【证其果】

明朝洪应明在《菜根谭》中说道："恩宜自淡而浓，先浓后淡者，人忘其惠；威宜自严而宽，先宽后严者，人怨其酷。"意思是说，对人施予恩惠应该从淡薄到浓厚，如果开始浓厚而逐渐淡薄，那么人们就容易忘掉你的恩惠；树立威信要先严格而后宽容，如果先宽容而后严格，人们就会怨恨你的冷酷。

在对学生的教育管理上，道理是一样的。在管理学生上，我们可以采取以下的策略。

1. 先威后恩，规矩先行。俗话说"没有规矩就没有方圆"，在接触学生伊始，便要让学生明确他应该做什么，不应该做什么。先立下规矩，画好学生可以自由行动的圈子，让他从第一天接触老师、开始学习时便知晓纪律的重要性，树立规矩意识。从心理学的角度看，先威后恩、规矩先行有效地利用了首因效应。首因效应即我们平常所说的第一印象。这样一个故事可以形象地说明什么是首因效应：有两个卖汤面的小吃店。甲老板问来客："汤面里加鸡蛋吗？"顾客通常只能回答"加"或者"不加"；乙老板却这样问来客："加一个还是两个鸡蛋？"顾客一般都说"加一个"或"加两个"。乙老板的智慧表现使顾客的第一印象固定在"加鸡蛋"这点上。对学生而言，先确立威信、规则，就在于使学生确立规则第一的意识，知道纪律的重要性，树立教师的威信。

2. 恩威并施，严宽相济。文武之道在于一张一弛，我们用严格的管理来树立威信，还需要真心关爱学生，营造宽松的学习环境。只对学生施恩而没有树立威信，就是对学生的泛泛之爱，甚至溺爱，学生犹如无缰的野马难于约束。这时的师生关系是"一种庸俗的亲昵关系，而这种教育是一种危险的现象"（苏霍姆林斯基语）。只有威严而无恩情，不去关爱学生，漠视学生心灵，学生的心便会变成爱的冰原、情的沙漠。所以，要恩威并施、宽严相济、疏堵并用，提前预防与及时教育并重。

在教育学生的过程中，我自己就采取了这样的做法：

那时自己刚接手三年级。在第一次数学课上完后布置作业。

"老师，做作业用什么笔写呀？"有学生问道。

"当然是用钢笔啦！都三年级了，还用铅笔呀？幼稚！"一名学生理直气壮地说。

这时我回想起以前的事情。升上一个年级之后，很多学生会自觉地使用钢笔。起初我想：用就用吧，反正学生最终都是要用钢笔的，便不做要求，随其所欲。可结果是：轻者作业有涂画——错了，橡皮擦不掉，只好乱涂乱画；重者满纸云烟、狗窦大开——纸面到处是墨迹、改正纸、涂改液，或者擦出一个个小洞……

于是，我改弦更张。

一、讨论制订作业常规

与学生共同讨论制订三（1）班《作业常规要求》，包括课堂作业要求和课外作业要求。

1. 课堂作业要求

（1）课堂作业的书写可以是钢笔、圆珠笔、水笔、铅笔等。

（2）上午布置的课堂作业中午放学之前必须交，下午布置的课堂作业下午放学之前必须交。最好当堂完成作业当堂交。

（3）如果做错了题，不许乱涂（就是把错的地方用笔来回涂圈）、乱画（就是用笔画一个大大的圈把错题圈起来）、乱擦（就是用橡皮擦把错的地方擦得黑糊糊的或者擦出一个小洞），可以使用橡皮、改正液、涂改带进行改错。

（4）拿到课堂作业本首先要改正上一次的错题，然后开始完成当天的作业。

（5）作业完成后主动交给组长，组长及时交给科学习委员，科学习委员及时送到老师办公室。

2. 课外作业规则

（1）课外作业又叫家庭作业。它必须在当天的课外时间完成，不许等到第二天早上到学校后补做。

（2）在家完成课外作业后必须及时将学习用品放回书包，不要等到第二天早上匆忙收拾，这样常常会遗漏一些东西。

（3）拿到课外作业本首先要改正上一次的错题，然后完成当天的作业。

（4）每天吃课间餐时将课外作业放到组长课桌上，然后到自己位置上就座，不管组长在不在。

（5）组长要及时将作业交给科学习委员，科学习委员要尽快将作业送到老师办公室。

二、调查作业用笔意向

以往都是由自己做统一要求：平时作业认真、书写工整、卷面整洁的一些同学允许使用钢笔；其他同学一律不准使用钢笔，等什么时候作业做好了，就什么时候使用钢笔。最后导致书写好的学生始终是那么几个，书写不好的学生就破罐子破摔，失去了进一步提高作业质量的兴趣。

现在，问题再一次摆在面前，是老调重弹还是另辟蹊径？我决定来一次尝试，顺势引导学生积极用钢笔作业的愿望，促使其自我教育。

自己在学生中进行调查："三年级了，你是想用钢笔还是用铅笔写作业？为什么？"最后得出的结果是全班94％的学生想用钢笔写作业，原因是：其一，三年级的学生还用铅笔，太幼稚；其二，中学生、大学生都是用钢笔写字，我们将来也是要用钢笔写字的；其三，用钢笔写出来的字更漂亮。

"那用铅笔就一点好处都没有吗？"我问道。

"有的。用铅笔写作业时，写错了可以改；用钢笔写错了，橡皮擦不干净，不好改。"一名学生说。

"那我们怎么办呢?"我问道。

"那我们先用铅笔做,等不会写错了再用钢笔写。"一名学生帮着出了个主意。我正好借此进行下一步。

三、因势利导,奖善抑恶

我说:"同学们,大家看这样做行不行?今天的第一次作业呀,我们先用铅笔做,做出来后,老师和数学科代表、组长一起来评一评、比一比,看哪些同学的作业写得好,我们就让他用钢笔写作业。"学生齐声叫好,一个个兴趣盎然地投入到作业之中。

随后,我和数学科代表、组长一起,将全班的作业一一评比,挑出正确率高、书写工整、卷面整洁的作业,在全班进行点评,最后宣布:"这些同学可以使用钢笔写作业,这次没有评上的同学继续努力,争取下一次能够被评上。"

课后,一名学生拿着作业走到我跟前问:"老师,我的字写得好吗?"我拿过来一翻——字写得挺好,就说:"挺好呀!"

"那为什么我不能用钢笔写作业?"他问。

我把他的作业又看了看,说:"你看,作业错这么多。用钢笔写错了怎么改呢?"

那名学生听了我的话后,低着头无精打采地回到了自己的座位。

看着他的背影,我猛地意识到:"不行,还得想办法。要不然,像这样书写好,但作业易出错的学生会受到打击。"

四、确立规范,分类评价

我找来一份写得漂亮但有错误的作业放在展示台上,说:"同学们,看看这份作业。你有什么看法?"

有学生说:"字写得很漂亮,就是错的多了点儿。"

我说:"像这样书写很工整的同学,就因为他会出错就不让他用钢笔写作业吗?"

有学生就说:"可以吧。"

有学生质疑:"写错了怎么办?又改又涂,还不是不好看。"

那名找过我的学生立刻站起来说:"为什么不行?我们注意不就行了!

有些同学虽然作业全对，但字写得一点都不好看，还乱涂乱画，凭什么还要用钢笔？"

我说："同学们，我们这样试试看行不行？以后老师在批改作业的时候，根据同学们作业的对错情况打一个等级，再根据同学们的作业书写、卷面情况打另一个等级。如果谁的作业书写不好的话，老师就打 Pc。Pc 是什么意思呢？英语中铅笔不是 pencil 吗，就表示你作业写得不好，下一次作业要用铅笔写。"

马上有学生问："那要是写得好呢？"

我说："那你们看可以用钢笔写作业，打什么等级呢？"

一名学生说："用 Pe，钢笔的英语单词是 Pen。"

另有学生说："A 等级比 C 等级高，把 'e' 换成 'a'，用 Pa。"

最后约定：等级＋Pa——无论对错怎样，都可以用钢笔写作业；等级＋Pc——正确率再高，也只能用铅笔写作业；每一次的作业用什么笔都根据上一次的情况确定。

从此以后，学生一拿到作业，就急不可待地关心自己得了什么等级，可以用什么笔写作业。如果哪一次批改作业时我没有批注"Pa"或"Pc"的话，学生是会不依不饶的。

五、自我约束，形成习惯

过了一段时间，看学生已基本上能自觉地写好作业，我就说："同学们，现在大家都能自觉写好作业了，老师以后就不再给每一位同学打 Pa 或 Pc 了，老师希望每位同学能自己监督自己、约束自己。以后凡是没有打 Pa 或 Pc 等级的同学，可以自主选择用什么笔写作业；但是如果有哪位同学作业书写不好，老师就会给你的作业打上 Pc，让你好好反省。"

现在，学生写作业有用钢笔的，有用铅笔的；但是无论用什么笔，都坚持做到书写工整、卷面整洁。

《史记·夏本纪》中载：鲧治水"九年而水不息，功用不成"，禹治水"居外十三年，开九州，通九道，陂九泽，度九山"而大成。鲧之败，败在只堵不疏；禹之成，成于疏堵并用。我想教育学生同出此理。

九、就有道而正焉
——数学之道是什么

【信其言】

子曰："君子食无求饱，居无求安，敏于事而慎于言，就有道而正焉，可谓好学也已。"

——《论语·学而第一》

【解其语】

孔子说："君子饮食不贪求饱足，居住不求安逸，勤勉做事，谨慎言语，亲近有道贤德的人，匡正自己。这样，可以说是好学了。"

南朝梁武帝时，菩提达摩从印度到达南朝，意欲弘扬大乘佛法。他在都城建业与梁武帝面谈不契，于是一苇渡江，北上嵩山少林寺，于一石洞中"面壁而坐，终日默默"，参禅悟道，十年不辍。入定后，洞内静若无人，飞鸟竟在达摩的肩膀上筑起巢穴。十年后，当他离开石洞的时候，坐禅对面的那块石头上，竟隐约留下了他面壁姿态的形象。后人遂称此洞为"达摩洞"。

当时有个叫神光的僧人，博览群书，贯通儒释道，听说达摩面壁悟道的事情之后，就专程前来拜见达摩，想要师从达摩，欲求正道。可是达摩只是面壁静坐，对站在洞口、诚心求道的神光不加理睬。神光就一直站在洞口不走，一天又一天。有一天下起了大雪，积雪把神光的腿都覆盖了，可神光还是侍立在洞外不动。达摩看到这里，开口说道："你站在雪中，找我有什么事？"神光就向达摩表达了自己欲求无上正道的信念。达摩说："欲求无上正道，需要经过无数的艰难困苦。岂是想学就能学到的？"神光苦求不已，达摩告诉神光机缘未至，神光问何谓机缘已至，达摩告诉他，除非"天降红雪"。神光见满眼白茫茫一片大雪，毅然抽刀自断左臂，血溅白雪而成红色。达摩见神光如此决绝，于是收他为徒，取法号"慧可"，并告诉他："外息诸缘，内心无喘，心如墙壁，可以入道。"后将禅宗衣钵赋予慧可，是为禅宗二祖。

前有慧可立雪断臂，后有程门立雪求道。为求学，不仅仅"食无求饱，居无求安"，即使断臂乃至牺牲生命都不乏其人。可见古人为"就有道而正焉"、为好学做出的努力。

【行其道】

我们思考：数学之道是什么？我们不禁要问：数学，到底是什么？

我们一般认为数学是"现实世界的空间形式和数量关系"。二十世纪中前期数学有三大流派：逻辑主义、形式主义、直觉主义。

逻辑主义企图向人们说明：全部数学可以以一个逻辑公理系统严格推导出来，也就是说可以从逻辑概念出发，用明显的定义得出数学概念；由逻辑命题开始，用纯逻辑的演绎推得数学定理。从而使全部数学都可以从基本的逻辑概念和逻辑规则推导出来，就如同罗素所说："数学即逻辑。"

形式主义将各门数学形式化，构成形式系统，然后用一种初等方法证明各个形式系统的相容性即无矛盾性，从而导出全部数学的无矛盾性。

直觉主义认为，人们对数学的认识不依赖于逻辑和语言经验，而是"原始直觉"，纯粹数学是"心智的数学构造自身""反身的构造"；认为"逻辑不是发现真理的绝对可靠的工具"。

历史证明，三大流派都有各自的缺陷。那么，数学到底是什么？我们就以计算机证明、特别是发明数学定理为例进行深入的思考。

如果让一只猴子坐在打字机前乱敲键盘，猴子的子子孙孙也照样敲，给它们亿万年的时间，最终它们会意外地打出一部《西游记》来。你相信吗？

一台冰冷的计算机，可以证明乃至发明一些人类自己都没有发现的数学定理。你相信吗？

早在 1950 年，波兰数学家塔斯基证明：初等几何和初等代数范围内的一切命题都可以用机械方法判定。

1959 年，我国数学家王浩设计程序，用计算机仅花 9 分钟时间证明了

《数学原理》中数百条定理。

1976年，美国数学家阿佩尔和哈肯在IBM360计算机上花了1200小时，做了约100亿个判断，证明了自1852年以来困扰了无数数学家的"四色问题"。

我国数学家吴文俊于1977年正式提出定理机器证明的新方法。利用这种方法已经在计算机上证明了600多个定理，其中包括著名的费尔巴哈定理、莫勒定理、西姆松定理等。

张景中、杨路在吴文俊方法的基础上提出了另一种证明方法，在AST—286微机上仅用42秒即证毕费尔巴哈定理。

可是，让人匪夷所思的事情发生了。利用机器证明的方法还可以发现新的定理，比如：如果球面三角形面积是球面面积的四分之一，则三角形中三边中点构成球面上的正三角形。这个定理是发现的？还是发明的？若是"发现"此定理，即它在亘古以前便已存在，那为什么直到今天才被发现？这让我们想起了苏轼的那首《琴诗》：

> 若言琴上有琴声，
>
> 放在匣中何不鸣？
>
> 若言声在指头上，
>
> 何不于君指上听？

若言"发明"此定理，即先前本无此定理，我等无中生有地发明了它。如此一来，岂不是说真理在未被知晓之前并无真理？难道在哥白尼提出"日心说"之前太阳真的围绕地球转？

真是"天不生仲尼，万古如长夜"了！正如英国诗人波普赞美牛顿道：

> "大自然和它的规律，
>
> 隐藏在黑暗之中。
>
> 上帝说：
>
> 让牛顿去吧！
>
> 一切便灿然明朗。"

或如王阳明所说：

"尔未看此花时,

此花与尔心同归于寂。

尔来看此花时,

则此花与汝一齐开放。"

既然可以"发现"这一个定理,我们就有理由相信将会不断"发现"新的命题。对于那些将要"发现"的新命题,它们是真?是伪?或者不能证明其真伪?

若言其真,我等"事未目见耳闻,而臆断其有无,可乎"?且为何现在只"发现"了这个定理,而尚未"发现"更多?它们"藏在深闺人不识"的原因是什么?

若言其伪,既然真命题如此之不易出现,那么假命题应多一些吧?

若不能证明其真伪,这种"怪论"着实让人苦恼。习惯上我们认为一个命题非真即伪,虽然哥德尔指出有些命题虽真,却不能证明其真。

想想这些,真是让人头大,却也乐在其中,先哲不是说"我思故我在"吗?

【证其果】

好在我们已经达成了一些基本的共识,比如,数学是一个拟经验性的演绎系统——基于经验又超越经验,数学也是一种思想方法——思维的一种方式,数学也有美——冰冷的美,数学也有一种精神——理性、探究的精神。

数学也是一种文化。当我们以造物者的姿态回顾几千年人类文明史时,我们会发现,从最古老的文明古国的天文历法到今日的信息文化,数学无不占有重要的一席之地。数学应用的累累硕果也已经融入社会文化,并有力地推动着历史的车轮滚滚前进。数学以其自身丰富灿烂的文化载入史册,同时更以思维这一理性之光,照亮了人类不断前进中的黑暗之路。

正因为我们认识到数学是一种文化,所以,我们可以在《圆的认识》教材中看到这些内容:

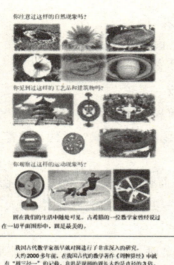

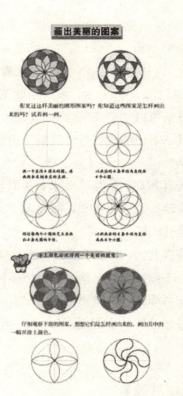

我们也可以在著名特级教师华应龙的课堂里看到"圆,一中同长也""大方无隅""没有规矩就没有方圆"。

师:圆有什么特征呢?有比较才有鉴别。我们可以把圆和以前学过的图形进行比较。(出示正三角形、正方形、正五边形、正六边形和圆)

生:无论画在哪里,圆的半径的长都是一样的。

生:圆不能计算面积。

生:(不认可地)可以的!

生:长方形、正方形都是由四条直线围成的,而圆是由一条曲线围成的。

生:圆是个封闭图形。

师:这句话说得很专业!对,封闭图形。

师:孩子们,圆确实具有大家说的这些特点。知道古人是怎么说圆的特征的吗?

（板书：圆，一中同长也）

师：明白这句话的意思吗？"一中"指什么？

生：（抢着说）一个中心点！圆心！

师：什么是"同长"？

生：（争抢着）半径的长度都一样！直径的长度都一样！

师：（反问）圆有这个特征吗？

（学生们认可地点头）

师：（若有所思地）难道正三角形、正方形、正五边形、正六边形不是"一中同长"吗？（课件出示图形）

（学生们沉默，紧张地思考着，片刻后陆续举起手来）

生：（手指课件中的三角形）如果从中心点把线连到三角形的边上和顶点上，那么两根线段的长度就是不一样的。

师：（恍然大悟地）哦——连在顶点上的长度是一样的，但连在不是顶点的其他点上就不一样长了！但是圆呢？

生：（纷纷地）都一样！一样长！

师：是呀，在圆上的点都是平等的，没有哪个点搞特殊！正三角形内，中心到顶点相等的线段有 3 条，正方形内有 4 条，正五边形内有 5 条……圆呢？

生：（齐）无数条。

师：（板书：无数条）这样看来，圆是不是"一中同长"？

生：对！

师：（神秘地）请看——（几何画板演示正多边形边数不断增多最终变成"圆"的动态过程。）

生：（惊奇地）成为一个圆了！

师：（笑着）现在是正 819 边形！

生：（情不自禁地）哇……

师：现在你有什么想法？圆是……

生：（争着站起来大声说道）我认为圆是一个正无数边形！

师：（欣赏地）佩服佩服！用老子的话来说就是"大方无隅"（在课题位置板书：大方无隅）"大方"就是最大最大的方，猜一猜，"隅"是什么

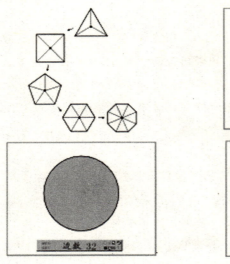

意思？

生：（异口同声地）角！

师：真佩服！不是猜，都知道。这样看来，圆是不是"一中同长"？

生：对！

师：（感慨地）圆真是具有这样的特征！那刚才同学们说的对不对呢？（出示椭圆）它也是由一条曲线围成，没有角。（学生会意）"一中同长也"才是圆的特征，由这个特征能衍生出圆的其他特点来。"圆，一中同长也"是墨子说的，墨子的发现比西方人早了1000多年……

生：（惊叹地）哇！

师：那就让我们带着这份自豪，学着古人的样子读一读这句话。（学生读）

师："圆，一中同长也"，在寻宝的问题里，"一中"就是小明的"左脚"，"同长"就是3米，具备圆的特征，当然就是圆了。"为什么宝物所在的位置是个圆"的问题解决了吗？（学生们频频点头）

师：刚才我巡视的时候，发现同学们都会画圆了！会画圆的请举手！（学生们热情地高举起小手来）画圆一般得用圆规，古人说："没有规矩，不成方圆。"现在请大家用圆规画一个直径是4厘米的圆。边画边想：我们是怎样画圆的？（板书：③怎样做）

......

师：是啊，圆心只能"一中"，半径一定"同长"。当我们真正理解了祖先的"圆，一中同长也"，才知道以前听说的"圆心""半径"是多么重要的两个词啊！其实呀，孩子们，"没有规矩，不成方圆"这句话还是对的！这样画遵照了画圆的规矩。圆有圆的规矩，方有方的规矩，做人有做人的规矩，研究问题有研究问题的规矩。

十、如切如磋，如琢如磨
——切、磋、琢、磨教学情境

【信其言】

子贡曰："贫而无谄，富而无骄，何如?"子曰："可也。未若贫而乐，富而好礼者也。"子贡曰："诗云：'如切如磋，如琢如磨。'其斯之谓与?"子曰："赐也，始可与言诗已矣! 告诸往而知来者。"

——《论语·学而第一》

【解其语】

子贡说："生活穷困但并不谄媚权贵以求显达，富有但不骄纵恶学，可以吗?"孔子说："可是可以，但不如生活穷困仍然知足常乐，富有但崇尚礼制、好学不已的境界。"子贡说："《诗经》说'如切如磋，如琢如磨'，说的是不是就是这样呢?"孔子说："子贡啊子贡，现在可以与你探讨诗了。告诉一些已经过往的事情，马上就能够知道将来可能发生的事情。"

子贡先前是做生意的，起初也是穷苦不堪，后来生意做大了，生活才渐渐富足起来。虽说"君子爱财，取之有道"，但从事商贾总比求学问道差了几许，子贡虽求学不已，但总心有惴惴，所以就问孔子这些话。

"贫而乐"，所谓"一箪食，一瓢饮，在陋巷，人不堪其忧，回也不改其乐"，穷得饭都吃不饱了，但丝毫不影响自己安贫乐道。东晋著名大诗人陶渊明就是典型的例子。陶渊明在四十一岁的时候出任彭泽县令。有一天，上面有个领导下来检查工作。这个人粗俗傲慢、贪赃受贿，每次借巡检之机作威作福。陶渊明对这种依靠权势欺人的权贵历来不耻，也就不肯趋炎附势。但是身在官场又不得不低头，所以，就准备勉为其难去拜见，这时旁边一个县吏提醒"当束带迎之"，意思就是，要穿戴整齐、备好礼物，恭恭敬敬地去拜见才行。这实在是让陶渊明觉得有违自己的良心、品性，"潜叹曰：'吾不能为五斗米折腰，拳拳事乡里小人邪！'"（《晋书·陶潜传》）大意是，我怎么能为了县令的五斗薪俸，就低声下气去向这些小人献殷勤呢！于是挂冠而去，辞职归乡。他这个彭泽县令也只当了八十多天。由于失去了谋生之计，家中穷苦不堪，"夏日抱长饥，寒夜列被眠"。江州刺史檀道济劝他："奈何自苦如此。"他说："潜也何敢望贤，志不及也。"辞官回乡后的二十几年间，陶渊明一直过着贫困的生活，但是安贫乐道，固穷守节，写出了许多不朽的诗篇。

而周公是"富而好礼"的代表。周武王死后，年幼的成王即位。周公担心天下因武王驾崩、成王年幼而导致王权削弱，天下叛周，于是当了摄政王，代掌君王权力，管理天下。其间，他派遣儿子伯禽代替自己到鲁这个地方受封。周公告诫伯禽说："我是周文王的儿子，武王的弟弟，成王的叔父，对我而言已是权高于顶，富贵至极。但是我仍然常常正洗着头却停下不洗、正吃着饭却停下不吃，为的就是赶紧接待士人，礼贤下士，唯恐失去了天下贤德之人。你到了鲁这个地方，切忌不要'以国骄人'。"（《史记·鲁周公世家》）周朝在周公的治理下迅速发展壮大，等成王成年之后，周公便将王权还给了成王。

陶渊明贫无立锥之地，但安贫乐道；周公富贵至极，却好礼。这些都反映出了他们人性中的光辉一面。

【行其道】

"如切如磋，如琢如磨"出自《诗·卫风·淇奥》，原句是"有匪君子，如切如磋，如琢如磨"，描述一个容貌、才德过人的君子。"切、磋、琢、磨"本为加工各种器物的方法，就好比玉石的加工过程。首先，工人从地底下采到原始的矿石，将其切开，露出藏在顽石中间的玉料，这就是"切"；然后，工人还需要将附着在玉料上面的一些石头杂质小心翼翼地搓掉，以得到完整、纯粹的玉石，这就是"磋"；随后，再将玉石雕琢成我们需要的形状，比如心形、圆形，这就是"琢"；最后，将成型的玉石打磨、抛光，使它熠熠生辉，就是"磨"。"切、磋、琢、磨"后来逐渐演变为道德、学问的研修与勉励。

孔子撰写的《春秋》是中国现存的第一部编年体史书，按时间顺序记载了春秋时鲁国从隐公元年到哀公十四年的历史大事。孔子写《春秋》时"笔则笔，削则削"，每用一字，必寓褒贬，必字斟句酌，不断琢磨，极其精炼的语言蕴含了非常丰富的内容，所以人们有"微言大义"之说。唐时贾岛一天骑在驴背上吟得诗句道："鸟宿池边树，僧推月下门。"开始用"推"字，觉得不妥，就用心琢磨。不知不觉冲撞到韩愈的卫队，随从人员将贾岛带到韩愈面前。贾岛便将自己琢磨诗句的事情说了出来。韩愈停马伫立很久，对贾岛说道："还是用'敲'字好。"于是与贾岛共同切磋诗歌写作，久久不愿离去。这两件事情都很好地说明了在做学问的过程中，"切磋、琢磨"的必要性。

《礼记·大学篇》说："如切如磋者，道学也；如琢如磨者自修也。""切磋"不仅仅要自己有深入的思考，还要有同伴与自己进行思维碰撞。对于教学环节的处理、教学流程的寓意等方方面面的内容，自己知道的也许别人不知道，别人想到的也许自己没有想到。这时同伴互助与沟通便显得尤为重要，所以，校本研修在强调了"专业引领"之外，还强调了"同伴互助"。我们需要同伴，因为同伴是校本研修中最基本、最高效的力量，当我们在教学中遇到问题时，寻求同事的帮助是每位教师的第一反应，因而同伴互助也是同课异构中最直接、最常用的方式。《学记》说："同学而无友，则孤陋而寡闻。"没有同伴的互助支持，教师个人将限于孤立。所以，我们力求教师个人与团队之间进行广泛的对话和合作，营造同伴互助的专业合作与精神共享，在同伴互助中将个人的才智与团队的集体智慧紧密地结合起来，形成个人成长与团队进步相辅相成的学习共同体，从而既促进教师个体在专业能力、知识、态度等方面的发展，又实现学校教育教学整体质量的提高。

而"琢磨"则更多地立足于自己的用心思考，强调自我的反思，立足于自己的教学实践，通过回顾、观察、诊断、自我监控等方式，自查自己的教育，以促进教师不断提升自己。我们可以对读书进行反思，在读书的基础上，针对自己的所想所感，联系自己的教学实践进行反思。我们也可以针对课堂教学后的经验得失进行反思，比如撰写教学随想，将教学过程中的点滴体会记录下来；或者制作卡片或做随堂随记，将上课的成败得失记录在一张卡片上，粘贴于教材的相应位置；或者留下电子版反思，在电子教案的后面附录某节课的反思；或者进行批注，直接在书本上记录点滴心得，反应教学优劣，反思教学得失。

【证其果】

"切、磋、琢、磨"还给了我们这些启示。"切"提示我们，我们需要对教学之初遇到的原始问题、初始情境进行思考，就如同要对山野顽石进行切割一样。"磋"则告诉我们，需要将初始的情境、问题转化为一个可以为课堂教学利用的案例。"琢"给我们的启迪是，我们需要围绕教学目标和活动意图，对从初始情境转化成的案例进行目标性强、指向性明、操作性好的深度开发。"磨"则是将教学情境进行精雕细刻的加工，使之有效地为课堂教学所用。所以，对于教学情境的有效创设，我们不妨采取"切、磋、琢、磨"的策略。下面，我们就以《异分母分数加减法》的教学情境的创设为例进行说明。

《异分母分数加减法》是苏教版五年级下册第八单元的教学内容。学生在三年级上学期已经学习了同分母分数的加、减法，在五年级下学期学习了通分、约分的知识。教学《异分母分数加减法》的重点是先通分，把异分母分数转化成同分母分数后再计算的方法，即算法。而难点是，在让学生经历数学活动、丰富数学体验的基础上，理解先通分、再加减的算理。解决好"算理直观"与"算法抽象"的问题，也就解决了重难点的突破问题。

一般在计算教学中常常将重点放在算法的掌握上，力求熟练掌握计算方法，达到一定计算准确度和速度，以培养学生数学学习的基本技能。由此，对于算理教学就相对弱化了，因为算理教学弱化，所以学生算理不清；因为学生算理不清，所以知识迁移有限；因为知识迁移有限，所以无法灵活应对计算中的千变万化。

新课程指出，计算教学既需要让学生在直观中理解算理，也需要让学生掌握抽象的法则，更需要让学生充分体验由直观算理到抽象算法的过渡和演变过程。让学生不仅知道计算方法，更要理解方法的原理。让算理为算法提供指导，用算法使算理具体化，从而达到对算理的深层理解和对算法的切实把握。

《异分母分数加减法》教学中如何有效创设情境呢？创设一个怎样的情境才能将$\frac{1}{2}+\frac{1}{4}=\frac{2}{4}+\frac{1}{4}$中$\frac{1}{2}$为什么要变成$\frac{2}{4}$的算理和算法直观地得到展示，让学生明了分数不同不能直接相加而必须先通分的道理呢？"算理直观＋算法抽象＝数形结合"便成为教学情境设计的根本点和出发点。

一、"切"——思考初始情境

我们已经知道了《异分母分数加减法》的重点是算法问题，难点是算理问题。那么教材给我们的初始情境是什么呢？

例1 明桥小学有一块长方形试验田，其中$\frac{1}{2}$种黄瓜，$\frac{1}{4}$种番茄。种黄瓜和番茄的面积一共占这块地的几分之几？

$$\frac{1}{2}+\frac{1}{4}=\underline{\qquad}$$

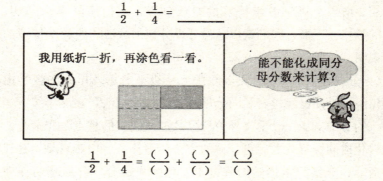

我用纸折一折，再涂色看一看。

能不能化成同分母分数来计算？

$$\frac{1}{2}+\frac{1}{4}=\frac{(\quad)}{(\quad)}+\frac{(\quad)}{(\quad)}=\frac{(\quad)}{(\quad)}$$

答：种黄瓜和番茄的面积一共占这块地的_____。

通过分析教材，我们可以知道：

例1在计算$\frac{1}{2}+\frac{1}{4}$的情境中让学生体验了为什么要先通分。第一种方法是根据$\frac{1}{2}$和$\frac{1}{4}$的意义，用折纸和涂色的方法计算。把一张长方形纸对折涂色表示这张纸的$\frac{1}{2}$，如果表示$\frac{1}{4}$，还要把这张纸再对折一次。经过两次对折，$\frac{1}{2}$变成$\frac{2}{4}$，$\frac{1}{2}+\frac{1}{4}$变成$\frac{2}{4}+\frac{1}{4}$。学生在操作中初步感受到异分母分数相加可以转化成同分母分数相加。

第二种方法是考虑 $\frac{1}{2}$ 和 $\frac{1}{4}$ 的分母不同，如果把这两个分数化成同分母分数，就可以用"分子相加、分母不变"的方法得出结果，由此诱发出先通分再计算的方法。在理出计算 $\frac{1}{2}+\frac{1}{4}$ 的思路后，用填空的形式完成计算，教学异分母分数相加的算法。但是，在没有提示的情况下，有多少学生能够自觉地想到用折纸的方法、从分数意义的角度去理解把异分母转化成同分母进行计算呢？如果直接从分母不同出发，去引导学生将两个分数化成同分母，那学生的自主探索又被置于何地呢？

所以，教材给出的初始情境需要我们重新考虑。当然，这块"玉料"也给了我们启迪，即应该确立不同的解决问题的策略，明确算理直观的思路。

二、"磋"——寻求可用案例

好在后面练习中的第 1 题为我们提供了新的切入点。

1. 先在算式下面的图形中涂一涂，再写出得数。

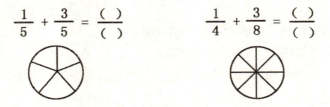

$$\frac{1}{5} + \frac{3}{5} = \frac{(\quad)}{(\quad)} \qquad \frac{1}{4} + \frac{3}{8} = \frac{(\quad)}{(\quad)}$$

第 1 题通过在图形中涂色写得数，帮助学生体验同分母分数可以直接相加，异分母分数要先通分再相加。认真思考第 1 题，我们可以领悟到以下几点：第一，帮助学生复习基础知识，唤醒学生已有的知识经验，它包括分数的意义、同分母分数加减法计算的方法。学习需要与一定的情境相关联，因为情境可以有效地帮助学生激活已有的知识、经验基础，通过再现或再认识，激活学生头脑中已有的相关旧知，有利于意义建构。第二，以直观操作作为载体，让学生在动手体验中理解数、运用数，体验运算的意义，理清算理，掌握算法。

所以，第 1 题给我们的启迪是，给学生提供可供动手实践的材料，帮助学生从基础的分数的意义、同分母的分数加减法开始学习。但是，其缺陷显而易见：纯以第 1 题为情境，过于简单，操作性差，深度不够。我们需要进行更深入地思考。

三、"琢"——情境深度开发

我们需要创设这样一个情境：既能够帮助学生通过动手实践复习分数的意义，又能够联系同分母、异分母分数的计算问题，还能够将算理形象化，让学生直观理解分数单位相同才能相加。联想到多年以前的原始的幻灯片，它可以将两张灯片重合放置，显示出前后的结果变化，我们设计了这样的教学情境：

每 2 个学生手中有 10 张透明胶片（如下图）。

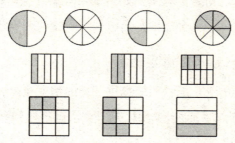

利用这个情境可以组织的教学活动有：

【活动 1】动手做一做，复习旧知识。

我们可以有效地组织学生进行复习，用分数表示图中的阴影部分，说出分数的意义，说出它的分数单位，及有几个这样的分数单位。

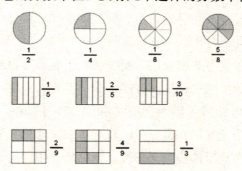

【活动 2】动手拼一拼，产生新分数。

你能用两个分数卡片，拼出一个新的分数吗？比如：

当分母不同的分数图片重合在一起之后，很直观地可以看到分数单位发生了变化。比如上图中的分数 $\frac{2}{5}$、$\frac{1}{4}$，原来分别把"单位 1"平均分成 5 份、4 份，当 $\frac{2}{5}$ 与 $\frac{3}{10}$、$\frac{1}{8}$ 与 $\frac{1}{4}$ 重合后，由于 $\frac{3}{10}$、$\frac{1}{8}$ 与 $\frac{2}{5}$、$\frac{1}{4}$ 相比平均分的份数多，平均分的线条也就比较多，这些多出来的线条就拓印在 $\frac{2}{5}$、$\frac{1}{4}$ 的胶片上，直观地呈现出了 $\frac{2}{5}$、$\frac{1}{4}$ 转化为 $\frac{4}{10}$、$\frac{2}{8}$。这个过程也就形象地将通分、统一分数单位展示了出来，从而有效地帮助学生去体验、理解同分母、异分母分数加减法，增加学生自主探索的空间，让学生更充分地经历数学问题的探索过程；同时将复习铺垫与情境创设有机结合，凸显数形结合的思想，让学生在直观中加深对分数及其运算的理解。

【活动 3】动脑想一想，如何写算式。

请你用一个算式表示出你拼出的过程和结果。和同桌互相说一说，你是怎样想的？如：

$$\frac{2}{9} + \frac{4}{9} = \frac{6}{9}$$

$$\frac{2}{5} + \frac{3}{10} = \frac{4}{10} + \frac{3}{10} = \frac{7}{10}$$

计算教学应让学生有充分的独立思考、独立解决问题的体验。在这个过程中，用"图例＋操作"直观显现了从算理到算法的演变过程，学生在动手操作中初步理解了算理、明确了算法，体现了"算法直观"与"算法抽象"。

【活动4】动手分一分，在比较中辨析。

将这些算式分成两类，你会怎么分？为什么？如：

$$\frac{1}{2}+\frac{1}{4} \quad \frac{1}{4}+\frac{1}{8} \quad \frac{1}{8}+\frac{5}{8}$$

$$\frac{1}{2}+\frac{1}{8} \quad \frac{1}{4}+\frac{5}{8}$$

$$\frac{1}{2}+\frac{5}{8}$$

$$\frac{1}{5}+\frac{3}{10} \quad \frac{2}{5}+\frac{3}{10} \quad \frac{1}{5}+\frac{2}{5}$$

$$\frac{1}{3}+\frac{4}{9} \quad \frac{1}{3}+\frac{2}{9} \quad \frac{2}{9}+\frac{4}{9}$$

组织学生讨论得出：

$$\frac{1}{2}+\frac{1}{4} \quad \frac{1}{4}+\frac{1}{8} \qquad \frac{1}{8}+\frac{5}{8}$$

$$\frac{1}{2}+\frac{1}{8} \quad \frac{1}{4}+\frac{5}{8}$$

$$\frac{1}{2}+\frac{5}{8}$$

$$\frac{1}{5}+\frac{3}{10} \quad \frac{2}{5}+\frac{3}{10} \qquad \frac{1}{5}+\frac{2}{5}$$

$$\frac{1}{3}+\frac{4}{9} \quad \frac{1}{3}+\frac{2}{9} \qquad \frac{2}{9}+\frac{4}{9}$$

进一步讨论：同分母分数加减法与异分母分数加减法有什么区别？

学生会理所当然地选择平均分的份数一样多的分成一类，因为这样计算简单。这是学生的一种直觉，也是奥卡姆剃刀原理的表现：只要能够解决问题，其余的忽略不计。两点之间走最简单的那条路线。我们要的就是学生的这一经验基础，由表及里，深入剖析其中的原因，进一步帮助学生明了同分母分数加减法的计算方法；明白同分母分数加减法可以直接计算是因为分母相同，平均分的份数一样多，分数单位相同。

【活动5】同桌议一议，弄清楚算理。

同桌讨论：

1. 分母不同的两个分数能不能直接计算？

2. 怎样让分母不同的两个分数能直接计算？

3. 为什么要把分母不同的两个分数通分成分母相同的分数？

（1）操作＋说理，算理悟算法。

结合卡片拼一拼，同桌互相说一说。如：

$$\frac{1}{8} + \frac{1}{4} = \frac{1}{8} + \frac{2}{8} = \frac{3}{8}$$

$$\frac{2}{5} + \frac{3}{10} = \frac{4}{10} + \frac{3}{10} = \frac{7}{10}$$

帮助学生理解异分母分数由于平均分的份数不一样，分母不相同，分母不相同就意味着分数单位不相同，也就不能直接计算。通分之后，原来不同的分数单位变成相同的，就可以直接进行计算了。

（2）立足理解算理，追求算法多样化。

除了用通分可以计算异分母分数，还可以用什么办法？

（3）突出转化思想，实现方法迁移。

用其他方法计算，比如用小数计算 $\frac{1}{8} + \frac{1}{4} = 0.125 + 0.25 = 125$ 个 $\frac{1}{1000}$ $+250$ 个 $\frac{1}{1000}$，是运用了转化的思想，将不同的计数单位转化成相同的计数单位。

你能用通分这种方法计算异分母分数减法吗？

（4）小结算理、算法，优化算法。

计算异分母分数加减法要注意什么？

这样，有效的情境和精心预设的问题水乳交融，有效的情境激发学生的探究欲望，精心预设的问题激荡学生的思维。

四、"磨"——精雕细刻情境

在《异分母分数加减法》教学中，有两个"同"必须引起我们的重视：一是不同分数的"单位1"及其大小要相同；二是不同分数的分数单位要相同；只有两个"同"同时成立，异分母分数加减法才能直接进行计算。但实际上，我们往往没有深究"单位1"相同的问题，而是约定俗成认为不同分数的"单位1"是相同的。

可是，在上述的10张胶片情境中，不同分数的"单位1"的大小明显是不一样的。这就说明在设置的情境中还有漏洞存在。实际上，教学实践中，恰恰有学生就列出了这样的算式，比如：

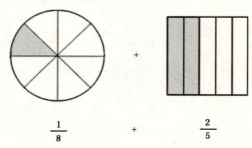

$$\frac{1}{8} \qquad + \qquad \frac{2}{5}$$

怎么办？告诉学生这两个分数不能进行计算吗？这怎么可能?！平时我们可以把任意两个分数进行加、减、乘、除的运算。告诉学生可以进行计算吗？那么 $\frac{1}{8}$ 的分数单位与 $\frac{2}{5}$ 的分数单位到底是不是一样的呢？一个方、一个圆，怎么比较？

经过思考，我们决定精雕细刻情境，从几个方面来解决情境漏洞的问题。

首先，对情境本身进行精雕细刻，弥补漏洞。用多媒体动态展示"单位1"的统一过程。如图所示，起初学生遇到的情境是分数的"单位1"不相同（如图1），通过计算机的动画演示，将第一行中的所有"单位1"——圆和第三行中所有的"单位1"——稍大的正方形都转化为和第二行的"单位1"一样大小的正方形（如图2）。这时就可以将其中的任意分数进行计算，避免了上述的 $\frac{1}{8}$ 与 $\frac{2}{5}$ 不能计算的问题。学生手中拿着的学具卡片则仍然呈现"单位1"不同的情况，因为我们需要教学情境呈现一定的变化，保持其丰富多样性。

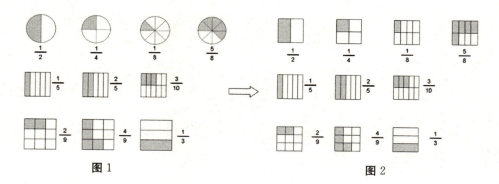

图1　　　　　　　　　　　　　　　　　　图2

　　其次，仍然从分数单位必须统一的角度进行解释。"单位1"不同，我们就更加无法比较两个分数的分数单位是不是一样，比如$\frac{1}{8}$与$\frac{2}{5}$的分数单位，一个方一个圆，即使是同为几分之一也没法比较。所以，"单位1"不同更不便于我们看出分数单位是不是相同。

　　还有就是，直接向学生交代清楚，一般我们在进行分数的加减法计算时，都将分数从具体的情境中剥离开，约定俗成认为它们的"单位1"是相同的。当然，即使"单位1"相同，如果分数单位不同，仍需要通分后才能进行计算。

　　可见，情境的有效创设也并非一蹴而就，它需要我们不断的"切、磋、琢、磨"。

十一、患不知人
——了解学生、了解学生知识经验基础

【信其言】

子曰:"不患人之不己知,患不知人也。"

——《论语·学而第一》

【解其语】

大意是,孔子说:"不用在意自己不被人了解,需要在意的是自己不了解别人。"

《史记·管晏列传》讲述了管仲与鲍叔牙之间知人、知己的故事。管仲少时就与鲍叔牙是好朋友,鲍叔牙知道管仲有治国平天下之才。因为穷,管仲就和鲍叔牙一起做生意,但是管仲出资少,而鲍叔牙出资多,等到赚了钱分红的时候,管仲反而多拿了钱。但是,"鲍叔不以我为贪,知我贫也"(译为:鲍叔牙知道我穷,所以对我多拿钱的事不以为意)。管仲曾经三次出来做官,三次被君王驱走,但是,鲍叔牙并不认为管仲没有才学,因为他知道管仲生不逢时,所遇非人。管仲参军打仗,退兵时跑得比谁都快,但是"鲍叔不以我为怯,知我有老母也"(译为:鲍叔牙并不认为管仲胆小如鼠,他知道管仲家有老母需要赡养)。后来,齐襄公死了,他的两个儿子纠和小白便为了争夺君王宝座闹得不可开交。而"鲍叔事齐公子小白,管仲事公子纠",各为其主、各自为政。最终小白成功登上了王位,后来成为春秋霸主之一,是为齐桓公。公子纠死了之后,管仲就被齐桓公打入监牢。这时鲍叔牙对齐桓公进言说:"如果您只想管理好齐国,有我就差不多了;如果您想一匡天下、建不世功业,那就非用管仲不可!"后来,在鲍叔牙的极力推荐下,齐桓

公任管仲为相，而鲍叔牙甘居管仲之下，但齐桓公由此"九合诸侯，一匡天下"。

管仲与鲍叔牙均有自知与知人之明。鲍叔牙知道自己才能不如管仲——知己也知人；管仲因为家穷多拿钱、总是占鲍叔牙的便宜，因为他知道鲍叔牙是什么样的人——知人也知己。所以，管仲说："生我者父母，知我者鲍子也！"而"天下不多管仲之贤，而多鲍叔能知人也"。

【行其道】

"不患人之不己知，患不知人也"给我们的启迪是：在教学中，教师不被学生了解不要紧，但教师不了解学生就万万不行。

学生三尺童稚，天真烂漫，对于教师的良苦用心他们又能体会多少呢？指望学生能够充分理解教师，那是不现实的。只能说，教师能够被学生充分理解，而教师也能充分了解学生，这应该是我们追求的理想境界。

我以为，对于一个教育者而言，教师对学生的了解比学生了解教师更加重要。教师的工作首先建立在自己的良心、责任的基础之上。只要我们恪尽职守，真正的关心爱护学生，为学生终身的成长与幸福着想，即使我们不被人理解也不要紧。所谓"春蚕到死丝方尽，蜡炬成灰泪始干"，重在教育者自身的付出，不用介意他人言语。

但是，反过来，如果教师不能去真正了解学生，失去知人之智，那么教育的过程将是一个艰辛甚至苦难的过程，教学的效果将事倍功半。

成都大学师范学院陈大伟教授曾经讲了这样一件事情。他去贵州省的一所学校讲学，其间有一位教师向他埋怨现在的学生越来越无法无天，居然连老师都敢骂。

陈教授就问是怎么一回事情。那位老师就讲到，课间休息的时候，班上的一个学生走到他面前，说："老师，你知道的知识还是卵多的嘛！"老师一听到"卵"这个字便火冒三丈，因为"卵"这个字在某些时候、某些地域一般是和男性生殖器联系在一起的。比如，刘邓大军千里跃进大别山期间，某些前线指挥员作战不力，刘伯承怒责："你有没有卵子？"其实意思是，你有没有男人的勇气？那位老师将"卵"与生殖器关联起来理解，认为学生是在骂他。

陈大伟教授就和那位老师一起分析。首先，教师了解不了解这位学生平时的表现？教师说："了解。这名学生平时表现不错，不是那种目无尊长的人。"其次，由于贵州是一个方言居多的省份，学校所在地域，"卵"这个字可有什么意义特别之处？那位老师介绍，在当地，"卵"也是人们说话的一句口头禅。

陈大伟教授与那位老师经过共同分析，得出：那个学生极不可能是在骂老师，很有可能是在以当地的俚语称赞老师，比如他其实是说："老师，你知道的知识还是蛮多的嘛！"

从这个事例我们就可以看出，我们需要确切地知道学生、了解学生。不仅要看到学生的行为，更要知道学生行为背后的动机；不仅要知人，还要知事。否则便会在师生之间的学习、交往与沟通中出现错位，导致教育教学效果的低效、失效甚至反面效果。

【证其果】

其实，新课改也指出，教师在教育教学中要注重"知人"。《数学课程标准》中这样说道："教师教学应该以学生的认知发展水平和已有的经验为基础，面向全体学生，注重启发式和因材施教。"这里的"学生的认知发展水平和已有的经验"不就是要我们知道学生、了解学生的起点么？

所以，"患不知人也"给我们的直接启示就是，不了解学生、不了解学生的认知发展水平和已有的经验基础，这应该是我们需要极力避免的。

比如，自己在教学五年级"求近似数"的过程中，便经历了一个"不知人——知人——知事"的过程。

在教学中，我们往往没有真正地把学生的"知识经验基础"当回事，对学生的知识经验基础未能认真、细致、深入地了解，因而很容易导致学生在学习过程中产生思维的障碍与盲点。美国著名的教育心理学家奥苏伯尔说过："假如让我把全部教育心理学仅仅归纳为一条原理的话，那么，我将一言以蔽之：影响学习的唯一最重要的因素就是学生已经知道了什么，要探明这一点，并应据此进行教学。"所以，千万别把了解学生、了解学生的认知发展水平和已有的经验基础不当回事。

一、了解学生的知识基础

教材在处理过程中，出于层次性考虑，一个系列的知识一般会分散在不同的教材里面，它们有各自不同的目标和要求。我们在教学中，需要认真分析同一知识系列在不同年级段的不同要求，以满足学生在不同层次得到不同发展的要求，使自己能够具体问题具体分析，注意根据不同要求灵活选择恰当的教学方法。比如，求近似数在四年级上册和五年级上册都做了安排，却存在较大差异。

	册数	表述	方法	要求
求近似数	四年级上册	单一：省略"万（亿）"位后面的尾数。	相对固定：根据千（千万）位四舍五入。	简单具体：对一个数只提出一个具体要求，求一个近似数。
	五年级上册	多样："精确到个位（十分位、百分位……）" "保留一位（二位、三位……）小数"。	灵活多样：根据要求的某一数位的后一位四舍五入。	复杂多变：对一个数提出多个不同要求，求多个不同的近似数。

在教学中，如果简单地认为学生在四年级已经学习过四舍五入法求近似数，在五年级只需要将方法迁移到小数中就可以了，不把四年级求近似数的知识基础、五年级求近似数的新的要求和变化当回事，教学便不可能取得好的效果。

如果我们不了解学生的知识基础，忽视同一内容在不同年级段中知识结构、目标要求的细微变化，对前后相差何处不进行深入细致的思考、分析，而是一相情愿地对学生的学习基础进行理想化的设想，认为学生已有的知识基础完全能够满足新的学习的要求，那么这种教学的简单化处理必将导致学生学习流于表面，掩盖住学生思维的盲点和死角。

二、了解学生的已有经验

康德在《纯粹理性批判》中曾说："我们的一切知识都由经验开始。"爱因斯坦在《关于理论物理学的方法》中也说过："一切关于实在的知识，都是从经验开始，又终结于经验。"学生数学知识的建构过程，是一个立足于学生已有经验的基础进行的认识过程。按照皮亚杰的看法，学生对于客体的认识是一个把所说对象整合到已有的认知结构（即经验）之中的过程，即

"同化"。只有借助同化的过程，客体才获得了真正的意义。客体在被认识的过程中，原有的认知结构（即经验）在无法适应新的对象的情况下，其本身也必须被变革以使认知的主体客体相适应，达到一个新的"平衡"，即"顺应"。所以，离开经验基础去谈学生的数学认识是不可能的。

同时我们也需要注意，对于某一知识，学生"此时"的经验与"彼时"的经验又是存在差异的。人的思维的后续发展与先前相比总是有不断的发展变化的，学生在掌握了某一知识之后，人的记忆规律、后续的学习等都会对其产生影响。这就提醒我们，即使是学生掌握了的内容，在经过一段时间之后也不见得能够和当初一样完全正确地理解，也就意味着学生此时的经验基础不见得如我们想象中的那样"完好如初"。

学生在学习求近似数后的练习中往往会出现比较多的错误。学生错误的原因是什么？基于何种经验进行认知？如何重新激活学生已有的经验基础，特别是正确的经验基础？……这些问题对于帮助我们弄清问题的症结所在，并将此时此班的"直接经验"转化为彼时彼班的"间接经验"，减少学生错误的发生，提高教学效率是大有裨益的。

教学中，我注意到了学生暴露出的种种问题，与学生沟通、进行调查分析，了解到学生的错误及其原因主要集中在以下几个方面。

	要求	错误答案	原因调查分析
2.826	精确到个位	2	不是根据后一位四舍五入，而是根据个位本身四舍五入；或者没有四舍五入。
	精确到十分位	3.8	因为 2.8265 精确到个位是 3，精确到十分位就接着在个位的近似数 3 的基础上进行四舍五入；8 后面是 2，用四舍方法得到 3.8。显然，这是受了前面答案"3"的干扰。
	保留两位小数	3.93	因为保留两位小数要看小数部分第三位，第三位是 6 要五入进一，2 加上进的 1 等于 3，8 加上进的 1 等于 9，整数部分的 2 加上进的 1 等于 3。这里，学生将进 1 理解成了不断、连续进 1。

随后，我认真思考问题症结所在，寻找解决问题的途径，进行了新的尝试："认识求近似数的两种表述方式（保留和精确），理解其间的联系——自

主探索求近似数，暴露思维冲突（何时四舍？何时五入？怎样四舍五入？）——自主变式，帮助学生强化认知（求一个小数 4.396 的近似数可以用哪些不同的方式表述？各有哪些结果？）——练习拓展（2.8□≈2.8、6.9□≈7.0、□.□□□≈3.86，□中可以填什么数？最大填多少，最少填多少？）"帮助学生深化认识，取得了较好的效果。

三、调研了解学生，摸清学生基础

《孙子·计篇》说："夫未战而庙算胜者，得算多也，未战而庙算不胜者，得算少也。多算胜，少算不胜，而况于无算乎！"没有精心的"庙算"便难有有效的教学；只有"多算"学生的认知发展水平和知识经验基础，才能保证课堂教学有效地进行。学生知识经验基础的情况如何，我们往往是被动和盲动的：与新授内容相关的知识基础、逻辑起点是什么？学生已有了哪些经验基础？相应的旧知学生的掌握情况如何？……我们常常是没有去深入学生之中调查的。针对新授知识的重点、难点我们预设了哪些手段与方法？这些手段与方法学生是否能够接受、便于理解，效果将会如何？……我们也常常是没有去深入实际进行调查实践，拿给学生试试的。一切都只是自己根据头脑中关于学生的想法去设想学生可能会有什么反应：估计学生学习某个知识点需要掌握的知识基础是没有问题的；某个问题可能这些学生会这样反应，那些学生会那样反映……这种设想也过于一相情愿了。

数学教师一般都担任两个班的教学任务，教学预案设计的成败直接关系到两个班的学生的学习成功与否。如果在课的"初构"中能够切实了解到学生认知发展水平、知识经验基础，在课的"重构"中能够将学生出现的错误、认知的盲点这一"直接经验"转化为另一部分学生学习的"间接经验"，有针对性地进行同课异构，我们就能够事半功倍地进行教学。如何摸清学生的知识经验基础情况呢？我们可以深入学生中间，或者从全班学生中抽取学习基础、能力分属不同层次的学生 5 到 6 名组成一个微课堂，有针对性地询问旧知的掌握情况；或者将教学设计中的问题提出来，观察学生的反应，分析错误的原因；或者将预设的教学活动适当展开，考查学生完成情况，分析活动设计是否合理……通过课前深入实际的调查研究，了解学情，真实掌握学生的知识经验基础，摸清学生的思维盲点与难点，就能够有的放矢地将教学活动中可能遇到的问题有效地解决。

四、由"知人"到"知事"

学生在四年级上册求近似数的时候，表述方式相对单一、要求简单具体、方法相对固定，而到了五年级，其表述方式多样、要求多变、方法灵活，跨度似乎太大。可不可以在四年级上册"求近似数"的教学中就未雨绸缪、打通关节呢？即在四年级上册的"求近似数"教学中增加省略不同数位后的尾数和精确到某一数位求近似数的内容。具体如下表所示：

484204		192600000	
原有	增加	原有	增加
省略万位后面的尾数 ≈（ ）万	精确到万位 ≈（ ）万	省略亿位后面的尾数 ≈（ ）亿	精确到亿位 ≈（ ）亿

这样可以让学生在四年级就知道求近似数的几种不同表述方式，认识到省略万（亿）位后面的尾数求近似数和精确到万（亿）位求近似数是一回事情，熟悉各种求近似数的不同要求，掌握求不同近似数的方法，为学生在五年级学习求小数的近似数扫清障碍。

十二、不违如愚
——构建活跃而深邃的课堂

【信其言】

子曰："吾与回言终日，不违，如愚；退而省其私，亦足以发，回也不愚。"

——《论语·为政第二》

【解其语】

大意是，孔子说："我整日和颜回讲学，他从不提反对意见，也不提问，傻傻的像听不懂一样；等到他自己回去研修所学之后，又能够阐发要义宏旨。可见他一点都不傻。"

历史上，孔子的遭遇算是不错的了。魏晋南北朝时期，印度小乘佛教传入中国，小乘佛教认为，只有那些有善根的人经过不断的修行，才能修得各个不同的实证果位如罗汉、菩萨等；而没有善根、罪孽深重的人则不可能成佛。所谓佛渡有缘人。当时大乘经典《涅槃经》只传入前几卷，开卷讲的就是这种思想。一个叫竺道生的法师却从孟子的"人皆可以为尧舜"的思想出发进行推论，同时以自己的实地证明指出，人人皆有佛性、人人皆可成佛。由于大乘佛教当时还没有传入中国，《涅槃经》后几卷也没有传入，他的这种大乘佛教思想便显得惊世骇俗，人们都认为他离经叛道，所说的是邪知邪见。无人理解、遭人排挤的道生法师痛苦不已，只得一个人隐居虎丘山。可是他深信自己的观点是正确的，于是每天便对着一大群特殊的"学生"宣讲佛教真义，讲完之后诚恳地问"学生"们："你们认为我讲的对不对呢？"那些"学生"个个点头。后来传入完整的《涅槃经》，译出后，里面确有人人可以成佛的经义，与道生法师当初的看法一样。道生法师的那些"学生"到底是些什么"人"呢？——不是人！只是一些山中的顽石而已。《莲社高贤传》就记载："竺道生入虎丘山，聚石为徒，讲《涅槃经》，群石皆点头。""生公说法，顽石点头"的典故便由此而来。

孔子是幸福的，因为他面对的是活生生的人；孔子也是不幸的，因为顽石尚且点头同意道生的看法，而颜回却"不违，如愚"，真真是折煞人也。

【行其道】

每个人性格不同、学习方式不一样，在面对讲学时采取的做法也会不同。具体在课堂上，不同的学生面对相同的老师，表现会不一样，相同的学生面对不同的老师，表现也会不一样。一方面跟学生自己的性格特点有关系，另一方面也跟教师的教学方式、营造的教学环境、形成的学术传统有关系。

比如就学术传统对学生质疑、提问的影响这一方面，我们可以以佛教的"辩场"为例进行分析。

所谓"辩场"即汇集僧众进行经论辩论的场所。辩经制度是学佛之人显示学识、获得佛法修正认可的重要途径。一位僧人修行多年佛法之后，要想获得佛学界同仁的认可，必须前往他寺，与各派学者辩经论道，以检验所学，同时也作为僧人之间互相研讨的重要途径。辩经有两种方式：一种叫"立宗答辩"，即自己确立一个题目展开辩论，立论人只能对对方的提问及诘难加以思考后进行答辩，不得反问及发挥。问难的人则可以采取种种方式，手舞足蹈、欢呼雀跃，甚至挖苦讽刺等，刁难立论人。另一种叫做对辩，即双方互相问答，在彼此的诘问及解答中解疑释疑。无论何种方式，辩经双方不仅要引经据典做论据，还要口若悬河来论证，急中生智来答辩，所以才学不足之人难以立足。学法之人要想修业有成就必须在辩场中取得胜利。从古至今，佛教的宗师大德无不经过辩场关的考验，比如藏传佛教大师宗喀巴十九岁已经游诸辩场，玄奘大师在印度求学时，在佛学辩证大会上以《制恶见论》为题做论主，声言"假如《制恶见论》有一字不妥，可以更改或驳倒，愿斩首相谢"，一连十八天滔滔不绝地宣讲宏旨大论，无人能够驳倒，无人可改一字，被称为"大乘天"。

"辩场""辩经"成为一种学术研讨的传统、一种制度。在这个传统中，人人不能逃避，人人必须经历，要想学有所成，必须踊跃参与。可以说，是"辩场""辩经"这个优秀的传统有效地避免了"不违，如愚"的情况发生。

当然，也不见得所有的学生都是默默地听着老师的讲解，不问、"不违"的。比如，李敖在大学就读时，就是出了名的"问题"专家。每次上课，总会提出种种问题。有一次老师讲三民主义，李敖听了一会儿就站起来问："三民主义有缺点吗？"老师说："有。"李敖又问："那是什么？"老师回答："我不敢说。"大学几年修完，在进行毕业论文答辩的时候，几个主考官坐在李敖面前半个多小时，一声不吭，最后说："你的答辩通过了。"李敖惊奇不已，说："我还没有答辩呢！"主考官说了："我们知道，不管我们说什么，你总会把我们驳倒的。"

可见，学生自身的性格特点也会促使学生对于教师的教学做出不同的反应。

【证其果】

"不违，如愚"中的"违"指的是"意不相背，有听受而无问难也。"（《论语集注》）意思就是，认认真真地听，不提反对意见，也不提任何问题。

如果您是一位老师的话，我想您的脑海里马上浮现出了我们自己的课堂。

一年级的课堂，老师问题还没有说完，学生嘴巴就叽叽喳喳地回答开了；

二年级的课堂，老师一提出问题，学生的小手就举得老高，还晃来晃去，时不时口中"我！我！我……"地念念有词；

三年级的课堂，学生还能就老师提出的问题积极举手；

到了四年级，老师提出一个问题，只要稍微鼓动一下，尚能看见一片手掌；

进入五年级，面对老师提出的问题，学生的手掌已经是"门前冷落车马稀"；

六年级的学生心性坚如金刚，面对老师提出的问题表现出的态度是：答案是知道的，可就是不举手理你。

从一些报刊杂志上我们也能了解到，在中学、大学的课堂里，学生埋头听课，不举手、不提问题的情况更甚。

2009年3月，深圳市福田区教育局"黄爱华小学数学教学工作室"与"张彩霞中学数学教学工作室"开展了一次观摩活动，两个工作室分别出一节课，供大家共同学习研讨。当小学、中学的课堂集中呈现在我们眼前的时候，类似"不违，如愚"的现象对比非常强烈。下面的照片显示的就是深圳市福田区益强小学的康黎老师当时上课的情形，学生积极举手、踊跃发言，热情高涨。

而在随后的中学数学的课堂上，我们完全看不到这种情形。令人深思的是，虽然在中学数学课堂上我们看不到学生积极举手发言的场面，但是学生的思维活动却是非常积极的。我们注意到，每当老师提出、出示某个问题之后，学生要么在自己的草稿本上写写画画，要么就与身边的同学窃窃私语。当然，绝大多数的学生不会主动举手，他们只是认真地思考，然后安静地等待老师的点名。安静未必就是浅薄。正如孔子说的那样，"退而省其私，亦足以发，回也不愚"。

当然，如果这种现象出现在小学课堂上，那我们的老师就需要认真地反思自己的教学。毕竟，小学生的学习积极性更容易被调动，小学的学习内容更注重联系生活实际、创设有趣的情境。

"吾与回言终日，不违，如愚；退而省其私，亦足以发，回也不愚"给我们的思考是，我们该如何调动学生的积极性，使他们能够在课堂上积极举手发言，以便及时了解学生的学情呢？

一、建立和谐的师生关系，诱使学生积极举手发言

教育家徐特立先生说："教师和学生，一切都是相互的平等的关系，用中国的老话来说，叫做'教学半'（教者学者各负一半责任，就没有资产阶级的所谓教师本位或学生本位的对立），或'教学相长'，在教和学当中，教师和学生都得到利益，都获得进步。这是新的师生关系的问题。"可见，良好的师生关系对于有效教学有多么大的帮助。试想一下，如果一个学生面对自己不喜欢，甚至是厌恶的教师，他会积极踊跃地与老师进行沟通吗？恐怕他宁可将自己的手用万能胶粘在身上，也不愿意举手发言。古人说"亲其师，信其道"，教师只有与学生建立了和谐的师生关系，学生才会亲近你、信服你、配合你。所以，苏霍姆林斯基告诉我们"教师是学生的朋友和同志"。

二、营造宽松的学习氛围，诱发学生积极举手发言

宽松的学习氛围在于消除学生心理的紧张甚至恐惧，让学生能够以一种放松的心态进行学习。因为心态放松，所以心智灵活；因为环境宽松，所以童言无忌。学生自然可以也愿意积极举手发言。

在营造宽松的氛围这一点上，我们需要好好领会"沙龙"的旨趣。"沙龙"原指较大的客厅，在意大利语中指的是装点有美术品的屋子。后来传入法国，在17、18世纪逐渐盛行，成为一种在艺术欣赏的同时，切磋文学、艺术或其他方面的风尚。沙龙也成为一些文人、艺术家展示自己作品的良机。于是大家在一起唱唱歌、跳跳舞、看看画、读读书、诵诵诗……顺便吃点水果、喝点咖啡，其乐融融。人们通过沙龙拓宽交际、吸取知识。

三、合理利用服从心理，引导学生积极举手发言

心理学告诉我们，服从是人际互动交往的基本方式之一。它是指按照他人命令去行动的行为。但是服从情况下的个体，是在不自愿的情况下，应别人的要求去行动的。所以，具有非自愿性，因而我们需要合理的利用学生的服从心理，影响服从的因素主要有三个：一是命令发出者的权威性和出发点等；二是命令的执行者的性格特征、文化背景等；三是情境因素，比如周围

其他人的态度、行为等。其实，学生不举手，教师通过点名的方式挑选学生回答问题，这也是利用了学生的服从心理，只不过更直接而已。

具体如何利用服从心理呢？很简单，把我们经常说的几句话，如"谁愿意说说看""谁愿意回答这个问题"变成"知道的同学请举手"。

为什么这样做呢？因为就学生而言，愿意回答、能够回答和回答是几个不同的概念，代表了不同的心理状态。愿意回答是心理上的一种承认、一种默许——我喜欢做、允许你让我做这件事情；能够回答则是能力上的一种认可，隐含的是一种实力——我有能力解决你提出的问题；回答则是一种行为表现，是将心理上的意愿、能力上的实力外在地表现出来，它是一个行动、是一个结果。

高年级的学生往往首先从心理上便拒绝了举手发言的意愿，设置了一道门槛：我知道怎么做，让我做可以，但不要让我说。而我们用的"谁愿意……"类的话语显示的也只是一种愿景和希望；而这恰恰是学生心里首先就抵触的。所以，应者寥寥无几也就不足为怪。

"知道的同学请举手"首先便跳过了学生设置的心理门槛，而直接针对学生的能力层面采取相应行为。我们最关心的恰恰是、也应该是学生的能力——他到底有没有能力解决问题，会不会做？这时的学生丝毫不用担心回答的结果是否正确，是否会因为答错导致其他同学的责怪、嘲笑等，避免了情境因素对于服从的干扰。话语中的"请举手"则是一个典型的命令，明确地告诉学生应该怎样去做——举手。教师作为命令发出者的权威性对学生而言是毋庸置疑的，作为命令执行者的学生的性格特征、文化背景再怎么千差万别，对于教师发出的指令的服从也会是不折不扣的。只需要举手而不会对自己造成任何伤害，何乐而不为？举手即可。

当学生举手之后，哪些学生是我们需要重点关注的，其主动权、决定权就在我们手里了，想了解什么情况，便找相应的学生就可以了。但是，服从毕竟违背了学生个体的意愿，所以，这种方法只能合理的利用。要治本还得从其他方面入手。

四、调动学生积极心理因素，促进学生举手发言

1. 寻找学生想说的，随他去说

有话想说，自然愿意说。要激励学生积极举手发言，我们就需要寻找那些学生身边鲜活的题材。学生一天到晚和它接触，日久天长，心里面总会有一些想法。有了这些想法，上课时自然就愿意，也能够展开着说了。

比如，黄爱华老师上《百分数的认识》这一节课，在不同的地方便寻找各自地域的学生身边的素材，以便于学生能够有感而发，使学生想说、能说。

在上海，他这样上：

师：请同学们拿出在生活中找到的实际应用的百分数，说一说是在哪儿找到的。

生1：我是在报纸上找到的。

"在摩纳哥举行的国展局第132次大会举行了4轮投票，中国上海在第四轮投票中赢得了54票，以88%的得票率胜出，成为2010年世博会的主办城市。"

（上课的当天是上海成功申办2010年世博会的第三天，2002年12月6日）

生2：我是在网上查到的。

"盈科护眼灯新产品比旧产品省电80%。"

生3：我是在衣服的标签上找到的。

"一件上衣的布料，棉的含量是65%，涤纶的含量是35%。"

生4：我是在牛奶盒上找到的。

"100%纯牛奶。"

在绍兴，他以学生熟知的绍兴黄酒引入，这样上：

师：绍兴黄酒厉害吗？

生：不厉害的。

师：你怎么知道它不厉害呢？

生：好像酒瓶上的标签写着的。

师：哦。是写着"不厉害"三个字吗？

生：不是，好像是有一个百分之几的数字，一看就知道不厉害了。

利用学生身边的鲜活题材，积极调动学生兴趣，让学生有一种"酒逢知己千杯少"的感觉，不得不说，不说不快。

2. 寻找学生要说的，不得不说

《笑傲江湖》中，以书法笔意入判官笔笔法的秃笔翁与令狐冲比试武功。秃笔翁不管如何腾挪变化，都给令狐冲封死，只使得半招，无论如何使不全一招。一套十分得意的笔法无法使出，心有未甘，痛苦不已，就好比一个善于书法的人刚刚提笔写了几个字，便有一名顽童来打扰他，让他始终无法好好写字。秃笔翁心中郁怒越积越甚，突然向后纵开喊道"不打了、不打了"，提起笔便在白墙上写了起来，写完后才松了口气，自我欣赏道："好极！我生平书法，以这幅字最佳。"课堂教学也情同此理。学生总会有一些自己要说之而后快的地方，教师只要能够抓住学生的这些痒痒处，再等一等、诱一诱，扇扇风、点点火，学生就会处于一种不得不说、非说不可、欲罢不能的境地。这时发言反而成为学生急不可待的事情。

比如，黄爱华老师在执教《万以内数的大小比较》中，当学生抽出的数字是 6 时，教师将卡片倒过来提问：如果我把 6 换成 9 呢？由于数字卡片的 6 倒过来和数字 9 是一样的，当学生抽出 6 并比出输赢后，教师把数字卡片 6 倒过来插在数位表上，结果马上发生变化，制造强烈的课堂气氛，极大地调动了学生的参与热情，起到了极好的教学效果。

又比如，比赛抽签结果：长江队 9103，黄河队 4652，比赛结果不言而喻！正当长江队为胜利欢呼雀跃时，一幅出人意料的画面出现了：只见黄河队的那位矮个男孩迅速将自己抽到的数字做了调整，将"4652"变成"6542"，虽然这样的操作对最终的结果无关紧要，但引起了长江队的严重不满与不服。此时的学生，你不让他发言，他跟你急！面对这种突发场面，黄老师并没有以"裁判员"的身份妄加定论，也没有从"权威者"的角度辨别说明，而是把问题交还给学生。学生相互之间言语不断，唯恐自己说的不到位，驳不倒对方。那位矮个男孩铿锵有力地说："我并没有要赖，因为游戏规则上说'每一次抽到的数字由抽签者自己决定放在那一位上'，现在我这样决定难道不可以吗？这样虽然我们输了，却可以少输点。"

3. 认可学生所说的，让他以后还说

有时候学生的发言、得出的结论不全对，甚至完全错误，这时充分认可学生的发言、维护学生的尊严，可以帮助学生更坦然地面对错误，从而保护学生以后还愿意发言的积极性。比如张齐华老师在执教《轴对称图形》时，便很好地做到了这一点。

（教师出示一组图形，让学生结合轴对称图形的特征，判断下列图形是否为轴对称图形）

生1：我认为平行四边形是轴对称图形，我沿着高把它剪下来，可以拼成一个长方形，对折后，左右两边完全重合。

师：（特意走过去，跟她握手）我想和你握一下手，握手并不代表我赞同你的意见，而是因为你为课堂创造出了两种不同的声音。想一想，要是我们的课堂上只有一种声音，那该多单调啊！

生2：我认为平行四边形不是轴对称图形，把平行四边形对折后，两边的图形不能完全重合，所以我认为它不是轴对称图形。

生3：我也认为平行四边形不是轴对称图形，因为我们讨论的这个平行四边形不能剪开来！

师：你的发言中有闪光点，但是也有点小问题。你的意思是我们讨论的是这个平行四边形，而不是改装后的其他图形。

"握手并不代表我赞同你的意见，而是因为你为课堂创造出了两种不同的声音。想想，要是我们的课堂上只有一种声音，那该多单调啊！"这样的评价与伏尔泰的那句名言"我不赞同你的意见，但我誓死保护你讲话的权利"有异曲同工之妙，既指出了学生的不足，又保护了学生的积极性。

十三、人焉廋哉
——看学生怎么做、为什么做、喜欢做什么

【信其言】

子曰："视其所以，观其所由，察其所安。人焉廋哉？人焉廋哉？"

——《论语·为政第二》

【解其语】

大意是，孔子说："首先观察一个人因何去做一件事，然后观察他如何去做这件事，再观察他做此事时的心情如何，安或不安。如此观察，一个人是好是坏还能向何处去藏匿呢?!"

《福尔摩斯探案集·四签名》中讲述了这样一件事情。福尔摩斯善于通过仔细观察事物，演绎推理得出一些完全符合事实的结论。华生医生惊讶于他的这种能力，就从自己的衣兜里掏出一块手表给福尔摩斯，看他能不能从上面看出它的旧主人的性格和习惯。

福尔摩斯把把表拿在手里，仔细地端详着，看了表盘，又打开表盖，留心查看了里面的机芯，先用肉眼，后来又用高倍放大镜观察。随后将表还给了华生医生，指出这只表是他父亲留给他哥哥的，而且他哥哥是一个酗酒、放荡不羁的人。

华生医生非常惊讶，福尔摩斯解释了其中的奥妙。通过细致的观察，福尔摩斯注意到了表的一些细微特征：一是表的背面刻有字母，它一般代表姓氏，而它与华生的姓氏缩写相吻合；表很旧，应该是上一辈的遗物，而遗物多传给长子。二是表下面的边缘有凹痕，整个表的上面还有无数刮痕，这是因为习惯于把表放在有钱币、钥匙一类硬东西的衣袋里造成的；对一只价值

不菲的表漫不经心，说明表的主人生活不够检点。三是用放大镜看表的里面，发现了当铺在表里面做的四次记号；说明表的主人常常窘困，但有时又很好，否则就无力赎当。四是表的钥匙孔的里盖有无数伤痕，这是由于被钥匙摩擦而造成的；清醒的人插钥匙一插就进，醉汉手发抖，表上自然留下了痕迹。

福尔摩斯得出的结论与事实完全相符，而所有这些都是在他与华生医生的哥哥素未谋面的前提下，完全凭借仔细的观察、缜密的思维和严谨的推理得到的。所以，一个善于观察的人，如果对他所接触的事物加以精确而系统的观察，他将有很大的收获。

【行其道】

"视其所以，观其所由，察其所安"的本意是告诉人们如何去鉴别一个人的好坏，考察的是一个人的道德修养。

中央电视台曾经播出过电视剧《台湾首任巡抚刘铭传》。刘铭传是怎么被发掘出来的呢？这就要提到清末中兴名臣曾国藩。曾国藩一手培养提拔了清朝洋务运动的首脑和旗帜李鸿章。有一次，李鸿章带三个人去见曾国藩，刚好曾国藩饭后散步去了，不在。于是四人就在门外等候。一会儿曾国藩散步回来，李鸿章上前说明了来意，请曾国藩考察三人的能力，好安排三人的人事。曾国藩当即表示没有再考察的必要了，马上就可以分派工作。其中一人去负责后勤军需部，另一人不宜重任，第三人可堪大用。李鸿章大吃一惊，虽然他知道曾国藩素有识人之能，但没料到如此之快。原来，曾国藩刚才进来的时候，注意到第一个人一直低着头，不敢仰视，应是一个老实、谨慎之人，为人忠厚，让他负责后勤，应不会监守自盗；另一个人看似恭恭敬敬，却左顾右盼，似有心机，其为人多阳奉阴违，不可重用；第三人站在那里器宇轩昂、不卑不亢，气度不凡，颇有将才气质，定可独当一面。这有大将之才的第三人，便正是后来担任淮军大将，并出任台湾巡抚的刘铭传。相传曾国藩有十三套学问，流传下来的只有两套：《曾国藩家书》和《冰鉴》。《冰鉴》就是一部专门讲述怎样观人、相人、识人的书。

我们认真思考一下就会发现，在教学中如何引导学生通过动手实践、自主探索解决问题的策略何尝不是这样呢？

人的动机决定人的行为，在平时教师的教学和学生的学习中莫不如是。在平时的教学中，我们不仅要注意学生的行为，还要分析学生行为背后的动机。不同的行为背后有不同的动机，相同的行为背后也可能有不同的动机。学生的每一个思想念头总会表现在一定的言语和行为上，教师如果能够注意观察学生的行为，弄清其言行背后的真实动机，通过"视其所以，观其所由，察其所安"，弄清问题所在，有的放矢进行教育，我们的教育教学过程自然会轻松、容易许多。

比如，同样是离家出走，出走的动机便不尽相同。北京电视台曾有一个节目，讲述了两个不同家庭的孩子离家出走，后又被找回的事情。家长请心理医生进行疏导和教育。两个孩子为什么离家出走呢？一个孩子是因为看见自己的爸爸妈妈因为家庭贫困在外打工很辛苦，于心不忍，所以离家出走，准备打工替父母分忧；另一个孩子则是因为妈妈总是打他，害怕挨打才出走的。同样是出走的孩子，在对他们进行教育疏导的时候，由于动机各异，我们采取的教育措施必然不能相同。

所以，在工作中，我们不仅要"视其所以"，还要"观其所由"，这样才能弄清楚事情背后的原因，采取正确的应对措施。而要使应对的措施能够让孩子顺利接受，就必须"察其所安"，使之符合孩子的心理特点。无论是"视其所以""观其所由"，还是"察其所安"，其核心只有一个，那便是：以学生为本，尊重学生的主体地位。而要使我们的教学更具有智慧，就不能只是在某一个课例、某一节课中去做到"视其所以，观其所由，察其所安"。只有在我们所有的教学活动中去贯彻、执行这样的理念，我们的教育教学水平才会日渐提高，我们的教育教学智慧才能日益提升。

【证其果】

一、视其所以——怎么样

托兰斯指出，要在承认儿童具有可开发的巨大创造潜能的基础上，为其提供新的机会，让儿童能够独立地进行创造性的学习或从事其他活动，减少不必要的规定，培养、增强儿童的自信心。因此，教师要信任学生，充分发挥学生的主体积极性，向学生充分提供从事数学活动的机会，帮助他们在自主探索和合作交流的过程中去探索、争论和发明创造，从而真正理解和掌握基本的数学知识与技能、数学思想和方法，获得广泛的数学活动经验。

下面是一位教师教授"循环小数"的教学片段：

师：（指板演题）"3.333……"中不断地重复出现的数字是哪几个？（3）在"5.32727……"中依次不断地重复出现的数字是哪几个？（2、7）在"6.416416……"中不断地重复出现的数字是哪几个？（4、1、6）

师：我们能不能想一个办法，让循环小数的写法简单一些，比如，去掉省略号，依次不断重复出现的数字也只写一次，却依然能让人看出这个循环小数的意思？

生1：我想了一个办法，3.333……写作3.（3）；5.32727……写作5.3（27）；6.416416……写作6.（416）。

生2：我的办法是这样的，3.333……写作3.3；5.32727……写作5.3 27；6.416416……写作6. 416。

生3：我的办法是这样的，3.333……写作3.3（无限）；5.32727……写作5.327（无限）；6.416416……写作6.416（无限）。

生4：我的办法是这样的，3.333……写作3.3（3 无限）；5.32727……写作5.327（27 无限）；6.416416……写作6.416（416 无限）。

生5：我的办法是这样的，3.333……写作3.3；5.32727……写作5.327；6.416416……写作6.416。

师：你认为哪种符号比较好？

生1：不要有汉字比较好。

生2：第五种办法比较好，简洁明了。

生3：我认为6.416，只要在循环节的第一个数字和最后一个数字上点点就可以了。

在本案例中，教师没有采用自学课本这种形式，同时也不急于把简便写法告诉学生，而是让学生自己想办法去创造符号，使学生在想办法的过程中体会到数学符号产生的需要，体会到数学知识中符号是一种约定俗成，体会到符号不再那么神秘，而当有些学生的思路接近数学上的约定俗成时，体会到的是一种学习成功的满足。在体会的基础上，组织学生对所创造的符号进行讨论，进一步体会到数学符号简洁明了的特点。

学生只有自发地、具体地参与各种实际活动，大胆地提出自己的假设，并经过验证，才能获得真正的知识，才能发展思维。在这里，学生经历了"遇到问题——寻找、发现问题特征——表征问题"的一个学习过程。学生需要思考：循环小数怎样写更简单一些呢？带着这个问题，学生去观察、思考循环小数的特征，在发现这种特征之后，学生按照自己的喜好去表示循环小数的循环节。像这样，把理解的特征外化出来就必须注重问题的表征，只有这样的整体外化，才能有效地把握住问题本质的内部结构，学生的思维才不是虚无缥缈的，而是具体、真实的。

二、观其所由——为什么这样

我们知道人们认识客观世界的过程是一个螺旋式的上升过程，它从原有经验出发，在低水平支撑下建立，通过"认识——实践——再认识——再实践"的步骤逐步建构其自身对外部世界的认知，并在认识过程中逐渐内化为自己的心智。正是基于这种认识，课程标准才强调数学教学活动必须建立在学生的认知发展水平和已有的知识经验基础之上。

但是，并不是所有的认识过程都是阶梯式发展的，也可能是跳跃式的，因为有很多东西在人们的经验中早就有了，关键是如何在一定的问题情境中使新知与经验获得联系，一旦联系成功，新知的获得便水到渠成。

下面是一位教师"比较数的大小"的教学片段：

1. 第一次抽签，从个位抽起

游戏规则：

（1）每次两队各派一个代表抽签；

（2）第一次抽到的数字放在个位上，第二次抽到的放在十位上，第三次……

（3）哪一队抽到的数字组成的四位数大，那一队就赢；

（4）能确定胜负时，本轮比赛结束。

2. 第二次抽签，从千位抽起

游戏规则：

（1）每次两队各派一个代表抽签；

（2）第一次抽到的数字放在千位上，第二次抽到的放在百位上，第三次……

（3）哪一队抽到的数字组成的四位数大，那一队就赢；

（4）能确定胜负时，本轮比赛结束。

（黄河队抽到8，长江队抽到5。把8与5的卡片分别贴到千位上）

师：让我们接着抽。

生：不用抽了。黄河队赢了，因为8个千比5个千大。

师：假如长江队百位上抽个9，黄河队百位上抽个6，能赢回来吗？

生：不能，因为百位就是抽到9，也只代表900，都不够1000，而刚才黄河队比长江队多3000。

游戏的基础其实就是10以内数的大小比较和位值制的认识。在相同数位上，不同的数大小不同。即使是十位、百位、千位，也可以看作几个十，几个百，几个千……从而转化为10以内的数比较大小——这是基点。

为什么不用抽了呢？把8与5的卡片分别贴到千位上，8个千比5个千大。第二轮游戏的巧妙之处就在于"一战定乾坤"——千位上，不同的数大小不同，由于首先就将抽到的数字放在最高位，这就导致了初战即决战——最高位的数字大小直接决定了两个数的大小。这里的"为什么"就促使学生自己在活动中意识到：两个数大小的比较，先看最高位。这就是发展。

3. 第三次抽签，由抽签者自己决定放在哪一位上

游戏规则：

（1）每次两队各派一个代表抽签；

（2）每一次抽到的数字由抽签者自己决定放在哪一位上；

（3）哪一队抽到的数字组成的四位数大，那一队就赢；

（4）能确定胜负时，本轮比赛结束。

（黄河队抽到3，学生把3放到个位上，长江队抽到7，学生把7放到百位上）

师：请你们说一说，为什么这样放？

生1：我抽到的3太小了，放在个位比较好，让出高位，给大数字。

生2：我抽的7比较大，本来想放到千位，但要是等一下我们组还有人手气比我好，抽到8或9，放在千位更好，所以放在百位。

师：要是等下抽到的数都比 8 小，怎么办？

生 2：那也没办法，搏一搏呗！

生 3：也不一定输，还得看第三组抽到什么数。

第三轮游戏的关键在于对位值制的深刻理解及对数感的直觉把握。在相同数位上，不同的数大小不同；在不同的数位上，即使相同的数大小也不同。这是数的大小比较的基础。

抽到的数字放在哪位呢？放在低位，如果后面抽到的数字更小怎么办？放在高位，后面如果抽到更大的数字岂不是让自己立于失败之地？这里需要数感的直觉把握。

案例中，学生将抽到的 3 放在个位，而另一个学生则将抽到的 7 放在百位，为什么这么做呢？——抽到的 3 太小了，放在个位比较好，让出高位，给大数字。抽的 7 比较大，本来想放到千位，但要是等一下抽到 8 或 9，放在千位更好，所以放在百位。

每抽出一个数位上的数，都会引起孩子们的关注和思考，抓住这种时机及时让他们讨论：

——为什么放在这里呢？

——为什么还要继续往下抽呢？

——为什么不需要抽了呢？

——现在可以确定胜负了吗？为什么？

每一个"为什么"都在促使学生在操作中加深对数位、计数单位、十进制的认识，自我完善数的相对大小的认识，在不断的比较中优化、强化对数的理解，培养数感，从而把比较数的大小法则背后的道理由学生自己分析出来，把抽象的法则变成了学生内化的知识。

这也提醒我们，教学不能只是传授一种知识，不应只是注重数学形式层面的东西，而更加应该重视数学发现层面的教学，即让学生去经历解决问题的过程，去经历理解、感受数学思想和观念、过程与方法的过程。在这个过程中，一些概念和认识是在学生操作并取得丰富表象的基础上，自己对表象进行抽象概括而形成的。教师的作用只是提供问题情境，适时画龙点睛。

三、察其所安——他喜欢怎样做

数学家喜欢或者希望把什么都归结为数学关系，总是思考着：在表象千丝万缕的背后有着什么联系，可以用一个什么数量关系式表达。笛卡儿正是出于想把任何问题转化为代数问题求解的想法才发明了解析几何。这也反映了人们认识事物从具体到抽象、从特殊到一般的辩证的认识过程。

这种对现实问题数学化的行为就是一种数学式的思维，这种数学思维是受到数学化观念思想影响的。我们在数学教学中要重视数学化思想、观念、方法的教学，要引导学生将实际问题转化成可以处理的但又对原来的问题有用的数学问题，寻找解决问题的数学方法，有时还须对问题做出解释和讨论。如何使学生获得这种能力并不是简单的，它比使学生获得数学知识更难。

下面是一个关于"找规律"的教学片段：

（教师先让学生听一段有规律的鼓点音频节奏，让学生思考下面的问题）

（1）找一找，它的规律是什么？

（2）想出一种自己喜欢的方法把这个规律表示出来，让别人一眼就能看明白。

（3）在你的表示方法中，照这个规律排列下去，它的第 16 个是什么？

（这时学生的创造力得到了充分的发挥和展示，他们或左右或前后，交头接耳，嘀嘀咕咕……不一会儿，呈现出来的方法五彩缤纷）

生：abcabc……第十六个为"a"。

生：123123……第十六个为"1"。

生：△□○△□○……第十六个为"△"。

生：强弱弱强弱弱……第十六个为"强"。

生：XxxXxx……第十六个为"X"。

学生用自己喜欢的方法画了出来，这样通过符号化的处理，使不便于直观把握的有规律排列，得以形象地显现在学生面前，学生可以对照图示十分清楚地意识到自己所面临的问题，并寻找适合自己的解决策略。

教师接着问："除了刚才同学们用到的这些方法外，你还有什么方法可以很快得出第十六个是什么呢？"这时很多学生高举双手，叫道："我知道，我知道。$16 \div 3 = 5 \cdots\cdots 1$。"

在经过了前面自主探索中用自己喜欢的方法表示有规律排列的过程后，在强烈的表象刺激下，联系已有的知识经验基础，学生十分顺利地得出可以用有余数除法来解决这类问题：要求第多少个是什么，先看它是几个一组，再用总个数除以每组的个数；余数是几，就是一组中的第几个；没有余数就是一组的最后一个。

如同我们强调算法多样化与最优化的统一一样，在解决问题时，我们除了提倡策略的多样化之外，同样要注意策略的最优化。

教师问道："在文字、数字、字母、图形、符号这些方法中，你喜欢用什么方法？"

学生众口一词："计算好，因为简单。"

教师反问："那么其他方法一点好处都没有吗？"

学生慢慢体会，有人就说："文字、图形那些方法比较清楚、方便，一眼就能看清楚；但是麻烦，数字大了怎么画呀！"

各种意见进行碰撞，最后形成一致看法：如果数字小，我们就可以选择图形、文字、数字、字母等方法，比较直观；如果数字大了，肯定是用计算的方法比较好。

通过解决"你喜欢什么方法"的问题，促使学生将不同方法进行类比，明确各种策略的优势和缺点，归纳出解决问题的不同策略，提炼出解决问题策略的最优方法，对于培养学生解决问题的能力起到了积极的作用。这个过程的实质就是从数学角度描述和刻画事物的方法，这种数学化的思想方法对学生解决问题和把握事物的数学内涵有着重要的指导作用。

十四、温故而知新
——帮助学生知新、求新

【信其言】

子曰:"温故而知新,可以为师矣。"

——《论语·为政第二》

【解其语】

大意是,孔子说:"能够在温习旧知识的同时,又能够有新发现、新体会,这样的人就可以当别人的老师了。"

孔子本人就是"温故而知新"的杰出实践者。《史记·孔子世家》记载,孔子跟从师襄子学琴,一首曲子学了十多天还在弹。师襄子说:"已经弹得不错了,可以进一步学习别的了。"孔子说:"丘已习其曲矣,未得其数也。"(译为:我虽然学会了曲子,可是乐曲中的结构、韵致把握还不够啊。)继续温习原来的曲子。过了一些日子,师襄子觉得孔子的弹奏已经日臻完善,就说:"乐曲的结构、韵致已经把握得可以了,可以深入学习其他的了。"孔子说:"丘未得其志也。"(译为:我还没有领会乐曲所表达的志趣情操呢!)仍然温习旧曲不辍。又过了一段时间,师襄子说:"已习其志,可以益矣。"(译为:乐曲所蕴含的志趣情操已经知道了,现在可以学别的了。)孔子说:"丘未得其为人也。"(译为:此曲能够蕴含不俗的志趣情操,写出乐曲的作者到底是一个什么样的人我还是没有领悟到。)于是孔子继续坚持温习原曲。有一天,孔子神情庄重肃穆、若有所思;手挥五弦,怡然高望、志意深远,进入了一个神奇境界。孔子说:"我知道了。那个人'黯然而黑,几然而长,眼如望羊,如王四国,非文王其谁能为此也!'"(译为:面貌黝黑,身躯雄伟，目光深邃，心系苍生，胸怀天下，能有如此王者气度的人，除了文王，还能是谁呢？）师襄子既惊讶且佩服，说："师盖云文王操也。"（译为：你说得对！我的老师曾告诉我，这首曲子就叫做《文王操》。）

孔子就是在不断温习旧知中有了新的领悟、新的发现。第一次温习"习其数"，第二次温习"得其志"，第三次温习"得其人"。在不断的温习中，每次都有新的体会，每次都有新的发现，每次都有新的收获。正因为孔子以身作则，"温故而知新"，所以，他成为"至圣先师"。

【行其道】

华裔科学家、诺贝尔奖获得者杨振宁曾提到一个现象，中国留学生学习成绩往往比一起学习的美国学生好得多，然而十年以后，科研成果却比人家少得多，原因就在于美国学生思维活跃，动手能力和创造精神强。

身为教育者，我们更需要认真反思我们的教学。在教学中，我们有没有营造出有利于学生知新、求新、创新的教学环境，有没有在教学中引导学生从习以为常的知识中进行新的思索、尝试新的做法、做出新的发现。

也许有人会说，创新对于一个小学生而言是否言之过早、要求过高？其实不然。马斯洛说："创造力是每一个人都有可能发展的一种能力。把创造力限制在少数科学家、文学家和艺术家的多产创作上是一种陈腐的观念。……创造性是每一个人作为人类的一员都具有的天赋潜能，它和心理健康的发展密切相关，在心理健康发展的条件下，人人都可以表现出创造性。"

色盲、色弱的人不能成为驾驶员，这是国际上一个不争的共识。深圳市南山区北师大南山附属学校六年级的学生马梦谦的发明色盲指示灯却可以解决色盲开车这一国际难题。马梦谦萌生发明色盲指示灯的想法，是因为一次与爸爸乘车出去吃饭，在等红绿灯的时候，想到色盲肯定看不清红绿灯，过马路会有很多危险，而她正好有一位分不清红绿的色盲邻居，于是她想发明一件东西能让有色盲的人也能开车。2007 年 9 月 28 日，马梦谦对"颜色加形状指示灯（色盲指示灯）"的发明进行了专利申请，并在 2008 年 9 月 24 日顺利通过审批获得授权。2009 年 4 月 30 日，11 岁的马梦谦带着她的专利发明前往巴黎，参加了 2009 年巴黎国际发明展览会。

事实证明，我们的学生有着无穷的创造力，在他们的心灵深处，同样有着"温故而知新"的能力，关键在于我们是否有引导、是否引导得法。

【证其果】

许多学者在对比了中国与外国特别是西方国家的学生之后指出，我们的学生知识有余，而求新、创新能力不足。可是知识并不代表能力，知识本身也不会让人具有多大的创造力。罗杰·冯·伊庄指出："创造力的真正关键在于如何活用知识。活用知识和经验来寻找新点子、新创意，就是培养创造性思考所需的态度。"

教师在教育学生的时候，除了要教给学生知识之外，更要注意引导学生"温故而知新"，培养学生的创新思维能力。

一、具有引导学生"温故而知新"的意识

罗伯特·沃尔森指出创造力是可以传递的。纽约州立大学的研究显示，学完一轮创造课程后，学生的创造性思维能力几乎成倍增长。

我们在教学中，首先要时时刻刻提醒自己，学生具有无限可能的发展性，要改变学生不具备知新、求新的创新思维能力的错误认识，树立以学生的发展为本的信念，在自己的教学中，随时不忘启发学生尝试新的想法、新的做法。比如，反馈时，我们可以改变以往的"同意吗""对不对""同意这个答案的同学请举手"等一些不具思考价值的问题，而这样去引导学生："谁还有不同想法""有没有不同意见""谁能想出更好的办法"等，有效地帮助学生从新的角度去思考问题，尝试新的做法，从而有效地引导学生"温故而知新"。

另外，我们也需要利用教学评价引导学生求新、创新。王阳明曾说："今教童子，必使其趋向鼓舞，中心喜悦，则其进自不能已。"在教学中，我们可以充分利用教学评价，对学生新的发现、新的看法予以充分的肯定和表扬，关注学生求新、求变的发展，给他们创造求新的机会，使他们尝到求新的喜悦，激励学生努力进行创新思维。

二、帮助学生温习旧知，打下"知新"的基础

"温故"之于"知新"的作用，犹如临摹之于书法的作用。书法在延续

与发展的过程中有着明显的承先启后的关联。篆、隶、楷、草、行，各个书体一脉相承，即使不同书家往往也师从同一"家法"，比如四大书家颜真卿、柳公权、欧阳询、赵孟頫无不从王羲之、王献之书法那里继承而来。要卓然自成一家，就必须取法乎上，从更远古、更卓越的书法大家那里打下基础，而打下牢固基石的方法便是临摹，在临摹的过程中得以继承原有书艺、发展新的书体。温习便是从原有知识中吸取养分，为创造新的知识奠基。

要使学生能够具备求新的意识和能力，就必须帮助学生温习旧知，打下扎实的基础。"不积跬步无以至千里，不积小流无以成江河。"试想，一个连基础知识、基本能力都不过关的人，怎么可能去举一反三、触类旁通呢？牛津大学数学物理学教授罗杰·彭罗斯提出了一种观点，认为大脑中储存的知识组块越多，组块之间的逻辑联系越是紧密，人们做出新的发现的机会就越大，就好比钩子越多，勾起东西的机会就越多。帮助学生温习旧知，就好比是在准备钩子。

布鲁纳认为，温习旧知有这样一些好处：一是有助于利用普遍规律解释特殊现象，使学科知识更容易理解；二是更有助于记忆知识；三是有助于促进知识的迁移，达到举一反三、触类旁通的效果；四是有助于缩小新、旧知识间的差距。通过温习原有的知识，学生可以用各种方法建构知识之间的联系，综合新旧知识，并将知识加以类比、对比，在建构过程中收集分析信息资料并有序整理，有助于学生灵活运用原有知识，为做出新的发现打下良好的基础。

三、培养学生问题意识，帮助学生"知新"

培养学生求新的思维能力不可能一蹴而就。我们需要循序渐进地进行，首先我们可以从培养学生的问题意识入手。爱因斯坦说过："提出一个问题往往比解决一个问题更重要，因为解决问题也许仅是一个数学上或实验上的技能而已，而提出新的问题，新的可能性，从新的角度来看旧的问题，却需要有创造性的想象力，而且标志着科学的真正进步。"让学生能够提出问题，便走上了"知新"的第一步。

我们可以充分利用教材的"留白"，引导学生提出问题。比如，教材中的习题中有一些题目会说："你还能提出……问题吗？"这就是教材的"留白"，我们可以借此契机积极引导学生提出问题，对学生进行创新思维训练。

8. 下面是某市一个月天气情况统计图。

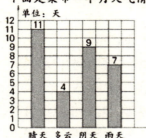

（1）阴天的天数是晴天的 $\dfrac{（\quad）}{（\quad）}$。

（2）雨天的天数是阴天的 $\dfrac{（\quad）}{（\quad）}$。

（3）根据图中的数据，你还能提出
用分数表示的问题吗？

我们也可以将原有问题的结论省略，留出"空白"引导学生提出问题，培养学生的创造性思维能力。如：松树 15 棵，柏树 20 棵，松树比柏树少百分之几我们把"松树比柏树少百分之几"省略，探讨：已知松树 15 棵，柏树 20 棵，我们可以得出什么结论？

四、注重逆向思维训练，帮助学生"知新"

要学生一开始就进行发散思维，跨度过大。我们可以从逆向思维训练开始。所谓逆向思维就是从现有思考角度的相反面去进行思考，从而帮助学生打破原有思维定势，突破原有思维局限的一种思维活动。它可以有效地培养学生的创新思维能力。

著名数学家陈省身教授 1980 年在北京大学的一次演讲中指出："人们常说，三角形内角和等于 180°，这种考虑问题的方法是不对的！"他指出，把眼光盯住内角，只能看到：

三角形的内角和是 180°；

四边形的内角和是 360°；

五边形的内角和是 540°；

……

n 边形的内角和是 $(n-2)\times 180°$。

不同边数的图形的内角和是不断变化的，如果我们反过来思考，将视线从"内"转向"外"，考虑外角呢？

三角形的外角和是 360°；

四边形的外角和是 360°；

五边形的外角和是 360°;

......

n 边形的外角和都是 360°。

由此得出，任意凸多边形的外角和为 360 度。放到曲面、流形上，最终达到了深邃、著名的高斯—比内—陈定理。

这就是典型的逆向思维。在我们的教学中，我们也可以对学生进行这样的训练。比如，一袋大米上个月售价是 120 元，这个周末商店进行促销，售价是 95 元。现在比原来降低了百分之几？反过来思考：上个月的售价比现在多了百分之几？上个月的售价是现在的百分之几？

从逆向思维开始训练，首先在于帮助学生打开思路，意识到解决问题要从不同的角度去思考问题。当然，我们进一步的目标是从更为广阔的角度进行思维训练，以帮助学生"知新"。

五、培养学生发散思维，帮助学生"知新"

发散思维又称求异思维，是指人们根据当前给定的信息和记忆系统中储存的信息，沿着各种不同的方向、途径和角度去思考，从多方面寻求多样性答案的一种思维活动。在教学中，教师需要敏锐地抓住数学知识和问题中的思维发散点，鼓励学生充分打开思路，积极联想、充分想象，坚持从不同角度思考问题解决的可能性，适时地对学生进行发散思维训练。

单凭教材的内容是无法有效对学生进行发散思维训练的，这就要求教师要善于挖掘教材、改编教材，创设发散思维的学习材料，设置疑问，激发学生求知欲；促使学生在独立思考的基础上，与他人充分交流，采取"头脑风暴"的方式广开言路、相互启发、相互促进。

比如，在学习完《异分母分数加减法》后，教材安排的练习中有这样一道习题（如下图）。

4.
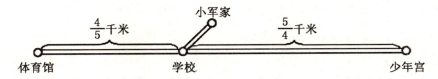

（1）从体育馆到少年宫一共有多少千米？

（2）从学校到体育馆比从学校到少年宫近多少千米？

（3）小军从家经学校到体育馆要走 1 千米，他家离学校有

多远？

它的目的是利用表示具体数量的分数进行异分母分数加减法的训练，以帮助学生在解决问题过程中进一步掌握异分母分数加减法的计算方法。仅仅依靠原题是无法对学生进行发散思维训练的，如何改编题目帮助学生"知新"呢？我们可以这样做：

将原题中的"小军从家经学校到体育馆要走 1 千米，他家离学校有多远？"改编成"如果小军家离学校 $\frac{1}{5}$ 千米，那么他的家可能在哪里？他从家到体育馆要走多少千米？"（如下图）

4.
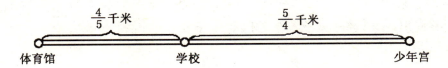

（1）从体育馆到少年宫一共有多少千米？

（2）从学校到体育馆比从学校到少年宫近多少千米？

（3）如果小军家离学校 $\frac{1}{5}$ 千米，那么他的家可能在哪里？
他从家到体育馆要走多少千米。

原来条件固定——"小军从家经学校到体育馆要走 1 千米"，目标单一——"他家离学校有多远？"思维简单——用"总千米数－体育馆到学校的千米数＝1 千米－$\frac{4}{5}$ 千米"。通过改编，学生的思维一下子被打开了。

有学生思考后说："小军家在学校的左边 $\frac{1}{5}$ 千米处。"这时，他从家到体

育馆的路程为：$\frac{4}{5}$千米$-\frac{1}{5}$千米$=\frac{3}{5}$千米。（如下图）

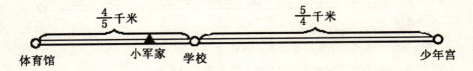

有学生思考后提出不同意见："小军家还可以在学校的右边$\frac{1}{5}$千米处。"这时，他从家到体育馆的路程为：$\frac{4}{5}$千米$+\frac{1}{5}$千米$=\frac{5}{5}$千米$=1$千米。（如下图）

还有同学经过思考后指出，小军的家不一定要在体育馆到少年宫的直线上，也可以在线路以外$\frac{1}{5}$千米的地方。（如下图）这时，他从家到体育馆的路程为：$\frac{4}{5}$千米$+\frac{1}{5}$千米$=\frac{5}{5}$千米$=1$千米。

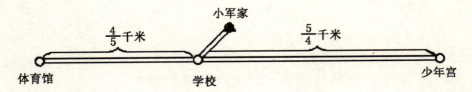

我们既需要引导学生从不同的角度去思考问题，进行发散思维训练；又需要进行必要的集中思维，引导学生思考：小军家所有可能在的位置有什么特征呢？学生思考后意识到，由于小军家离学校$\frac{1}{5}$千米，所以，小军家的位置可以在以学校为圆心、以$\frac{1}{5}$千米为半径的一个圆上的任意一个位置。这样就在发散的基础上抓住了更为本质的内容，使学生的思维向着更深刻的方向发展。

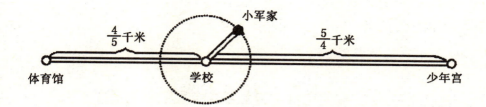

　　创造性思维包括了发散思维和集中思维两个方面，在集中的基础上发散，在发散的基础上集中，集中是起点和归宿，发散是中心和过程。发散思维和集中思维密切联系、有机结合、相互作用，可以更有效地帮助学生知新、求新。

十五、君子不器

——提升自身教育素养

【信其言】

子曰:"君子不器。"

——《论语·为政第二》

【解其语】

大意是,孔子说:"有德才的君子无所不通,而不是像某个器具一样只有特定的用途。"

孔子认为,君子应该多才多艺,做一个通才。苏轼可以算是一个典型人物。

苏轼字子瞻,号东坡居士,北宋眉山(今四川)人。是一位在文学、艺术等多方面具有杰出才能和突出成就的大家。

苏轼散文成就非凡,与欧阳修齐名,是唐宋散文八大家之一。他与韩愈、柳宗元、欧阳修并称为"韩柳欧苏四大家",有"韩如潮水,柳如泉,欧如瀚,苏如海"之喻。其《石钟山记》到现在还是高中语文的课文。

苏轼的诗被尊为"宋诗的典范",与黄庭坚齐名,并称"苏黄"。无数绝美的诗篇流传千古,至今作为学生学习的佳作。

苏轼是公认的词的豪放派的代表和开创之人,风格豪放、气势磅礴,一改当时婉约之风,与辛弃疾并称"苏辛"。时人以为"学士词,须关西大汉,执铁板,唱'大江东去'"。后人评其《水调歌头·丙辰中秋》:"中秋词,自东坡《水调歌头》一出,余词尽废。"(《苕溪渔隐丛话》)

苏轼的赋流传千古,《前赤壁赋》和《后赤壁赋》为宋代文赋的上佳之作,至今为人诵读。

苏轼的书法与蔡襄、黄庭坚、米芾合称"宋书四大家"。其书作《黄州寒食诗帖》被誉为"天下第三行书",现藏台湾故宫博物院。

苏轼的画名重当时,他擅长画竹木怪石,对于画论有独到见解。"作者枯木竹石,万金争售。"(《梁溪漫志》)作品有《枯木怪石图》《潇湘竹石图》传世。

苏轼学通儒释,对于佛学了解甚深。他以入世之心做事,以出世之心为人。"居庙堂之高"则关注朝政民生,其《教战守策》针对北宋苟安现状,提出战守策略,切中时弊。在杭州任官其间,疏导西湖,筑堤防洪,"苏堤春晓"即因苏轼而来。"处江湖之远"则达观处事,随缘而安。他在《自题金山画像》诗中就写道:"心似已灰之木,身如不系之舟。问汝平生功业,黄州惠州儋州。"以此自嘲。

【行其道】

器具各有各的用途,彼此多不能相通,就好比不可能用牙刷拖地,也不可能用拖把刷牙一样。老子非常推崇水的智慧,他说:"上善若水,水利万物而不争","天下柔弱,莫过于水,而攻坚胜者,莫之能胜,其无以易之。"君子的德行就像水一样"利万物而不争",口渴的时候,我们喝水;水杯脏了,我们用水把它洗干净。无论人们需要水做什么,拿来做就是了,不用计较。同样的道理,君子的德行又如水一样无常形、无常势,不固定于某一种形状,你把水装在碗里,它就是碗的形状,你把水倒进桶里,它就变成桶的形状,你要是把它泼到河里,它就顺着河流蜿蜒流淌,遇见小坑就充填,装满就溢出,遇见石头就绕行,河道宽敞就奔腾向前……

孔子认为君子就应该这样,"体无不具,故用无不周,非特为一才一艺而已。"(《论语集注》)——不能仅仅具备一项才能、掌握一门技巧就算了,君子要做一个通才,用我们常说的一句话就是"我是革命一块砖,哪里需要哪里搬",做又红又专的人。

现在科技发达、日新月异,不多掌握一些技能,不多了解一些知识文化,便难于应对学生日益丰富的知识面。所以,作为教师,"君子不器"的意义在于,教师要提高自身教育素养,做一个通才,不能限于仅会教学一门学科而已,既要提高自身的专业素养,又要提高自己的综合素养。

【记其果】

在"统计与可能性"教学内容后的习题中，有这样一道思考题：

小明和小刚同时各抛一枚硬币。这2枚硬币落地后如果朝上的面相同，算小明赢；朝上的面一正一反，算小刚赢。这样的游戏规则公平吗？为什么？

在对于这个游戏是否公平的问题上，两位数学教师出现了争议。

争议的第一点是结论，即游戏是否公平。

一位教师认为，2枚硬币的面朝上的可能性有3种，即2个正面、2个反面和2个不同面。2枚硬币朝上的面相同的可能性有2种——2个正面和2个反面；2枚硬币朝上的面不同的可能性只有1种——两个不同面，所以这个游戏规则不公平。

另一位教师则认为，这个游戏是公平的。因为2枚硬币的面同时朝上的可能性有"正一正"和"反一反"2种情况；朝上的面不同的可能性也有2种情况，即"反一正"和"正一反"，所以游戏是公平的。

对于结论的争议最后聚焦为第二点争议，即2枚硬币朝上的面不同时，"正一反"和"反一正"是一回事还是两回事。

前一位教师认为，2枚硬币朝上的面不同时出现的"正一反"和"反一正"是一个组合问题，组合问题与元素的顺序没有关系；所以，不管是"正一反"还是"反一正"，它们都属于"一正一反"，也就是"2枚硬币朝上的面不同"这一种情况。

另一位教师则认为，2枚硬币朝上的面不同时出现的"正一反"和"反一正"是两种情况，可以做如下证明。

我们可以用左右手分别代表2枚硬币来实地演示。左、右手的手掌朝上或下会有哪些情况呢？我们伸手做一做：左上一右上、左下一右下、左上一右下、左下一右上；手掌的"左上一右下"与"左下一右上"怎么可能是一种情况呢？

我们还可以列成表格，分别用正1、反1、正2、反2来表示2枚硬币的朝上的面的情况。

	正 1	反 1
正 2	正 1 正 2	反 1 正 2
反 2	正 1 反 2	反 1 反 2

对于这个游戏规则是否公平的争论引起了我们的思考。

为什么第一位教师的理解会出现问题呢？原因在于他只关注了最后的结果，把可能性相等的基本事件臆断为 3 种：2 个正面、2 个反面和 2 个不同面，所以小明赢的概率为 $\frac{2}{3}$，小刚赢的概率为 $\frac{1}{3}$；而忽略了关注事件中所有机会均等的情况，没有认识到第一枚硬币与第二枚硬币的面不相同时，会出现 2 种不同的情况，因而本游戏中等可能性事件有 4 种，而非 3 种。所以，小明与小刚赢的概率都是 $\frac{1}{2}$。

人们常说计划不如变化，现实世界中我们更多面临的是不确定现象而不是严格确定性的现象，所以量子世界是"模糊"的。我们对随机、概率等概念的理解常常是跟着感觉走，但这种感觉往往与数学中的概率规律所描述的结果是相去甚远甚至背道而驰的，爱因斯坦不也坚持认为"上帝不掷骰子"吗？

学生对于随机、概率、机遇、可能性等一些知识具有一定的直觉和生活经验，但其中往往有一些是错误的。直观的想法一旦建立起来之后便很难去掉，所以，在没有适当的直觉和经验的基础上来进行有关随机、概率的教学是一件困难的事情。学生需要经历相当长的时间才能建立对随机事件行为的正确经验和敏锐观察力以及对概率的正确理解。

因而，必须让学生亲自经历对随机现象的探索过程，经历"猜想可能结果—实验收集数据—分析实验结果—'猜''证'对比认识"的过程，引导学生积极动手实践，收集实验数据，分析实验结果，并将所得结果与自己的猜想进行比较，从而帮助学生积累随机活动的经验，丰富随机事件的体验，体会随机现象的特点，加深对随机现象的认识，探索解决随机问题的方法。

新课改中，教材增加了一些新的内容，如：可能性、搭配与组合、问题解决策略……在教学实践中，我们发现对于这些新的内容，一线教师往往缺乏相关的数学专业理论知识，这导致了教师先天不足根底浅；也没有经过系统的相关专业知识的学习和培训，这导致了教师后继乏力养分缺。我们常说

用《论语》思想提升数学教育智慧

"要给学生一碗水，教师要有一桶水"，有时候我们面临的是教师桶里也是一点水的情况，这如何能够保证教师教得放心、学生学得放心？

所以，提高教师自身的教育素养是一件非常重要的事情。没有丰厚的人文知识作底蕴，专业的数学知识作支撑，广博的科学知识作指导，想胜任新课改形势下的数学教学，即便是小学数学教学，也不是一件容易的事。

【证其果】

华罗庚说过："如果说，科学上的发现有什么偶然的机遇的话，那么这种'偶然的机遇'只能给那些学有素养的人，给那些善于独立思考的人，给那些具有锲而不舍的精神的人，而不会给懒汉。"一个想灵活应对教学生成的人、一个希望教学有成的人、一个意图拥有教育智慧的人、一个关注学生生命成长的人，必须是一个独立思考的、是一个锲而不舍提升素养的人，而不会是一个安于现状的人。

身为教师，我们需要提高自身教育素养的哪些方面呢？

一、提升自己的思想素养

肖川教授指出，"教育需要思想，需要有思想的教育学者，去解释教育的现象、解释教育的真谛、预见教育的未来"，"更需要有成千上万有思想的教师，他们有自己明确的教育理想和教育追求。"(《教育的理想与信念》，肖川，2002 年 6 月，下同) 思想之于人生，犹如夜航于茫茫大海的灯塔，指引我们前进的方向，给我们前进的希望。教师职业的特殊性决定了教师日复一日地重复着类似的工作，教完一个年级或年段后，可能又要带同样的年级或年段，日子长了，"审美疲劳""职业倦怠"在所难免，这时，思想和信念便成为支撑我们日益前进的不竭动力。"教育作为一种关涉人的精神世界的活动，因此思想便有了双重的意义：一是用思想武装我们的行为，用思想去重塑我们的教育行为，'观念改变，行动改变；行动改变，命运改变。'""二是用思想陶冶学子的心灵。只有用思想才能滋养丰富的心灵和厚重的人格。"

比如著名特级教师华应龙，致力于探索人文化的小学数学教学模式，"尊重、沟通、宽容、欣赏"使他的课堂教学充盈时代气息，洋溢着浓浓的师生情谊。他坦诚自己的教育理想："古为今用"，"洋为中用"，"做中学"，"玩中练"，秉承孔子"学而不厌，诲人不倦"之风，化用苏格拉底产婆之术，教出三千名好奇心强、敢试会想的"心中有数"的学生，带出七十二位博爱有恒、激情四射的"目中有人"的教师。苏霍姆林斯基说过："提高教育技巧——这首先是要自己进修，付出个人的努力，来提高劳动的素养，首先是提高思想的素养。没有个人的思考，没有对自己的劳动寻根究底的研究精神，那么任何提高教法的工作都是不可思议的。"华应龙老师寻根问底，不断研究，上出了许多令人击节叹赏的课，如《出租车上的数学问题》《神奇的莫比乌斯带》《角的度量》《圆的认识》等；写出了许多高质量的论文，如《让学习像呼吸一样自然》《大成若缺认识"圆"》《篮球——我的导师》等。

二、提升自己的专业素养

苏霍姆林斯基说："教育素养是由什么构成的呢？这首先是指教师对自己所教的学科要有深刻认识。我们认为很重要的一点是，教师在学校里教的是科学基础学科，他应当能够分辨清楚这门科学上的最复杂的问题，能够分辨清楚那些处于科学思想的前沿的问题。"

一位教师执教《三角形的内角和》时，从三角形里有没有可能有两个直角这个问题开始，引导学生思考，最后得出了非欧几何里三角形的内角和大于或小于180°的知识。而所有这一切并非教师备课时精心预设，而是根据随机生成的教学资源灵活应对的。

起初，教师引导学生思考：含有两个直角的图形是不是三角形？——不是，因为两条边平行。

然后思考：两条平行的边画到天边会怎样？——画到天边它们也不会合到一起。

深入思考：一条边沿着地面往北画，另一条边也沿着地面往北画，最后会画到哪儿？——北极点上。

于是，两条边还没有到天边，就相交了。

于是，三角形成"弯"的了。

于是，在非欧几何的研究范围内，三角形的内角和再不是180°了。

要不是教师的教学素养过硬，能想象大学里面才学习的非欧几何在小学四年级就被教师和学生演绎得如此精彩吗？教师利用含有两个直角的图形，借助几何直观帮助学生认识到三角形中不可能有两个直角，需要教师有灵活处理教材、创新教学设计的能力；备课时并没有想到，却因为教学的随机生成决定跟学生讲讲非欧几何，需要教师有扎实的专业功底……正是有了过硬的教学素养做支撑，面对教学中远超课本之外的问题，教师仍然能够游刃有余，而这种游刃有余源自教师坚实的教学内力与专业素养。

三、提升自己的语言素养

《史记·张仪列传》记载了这样一件事情："其妻曰：'嘻！子毋读书游说，安得此辱乎？'张仪谓其妻曰：'视吾舌尚在不？'其妻笑曰：'舌在也。'仪曰：'足矣。'"（译为：张仪被人打了，他的老婆取笑他，要不是读书游说，怎么会自取其辱呢？张仪对他的老婆说："你看看我的舌头还在不在？"他老婆说："舌头还在。"张仪自信满满地说："那就好，有一舌足矣。"）后来，张仪在家苦读后复出，游说齐、楚、燕、赵、韩、魏六国，合纵以抗强秦。

从某种意义上说，教师和张仪相似，都是靠嘴巴吃饭。苏霍姆林斯基指出："教师的言语素养在极大程度上决定着学生在课堂上的脑力劳动的效率。"如果一名教师连话都说不清楚，纵使他学富五车，又怎么可能教出好的学生呢？我读小学时的校长姓刘，他的儿子在师范读书之后，就到我们乡的另一所村办小学当老师。可是后来，身为校长的父亲却不得不把自己的儿子撵下讲台带回家。原因是刘校长的儿子一上讲台就结结巴巴，辞不达意。从此，刘校长的儿子再也没有踏上讲台一步。

语言是人们交流思想的工具，也是教师进行课堂教学、与学生进行沟通的必备工具。语言之于教师，犹如双手之于钢琴家一样重要。所以，教师需要提升自己的语言素养。一是能说，教师要能说一口标准、流利的普通话，字正腔圆。二是会说，教师要能准确表达自己的意思，明确说出自己的意图，没有疑义和歧义。比如：$600 \div (20-5) \times 2$、$600 \div [20-(5 \times 2)]$、$(600 \div 20-5) \times 2$ 三道算式用文字题的形式怎么说？运算顺序该怎么说？

算式	用文字题的形式说
600÷（20—5）×2	600除以20与5的差，所得的商乘2，积是多少？如果说成"600除以20减去5的差乘2，结果是多少？"便产生歧义：（600÷20—5）×2
600÷［20—（5×2）］	20减去5乘2的积，所得的差去除600，商是多少？如果说成"600除以20减去5乘2的差，结果是多少？"便产生歧义：600÷20—5×2
（600÷20—5）×2	600除以20，再减去5，所得的差乘2，积是多少？如果说成"600除以20减去5乘2，结果是多少？"便产生歧义：600÷20—5×2

算式	运算顺序
600÷（20—5）×2	先算减法，再算除法，最后算乘法。
600÷［20—（5×2）］	先算乘法，再算减法，最后算除法。
（600÷20—5）×2	先算除法，再算减法，最后算乘法。

有时，一字之差，谬以千里。语言素养，不可不修。

四、提升自己的教育学、心理学素养

现阶段，教育心理障碍已经成为中小学生身心健康的头号大敌。根据我国城乡不同类型学校学生的心理状况调查发现，16.79%的学生存在着不同程度的心理障碍，其中小学生9.7%，初中生13.76%，高中生18.79%。另据上海市精神卫生中心的调查发现，中学生中有心理问题的占27%，其中有严重心理行为问题的比例是2.9%；小学生中有异常心理行为问题的占14.2%，其中有严重心理行为问题的比例是4.2%。（《教师如何成为学生的心理专家》，赖新元、梁盛辉，2008年6月）

教育学可以帮助我们研究教育现象和问题，总结教育经验，认识教育规律；心理学可以帮助我们研究学校教育和教学过程中学生的心理活动规律，认识学生在掌握知识和技能的过程中的心理活动特点及规律，告诉我们教学过程的心理因素、道德品质与行为习惯的形成规律，以及家庭、学校、社会意识等对学生的影响。能不能有效应对学生的心理行为和问题，采取符合教育规律的教育行为，直接关系到我们教育教学效果的成败。所以，必备的教育学、心理学知识，必须成为教师的一项重要的教育素养，就如同苏霍姆林斯基指出的那样："关于解剖学和生理学、心理学和缺陷教育学的书籍，应当成为一个善于思考的、创造性地工作的教师的必备书。没有扎实的心理学基础，就谈不上教育素养。"

五、提升教材研读能力

苏霍姆林斯基曾经严厉指出不能灵活应用教材、照本宣科进行教学的危害，他说："如果你们看到某一位教师在课堂上忠实地复述教科书，那就可以断定，这位教师距离教育工作的高度素养的境界还相差甚远。"《中小学数学》杂志编辑章建跃老师指出，教师"要仔细分析教材编写意图：教材的结构体系、内容顺序是反复考量的，语言是字斟句酌的，例题是反复打磨的，习题是精挑细选的。因此，在处理教材时，内容顺序的调整要十分小心（否则容易导致教学目标的偏离），例子可以根据学生基础和当地教学环境替换，但所换的例子要反映教科书的意图，要能承载书上例子的教学任务。"

著名历史特级教师李惠军，在踏上教育岗位后的第二年，把当时人教社编写的 6 本中学历史教材一字不落地全都背了下来。通过背诵教材，他搞清楚了整个历史教材的体系和结构，教起书来得心应手。在他教出的第二届毕业班中，不仅涌现出了新疆文科状元，而且历史高考新疆前 6 名中，他所教的班级中就占到了 4 人。我们也许无法像李惠军老师那样通背教材，但是认真研读教材，读懂教材背后的编写意图、教学思想，应该是可以的吧？

比如四年级下册的《折线统计图》，其编写的结构是什么？学生的基础知识有哪些？教学目标怎样确定？重难点在何处？例题和习题的编写意图是什么？……这些都是我们在教学之前必须弄懂弄透的，而要弄懂弄透这些，就必须具备一定的教材分析和处理的能力。

只有通过仔细地阅读教材，我们才能看懂教材背后的东西。比如，例题分为三步教学：第一步，整体感知折线统计图；第二步，通过三个问题引领学生仔细观察折线统计图；第三步，通过折线统计图和统计表的比较，感受折线统计图不仅能表达一组数据的大小，还能形象直观地反映这组数据的变化状态。这就是折线统计图的特点。"试一试"和"想想做做"都是教学画折线统计图，只要求学生根据统计表提供的数据在图上描点并连成折线……

课本课本，学科之本。教师要具备在学习教材的过程中找出教材的编写意图、知识的逻辑联系和设计合理的教学环节的能力，这样才能够在课堂上游刃有余、切中肯綮，取得良好的教学效果。同时，随着课程改革的进行，教材已经由以往单一的国家课程转变为国家课程、地方课程、校本课程三位一体的课程体系。立足学校实际情况进行校本课程的开发，对于教师处理、把握教材的能力和开发教育资源的能力提出了更高的要求。

六、懂得尽量多些

我们先说说特级教师于永正。人们形容于永正老师有"演员的素质、诗人的气质、画家的眼力"，当然，更有教师的智慧。这一切，离不开于永正老师的学习以及他的艺术才华。他这么评价自己成功的原因："如果说，我对教材的理解比较深，教学设计比较新，教学情态比较充沛，思维比较活跃，想象力比较丰富，那么，应该说，是得益于艺术对我的熏陶，尤其是音乐对我的熏陶。毫不夸张地说，我是首先步入艺术的殿堂，而后才步入了教学的殿堂，当然仅仅是'步入'而已。"在于老师的客厅里，有他亲手画的一幅幅京剧脸谱，色彩绚丽，气韵生动；他还经常唱唱京剧唱段，一招一式韵味无穷；书房里是一排又一排的书……无独有偶，著名特级教师黄爱华不仅努力提升自己的教学能力，同时对于自己的其他素养的提升也是不遗余力。他为了提升自己的语言素养，练就幽默风趣的教学语言，从相声、小品和话剧演员的语言中学习，反复模仿练习，寻找优美而又文雅的、与人与学生沟通的技巧，并努力把准确贴切、生动活泼、极富幽默感的语言运用在课堂上，让教学设计与表达完美地结合在一起，有效地感染了学生。

而要真正懂的尽量多些，"就需要有'人类的一切都与我息息相关'的意识和胸怀，就需要走出喜爱的自我，把眼光投向更为高远、更为广阔的世界"，"就需要'博学、审问、慎思、明辨、笃行'；就需要广泛阅读，仔细咀嚼，反复玩味，需要在教学中、写作中、日常交往中有意识地使用近期所掌握的你所'懂得'的东西"，"随时地利用网络，利用工具书，对一些我们不太熟悉的概念、习惯性的表达弄清楚它的真实含义，使我们对概念和命题的'懂'比较确切和可靠，这也是重要的。"（《教育的使命与责任》，肖川，2007年4月）

"君子不器"需要我们懂的尽量多些，只有懂的尽量多些，我们才能提升自己的教育素养，才能成为胜任课改时代的"新"教师，才能不辱教书育人的光荣使命，无愧于"太阳底下最光辉的职业"这一称号。

十六、学而不思则罔
——会学习、会思考，学、思并重

【信其言】

子曰："学而不思则罔，思而不学则殆。"

——《论语·为政第二》

【解其语】

大意是，孔子说："只学习而不思考，就会惘然无所得；只空想而不学习，就会缺乏信心。"

这应该是孔子的经验之谈，他自己曾经说过："吾尝终日不食、终夜不寝，以思，无益，不如学也。"（译为：我曾经一天到晚不吃饭、不睡觉，专门沉思默想问题，一点帮助都没有，还是赶不上学习来得快。）

纵观历史，总有一些人要历经"学而不思、思而不学"的弯路，才回到"学而思、思而学"的正确道路上来。

唐朝时有一个俗姓马的和尚，法号道一。禅宗六祖慧能曾预言在自己的徒子徒孙中会出现一名"踏杀天下人"的佛门大师，这个人就是道一，因其姓马，后人尊称他为马祖道一。马祖道一最初到南岳衡山般若寺怀让禅师处求学时，整日结跏趺坐，沉思默默，不参学。怀让禅师看出了马祖道一禀赋非凡，为佛门法器，遂有心开导。于是，马祖道一每天趺坐在一个地方沉思不语，怀让禅师就整天拿着一块砖头在他面前磨啊磨，也不说话。日子一天天过去，马祖道一每天看着怀让禅师在自己面前磨砖头，起初不以为意，时间长了，终于忍不住问："师父，您磨砖头干什么？"

怀让禅师心下暗喜，面上不动于色，说："哦！磨砖头作镜子啊！"

马祖道一惊奇不已，问怀让禅师："师父，您没说错吧!? 磨砖头也能做成镜子?"

怀让禅师于是停止了磨砖头，反问他："既然磨砖头不能做镜子，那么你整日枯坐在那里，不思不学就能成佛了吗?"

马祖道一一时茫然，问："那应该怎么办?"

怀让禅师反问道一："比如牛车不走，你是打车呢? 还是打牛?"马祖道一恍然大悟。此后学、思并重，悟通佛理，承继怀让禅师衣钵，开创洪州宗，弟子遍天下，将禅宗发扬光大。

【行其道】

只学习而不思考，就好比自己的大脑是一个书柜，学习的东西如同书，什么书都往书橱里面放，也不加以整理、分门别类，以便检索。《南史》中就讲到一个叫陆澄的人，读《易》这本书读了三年，仍然不解文中意趣，想要撰写一本《宋书》也写不成。一个叫王俭的人调侃他说："陆公，你就好比一个专门装书的书橱啊!"

任何知识，不经过自己的思考，一股脑儿地全吸收，就如同一块海绵，不管脏水、净水，或是水中有什么东西，全吸了进去，但是你一挤，脏水、净水或其他东西又全部挤了出来，脏水还是脏水，净水也变脏水了。

只思考而不学习，就好比是沙漠中饥渴的旅行者看见了海市蜃楼中的湖水，一门心思地直往那个地方跑，没有考虑那是不是真的，也不去注意别人给自己的提醒与指点。

学习是思考的基础。只有通过学习，我们才能广博地吸收知识，并以这些知识作为我们进行思考的思维素材。没有这些知识作为思考的材料，便不可能产生深刻的认识，正所谓孤陋寡闻、见识浅薄，巧妇难为无米之炊。

思考是学习的升华。我们不能把自己的大脑当做一个沙漏，装进去多少沙子，原封不动地漏下去多少沙子，没有任何变化。只有通过思考，我们才能有所比较、有所鉴别，才能对已有知识进行批判性的吸收，继承原有的优秀精华，抛弃起初的劣质糟粕。而不要如鹦鹉学舌一般，"如鹦鹉只学人言，不得人意。经传佛意，不得佛意而但诵，是学语人，所以不许"。（译为：有一些人像鹦鹉一样只会学人说话，对于话中的意思一点都不懂。佛经传达的是佛学大意，如果一个人没有经过思考悟得佛意，仅仅只是口中念诵，这样的人只是一个"学语人"，跟鹦鹉学舌一样，是不允许的。）（《景德传灯录·越州大殊慧海和尚》）

思考、学习必须行不二法门，不能偏重思考而弱化学习，也不能偏重学习而放松思考，必须走"思考＋学习＝思考是学习、学习是思考"的为学之路。

一代科学巨匠爱因斯坦在苏黎世工业大学求学时，认真学习数学和物理学。他反感学校的注入式教育，认为它使人没有时间、也没有兴趣去思考其他问题，于是爱因斯坦把精力集中在自己所热爱的学科上。在学校里，他广泛涉猎赫尔姆霍兹、麦克斯韦等物理学大师的理论，运用自己分析问题的习惯和独立思考的能力自己学习。爱因斯坦除了学习之外，还坚持自己独立地思考问题。比如当时人们都认为在空间当中存在着一种物质——以太，可是爱因斯坦根据自己的思考，认为以太是不存在的，由此进一步发现了相对论。爱因斯坦为什么会思考有关相对论的问题呢？因为他自从知道了光是以很快速度前进的电磁波之后，就一直思考：如果一个人以光的速度运动，他将看到一幅什么样的情形呢？在以后的岁月里，这个问题便一直萦绕在他的脑海里。直到有一天，他把自己关在楼上的屋子里，两个星期不下楼，思考有关问题，最终提出了相对论。爱因斯坦后来分析自己发现相对论的原因时说："我有时自问，为什么我会是那个发现相对论的人。我想原因在于，一个正常的成年人绝不会停下来思考有关空间和时间的问题。这些是小孩子想的东西。但当我长大成人以后，我才开始对空间和时间产生疑问。自然，我要比一个孩子思考得更深入一点。"

韩愈说："行成于思毁于随。"做事情容易成功往往是因为多思考，而失败则多为不经意。爱因斯坦能取得巨大的成就，就在于他既能够从别人那里学习到优秀的东西，又能够坚持进行独立的思考。

【证其果】

每当读到"学而不思则罔，思而不学则殆"时，我就想：如何在教学中引导学生贯穿这种学而思、思而学的思想呢？后来反思自己的教学，写出了几句打油诗，以此作为给学生的提示和要求：

书读三遍再动笔，关键之处要分析；数形结合细思量，三思后行出佳绩。

一、书读三遍再动笔——培养自学能力

学生当中容易出现一种不好的现象：老师还没有布置学习任务、说出学习要求，学生就已经迫不及待地提笔去做书本上的习题了，对于应该从书本中学到什么、注意什么，毫不在意。为了提醒学生，我常常对他们说："不要把自己变成一台解题机器，看到题目就做，一做就错；学习书本不能像走马观花一样浮光掠影，而要像同学们看卡通书一样，一个字一个字地去读，看完了字，再去看图，图字并重，都不放过。"

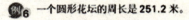 一个圆形花坛的周长是 251.2 米。

 花坛的直径是多少米？

根据 $C = \pi d$ ，可以列方程解答。

解：设花坛的直径是 x 米。

$$3.14 x = 251.2$$
$$x =$$
$$x =$$

答：花坛的直径是 ＿＿＿＿ 米。

你还能怎样求出花坛的直径？

试一试

一个圆的周长是 50.24 厘米，这个圆的半径是多少厘米？

你是怎样算的？和同学交流。

练一练

1. 先估计，再求出下面各圆的直径。

   $C = 12.56$ 米 　　 $C = 15.7$ 厘米 　　 $C = 62.8$ 厘米

2. 一张圆形光盘，周长是 37.68 厘米。它的半径是多少厘米？

比如，第一遍自学"已知圆的周长，求圆的直径或半径"时，学生一般草草地将例题 6 一晃而过，径直填写例题中的空处，接着就往下去做习题去了。而对于用方程解答的格式要求、还可以用什么方法解答、如何根据圆的周长求半径等内容却根本没有在意，也不了解。于是，我就和学生一起讨

论：通过学习例题 6，我们应该掌握一些什么内容呢？

这一讨论，便讨论出了一个指导学生如何学习的提纲。

首先，我们要弄清楚，用方程法解答题目的基本格式要注意什么？

其次，我们要知道，不用方程还可以用什么方法解答，两种方法之间有什么联系？

还有，如果已知圆的周长，求圆的半径怎么办？它和已知圆的周长求圆的直径有什么关系？

这样的学习才能帮助学生于细微处见功夫，扎扎实实打基础。

二、关键之处要分析——学会理性思考

恩格斯在《自然辩证法》中指出："地球上最美丽的花朵，是人类的智慧，是独立思考的精神。"思考是学习的进行时态，是对学习材料进行分析与综合、抽象与概括，探索其本质和规律的认知过程。学生的数学学习活动不是一般的活动，它是学习者从自己已学习的数学知识和经验出发，经过自己的思考，得出有关数学结论的过程。所以，我们需要帮助学生学会运用理性的力量来思考分析问题。

比如，一个城市有 10％的人不把电话号码放入电话本中。如果你从该城市的电话本中随机抽取 1000 个号码，那么其中有多少人是不把电话号码放入电话本的？往往人们把注意力放在"10％"和"1000"这两个数上，而实际上，通过我们的思考可以发现，这两个数字都是无关信息，因为所有的1000 个号码都取自电话本，答案应该是"0"。

又比如，"梯形"定义中"只有一组对边"与"平行四边形"定义中"有一组对边"有什么不同？如果这个问题不能思考清楚，那么对于平行四边形和梯形的定义，特别是梯形的定义的理解将是不深刻的。我们知道，梯形和平行四边形都有两组对边，但是平行四边形的两组对边都要平行，而梯形的两组对边只能有一组对边平行。如果不强调"只有一组"的话，那两组对边平行时我们也可以说其中有一组对边平行。"有一组对边"是一个比"只有一组对边"更宽泛的概念，用集合的观点来说，"只有一组对边"是"有一组对边"的真子集。

赫钦斯说："教育就是帮助学生学会自己思考，作出独立的判断，并作

为一个负责的公民参加工作。"我们的职责之一就在于帮助学生学会独立思
考问题。

三、数形结合细思量——掌握思想方法

培养学生形象思维能力是儿童思维发展本身的需要，也是学习抽象思
维、提高数学思维能力的需要。加强形象思维能力的培养有助于大脑功能的
和谐发展和创造能力的开发。大脑的左半球侧重于抽象思维，右半球则侧重
于形象思维。只有大脑的两个半球共同作用，人的思维能力特别是创造性思
维能力才能更有效地得到发展。

利用数形结合，我们可以把形象思维的结果进行抽象的表达，同时把抽
象思维的结果进行形象的表示。这样，形象思维、抽象思维同步发展，既有
利于提高学生举一反三、触类旁通的应变灵活性，又有利于培养学生的创新
思维能力。

比如：计算，找一找它的规律是什么？

$$\frac{1}{2}+\frac{1}{4}=$$

$$\frac{1}{2}+\frac{1}{4}+\frac{1}{8}=$$

$$\frac{1}{2}+\frac{1}{4}+\frac{1}{8}+\frac{1}{16}=$$

$$\frac{1}{2}+\frac{1}{4}+\frac{1}{8}+\frac{1}{16}+\frac{1}{32}=$$

$$\frac{1}{2}+\frac{1}{4}+\frac{1}{8}+\frac{1}{16}+\frac{1}{32}+\frac{1}{64}=$$

如果仅仅从数学表达式上去理解分析，其抽象程度是学生难以企及的。
然而，当我们把这些数学表达式转化成为图形之后，原本抽象的式子形象地
在学生眼前展开，这时，我们再去引导学生进行分析，规律的得出便是一件
不难的事情。

$\dfrac{1}{2} + \dfrac{1}{4} =$	
$\dfrac{1}{2} + \dfrac{1}{4} + \dfrac{1}{8} =$	
$\dfrac{1}{2} + \dfrac{1}{4} + \dfrac{1}{8} + \dfrac{1}{16} =$	
……	……
$\dfrac{1}{2} + \dfrac{1}{4} + \dfrac{1}{8} + \dfrac{1}{16} + \dfrac{1}{32} + \dfrac{1}{64} =$	
$\dfrac{1}{2} + \dfrac{1}{4} + \dfrac{1}{8} + \dfrac{1}{16} + \dfrac{1}{32} + \cdots\cdots + \dfrac{1}{2^{n}} =$	$1 - \dfrac{1}{2^{n}}$

四、三思后行出佳绩——学会检查反思

古人云:"三思而后行。"只有善于思考,才能减少行动的盲目性。从信息学的角度看,反思就是系统对发出的信息状况做出的反馈以及根据这个反馈做出的新的调整。引导学生反思,其实质就是利用元认知的方法,让学生不仅知道自己做了什么,还要知道自己是怎么做的,为什么这样做。只有经过反思,原始的经验才能被重新审视、修正或强化,思维的加工过程才完成了去粗存精、去伪存真,经验才会得到提炼和升华。

但是,要真正培养起学生的检查反思习惯是非常困难的,特别是考试的时候。我们都知道,学生一旦做完某个习题之后,一般是不会回头检查的,即使回头检查,也难以发现问题。如何帮助学生培养检查反思的习惯呢?

一个办法是建立"诊病册",将学习过程中所有的错误记录在一个本子上,并且将错题保持原貌,与订正之后的正确答案并排放置。每隔一段时

间，将这些错误拿出来复习。

另一个办法是建立"笔记本"，将学习过程中重要的知识点详细记录下来，每天针对学习的内容进行复习，以此进行反思检查。

在反思方式上，我们可以引导学生在完成学习任务后对学习的过程认真进行小结，找出重点、难点和一些规律性的东西；我们也可以引导学生学习其他人的长处，仔细观察和借鉴优秀学生的思路和方法，以发现和弥补自己的不足。

杜威说过："失败是一种教育，知道什么叫'思考'的人，不管他是成功或失败，都能学到很多东西。"我们需要教给学生知识，更要教学生学会学习、学会反思。

十七、不知为不知

——诚实对待学生，严肃对待教学

【信其言】

子曰："由！诲汝知之乎！知之为知之，不知为不知，是知也。"

——《论语·为政第二》

【解其语】

大意是，孔子说："子由，告诉你什么是真正地求知吧。知道就是知道，不知道就是不知道，这才是真正的'知'啊。"

《史记·陈丞相世家》提到这样一件事情。汉文帝登上皇位之后，陈平就借口身体有病，将右丞相的职位让给了周勃，自己甘居周勃之下，任左丞相。过了一段时间，汉文帝已经渐渐地知道了怎么治理国家。有一次在朝廷议事时就问右丞相周勃："现在一年当中司法部门会处理多少起案件啊？"周勃说："不知。"汉文帝又问："一年之内国家财政收入与支出分别是多少啊？"周勃又说："不知。"汉文帝又去问左丞相陈平。陈平说："这些事情有专门的官员负责，我不知道。"汉文帝就说："分别是谁负责这些事情呢？"陈平回答："陛下即问决狱，责廷尉；问钱谷，责治粟内史。"（译为：陛下要问案件审理等司法方面的事情，那是司法部长的职责；要问财政收入的事情，那是财政部长的职责。）汉文帝认为陈平说得很对。右丞相周勃在旁边听了之后，出来责怪陈平说："君独不素教我对！"（译为：你怎么平时没有告诉我这样应对呢！）陈平笑了笑，说："君居其位，不知其任邪？且陛下即问长安中盗贼数，君欲强对邪？"（译为：你在其位，不知道如何谋其政吗？况且陛下如果问起长安城中有多少个盗贼，难道你还要强以为知去应对吗？)

周勃从这件事情当中意识到了自己能力远不如陈平。

周勃的确不知道汉文帝问的那几件事情，恐怕任何朝代的任何一个丞相都不知道；但是，不知道就是不知道，没有强以为知，编谎话蒙骗皇帝。从其对"知"的态度而言，无可非议。陈平也是真不知道皇帝问的事情，但他比周勃高明之处就在于，他知道自己不知道皇帝问的事情，却又能想到一个办法顺理成章地为自己的不知解围。周勃不仅不知，而且没有努力寻求解决不知的办法。陈平知道自己不知，但是找到了解决自己不知的办法。于是高下立判。

【行其道】

2004年度诺贝尔物理学奖获得者格罗斯曾说过一句话："The most product of knowledge is ignorance.（知识的最重要的产物是无知）"有记者问这究竟是什么意思，格罗斯这样回答："很简单，事实上，科学的成功取决于你是否能找到一个好的问题，科学的源泉就是问题，因为要有一个好的问题，需要很多知识。我们现在问的问题，远比我当学生时候有趣和深奥得多。在过去，我们无法具备足够的知识来问这些问题。也就是说，你知道得越多，你就发觉自己不明白的越多。"

人类之所以脱离于其他动物，特别是灵长类动物的发展轨迹，最终发展进化成为人类，就在于人类可以利用大脑去思考一些问题，弄懂一些问题。更为重要的是，人类还具有自我意识和自我反思能力，即加德纳教授指出的多元智能中的自我认知智能。只有人类不仅知道自己懂得了哪些，还知道自己不懂得哪些，并且不断地去追求未知的知识领域，而所有其他动物做不到这一点。你能看到一只大猩猩去研究香蕉的颜色和形状，并告诉你香蕉生长在什么地方吗？甚至于一只大猩猩突然有一天站起来宣布："通过研究，我知道了香蕉是生长在热带地区的一种水果。但是我们不知道香蕉是否可以嫁接在苹果树上，我们还将继续研究这个问题。"这可能吗？不可能！除非你在看科幻电影。

人贵有自知之明，所以，孔子说"知之为知之，不知为不知，是知也。"

外国人明不明白孔子说的这句话的道理呢？也许知道。至少表面上，他们会玩弄文字游戏，并且运用得娴熟无比。2002年2月的一天，美国国防部长唐纳德·拉姆斯菲尔德在新闻发布会上，就伊拉克是否拥有大规模杀伤性武器作了一个评估，其中他说道：

"As we know

There are known knowns

There are things we know we know

We also know

There are known unknowns

That is to say

We know there are some things we do not know

But there are also unknown unknowns

The ones we don't know we don't know."

翻译成中文就是：

"据我们所知，

我们已经知道一些，

我们知道我们已经知道一些，

我们还知道，

我们有些并不知道，

也就是说，

我们知道有些事情我们还不知道，

但是，还有一些，

我们并不知道我们不知道，

这些我们不知道的，

我们不知道。"

网络上有人将其译成了文言文：

世有知之知，吾知吾知之。

世有知之不知，吾知吾不知。

世有不知之知，吾不知吾知。

世有不知之不知，吾不知吾不知。

听起来很绕口是不是？美国总统小布什在另一次新闻记者会上大力表扬了拉姆斯菲尔德的巧舌如簧，并将其要点概述了一下，提供了一个压缩版本：

"There are known knowns

There are known unknowns

And there are unknown unknowns."

译成中文如下：

"有些事情我们知道自己知道，

有些事情我们知道自己不知道，

还有些事情我们不知道自己不知道。"

拉姆斯菲尔德用"知道""不知道"绕了一大个圈子，是想替美国政府推翻萨达姆政权寻找借口和推脱责任，最后当然导致了一些美国人的不满。有记者就讥讽拉姆斯菲尔德具有作诗的才能，而不是去当国防部长。

抛开背景，就诗论诗。当我们换一种视角，从为学、求知的角度来分析，拉姆斯菲尔德所说的话较好地诠释了孔子说的"知之为知之，不知为不知"。

原　话	新　解
据我们所知，	据我们所知，
我们已经知道一些，	我们已经懂得了一些知识，比如三角形的内角和是 180 度。
我们知道我们已经知道一些，	而且我们意识到我们已经掌握了这些知识，当别人问我们懂不懂三角形的内角和定理时，我们可以肯定地说："我懂得。"
我们还知道，	我们还知道，
我们有些并不知道，	我们并不是掌握了一切知识。没有绝对的真理，没有人可以掌握一切真理。爱因斯坦有一句名言："用一个大圆圈代表我学到的知识，但是圆圈之外是那么多的空白，对我来说就意味着无知。而且圆圈越大，它的圆周就越长，它与外界空白的接触面也就越大。由此可见，我感到不懂的地方还大得很呢。" 有些知识，我们并没有掌握，比如"哥德巴赫猜想"，虽然陈景润已经证明到了"1＋2"这一步，但是"哥德巴赫猜想"仍然没有被世人完全证明。爱因斯坦最后也没有弄清楚统一场理论。

原　　话	新　　解
也就是说，	也就是说，
我们知道有些事情我们还不知道，	我们知道有些知识我们还没有掌握，
但是，还有一些，	但是，还有一些知识，
我们并不知道我们不知道，	我们并没有意识到我们实际上并不真正地懂得。比如，在氧气没有被发现以前，人们认为在空气中存在一种"燃素"，是燃素支持物体在空气中燃烧。对于物体为什么可以在空气中燃烧这一点，当时的人们并不真正懂得，更令人啼笑皆非的是，人们还自以为掌握的是真理，连自己的无知都不知道。
这些我们不知道的，	那些我们不懂得的知识，
我们不知道。	实际上我们是真的一无所知。

【证其果】

知道自己明白某些道理，也知道自己不明白某些道理。——这就是明智。

自己不明白某些道理，并且连自己的无知都没有意识到。——这就是愚昧。

自己明明不懂得某些道理，却还要强以为知，装作什么都懂。——这就是愚蠢。

"知之为知之，不知为不知，是知也。"这句话给我们的启示是：

一、明智的教师会诚恳、理智地面对自己的知与无知，而不会不懂装懂；并以此为学生做出为学、求知的榜样。不懂装懂、装腔作势，不仅对教师自己的求学造成危害，更会在学生心目中造成极其恶劣的影响，严重影响我们的教育教学，所谓"身不正，虽令不从"。

每逢教师新接手一个班级，首先便要认识学生，一般是通过点名的方式来进行的。但是教师在点名的过程中，难保不会出现一些生僻的字自己不认识，怎么办？记得自己刚上班的时候，同事就教我一个办法：先点那些自己认识名字的学生，最后问一句："还有同学没有被点名吗？"这时，那些没有被点名的学生一般会自己主动站起来。然后，教师只需要淡淡地问一句"你叫什么？"就可以了。这样，既知道了那个学生的名字，又保全了教师的尊严。在学生面前暴露出居然老师也不认识有些字，那该多么有失体统！当时自己就是这样想的。然后按照这个方法去做，还真的解决了问题。当时觉得那个同事真有智慧。

可是，时代在变，学生也在变，变得更聪明。曾经在教育杂志上见到两篇文章，都是写点名过程中的教育故事，文中学生原名已经不记得了。一位教师在点名的时候，碰到了一个学生的姓名中有自己不认识的字，比如叫"戉戌戍"吧。这位教师也采用了先点知道的学生姓名的办法。等到最后，他问学生："还有同学没点到吗？"一名学生站起来说："老师，我还没有点到。"这位老师很自然地问："你叫什么名字？"那名学生说："我叫 shù xū wù。"老师想：噢！原来是这样读的。于是说："'戍戌戉'同学，坐下吧。"当老师说完这句话时，全班学生哄堂大笑。原来，这名同学的姓名的正确读法是"戉戌戍"，而不是"戍戌戉"。那位学生是故意诱导老师在犯错。为什么会这样呢？因为每逢点名的时候，老师们都用这种办法来应对。久而久之，学生们知道了，原来"戉戌戍"这个名字老师也搞不清。可是，每次又看见老师们不愿意直接说自己不认识，还要自以为是、装模作样地玩弄一下小聪明来应付。于是，学生们就合起来，故意设下一个陷阱，看老师会怎么处理。遗憾的是，这位老师以"不知"为"知"，掉进了陷阱。而老师也因为不懂装懂，付出了沉重的代价，在学生心目中留下了完全负面的印象。学生有了这种印象，在以后的日子里，这位老师的教育教学效果可想而知。

而另外一位老师则采取了更明智的做法。当看到一名学生的姓名时，比如叫"犇猋骉"吧，老师迟疑了一下。很显然，老师不知道其中的某个字怎么念。是不知为不知呢？还是不知装知之？马上，老师对学生说："同学们，对不起。这位同学姓名中的这个字老师不认识，请问这位同学，该怎么读呢？"那位同学站起来，大声说："老师，我叫'犇猋骉'。"课后，学生们围在老师的周围，说："老师，我们还以为你会像其他老师那样，假装把他的名字漏掉呢。"这位老师实事求是，知道就是知道，不知道就是不知道，勇于面对自己的无知，用自己的言行博得了学生的尊重与认可。

闻道有先后，术业有专攻。任何事情，知道或者不知道，或者知道多少，都是正常的。敢于面对自己的知与无知，于己而言，没有自欺；于人而言，没有欺人。所以，《荀子·儒效》说："知之为知之，不知为不知；内不自以诬，外不以欺。"

二、聪明的教师会详细地弄清楚学生到底知道什么，不知道什么，并以此为基础引导学生立足已经知道的知识向着自己不知道的领域去前进。

比如我们在教学《百分数的认识》的时候，就可以先调查学生已经知道了什么，还想知道什么；帮助学生确立数学学习的目标，运用目标教学法去学习。

学生基于已经知道的一些生活经验和常识，认识到百分数在我们生活中很常见。它在衣服上有、在《新闻联播》上有、在书里有、在旅游景点有（今年比去年旅游的人多了 50%）、在牛奶盒上有（浓度是 95%）、酒瓶的标签上有（啤酒的酒精度 3.4%）……

在弄清楚学生已经知道的知识经验基础后，我们可以进一步引导学生探究：还想弄清楚什么问题呢？其实还有很多问题是学生不知道而想要研究的，比如：百分数后面为什么要加一横两个圆圈？百分数怎么长得跟分数不一样？百分数为什么不在分数里面？百分数后面那个两个圈一撇叫什么？百分数代表什么意思？为什么那个数字在%号前面而不在它的后面？为什么许多商品后面的标签上都用百分数，而不用分数？90%人们常用，为什么超过 100 的 101%、102% 都不太用？在什么时候用百分数？……

学生想要知道的这些问题几乎涵盖了"百分数的认识"中所有的内容，这就给了学生一些具体的学习目标，给了学生思考的内容，就好比用圆木去撞一口大钟，自然能够撞出巨大的回音，于是就有了学生的积极思考和问题的产生。

在学生提出问题的基础上，我们需要进一步整理，以使重点更突出、脉络更清晰。比如为什么要用百分数？百分数的意义是什么？在什么情况下用百分数？百分数和分数比较有什么不同？……

学生往往是随心所欲地想到哪里说到哪里，没有考虑知识之间的内在联系和学习的承前启后。所以，教师需要将学生随口说的众多问题按照课堂教学目标进行重新整理：一是将多个类似的、同一主题的问题进行归类；二是整理出本节课应该完成的数学知识；三是整理出本节课学习的重点难点。这样将问题进行归纳整理，思路明确清晰之后，学习起来便能从容不迫。在归纳、整理的过程中，师生之间进行平等、深入的对话，由教师引导，学生在原有问题的基础上充分发表自己的看法，提出自己的见解。

十八、多闻多见
——引导学生认真听和看

【信其言】

子张学干禄。子曰："多闻阙疑，慎言其余，则寡尤；多见阙殆，慎行其余，则寡悔。言寡尤，行寡悔，禄在其中矣！"

——《论语·为政第二》

【解其语】

大意是，子路向孔子请教怎样才能做好官。孔子说："多听，碰见自己有疑问的地方就留在心里细细思量，小心谨慎地说话，不要口无遮拦，这样就不会担心祸从口出。多看，碰见自己拿不准的地方就小心翼翼地处理，做事谨慎小心，不要盲目冲动，这样就不会因为行为不当而后悔。没有什么错误的言语可担心的，也没有什么不当的行为可后悔的，自然就能做好官了。"

这段为孔子回答子路为官之道，而为官之道何妨不是为人之道。因多见多闻而闻达的人数不胜数，因不慎言慎行而送命的人也不在少数。

《三国演义》第七十二回中讲到了杨修之死的故事。

杨修，字德祖，弘农华阴（今陕西华阴东）人。自幼聪颖过人，文思敏捷。后以其才名为曹操主簿。曹操曾经想到一个问题，与杨修同时思考，杨修立即给出答案，而曹操骑马行出三十里外才想明白。曹操自叹："我才不及卿，乃觉三十里。"（《世说新语·捷语》）

就是这样一个才智过人、为曹操叹服的人，最后却被曹操杀掉了。原因就在于杨修不懂得谨言慎行。

一次行军打仗，曹操率军与蜀军交战数日而不能取胜，正思量是否撤军。尚犹豫未决之时，手下给他端了一碗鸡汤，曹操看见汤中的鸡肋，有感于怀。适逢手下将领夏侯惇前来请示夜间站岗放哨的口令为何，曹操随口说："鸡肋。"杨修听说以"鸡肋"为号，便教随行军士收拾行装，准备归程。夏侯惇惊奇地问杨修怎么回事，杨修说："鸡肋者，食之无肉，弃之有味。今进不能胜，退恐人笑，在此无益，不如早归：来日魏王必班师矣。"（译为：鸡肋这个东西，吃起来没有什么味道，可是就这样丢弃了又可惜。现在军队前进又打不了胜仗，退兵又担心别人笑话，还呆在这个地方也没有什么好处，不如早早班师回朝。）

那些官兵觉得有理，于是寨中诸将，无不准备归计。曹操知道了，惊问是怎么回事，下面的官员就说了杨修从"鸡肋"想到撤军的事情。"操大怒曰：'汝怎敢造言乱我军心！'"，退兵军令尚未发出，将官士兵却已经在打点行装、准备撤退了。如此造言扰乱军心，如果敌方此时打过来，岂不是兵败如山倒。曹操于是将杨修杀死。

当然，杨修被杀并不仅仅因为"鸡肋"这一件事情，"鸡肋"只是一个导火索而已。据史书记载，曹操在已立曹丕为太子之后，杨修仍然伙同一般人教曹植如何在曹操面前获取欢心、诋毁太子曹丕，以促使曹操废立曹丕，改立曹植，后来这些诋毁中伤的事情都被曹操知道了，为杨修埋下了祸根。

两件事情，无一不是事关大局的重要事情。战场之上讲究军令如山、令行禁止，纵使上面想要退兵，只要退兵军令一时未下，将官就要在自己的职位上认真履行职能，保持军令畅通，军队就要时刻准备打仗。杨修自己私自揣摩军令也就罢了，居然于官兵之中夸夸其谈，散布臆测之令，实在非明智之举。自古以来，天子无家事，太子之争便是天下之争，选立太子顺则朝政顺、天下安。自古为争夺皇位，往往兄弟之间你死我活，祸起萧墙之内，生死旦夕之间。夺嫡之争，凶险无比。虽说历代君王中也有征求臣意之举，可是最后的决定权还不是掌握在君王手中，哪有臣子费尽心机、强逆上意夺嫡的道理。孔子说："邦有道，危言危行；邦无道，危行言逊。"杨修如此不注意谨言慎行，招来杀身之祸也是可想而知的了。

【行其道】

上帝造人时，为什么让人有两只眼睛、两个耳朵、两只手、两个脚，却只有一张嘴巴呢？因为，让我们有两只眼睛是为了让我们多看，有两个耳朵是为了让我们多听，有两只手是为了让我们多做，只是多做也不见得就一定是好事，所以又给了我们两个脚，能慢走、快走，也能不走。慢走是因为有些事情需要我们走一走、想一想，仔细琢磨；快走是因为有些事情需要迅速躲开，远离是非；不走是因为有些事情需要我们去做，乃至必须去做。最后，上帝只给了我们一张嘴巴，是因为不给不行，但给多了又众口难调、祸从口出，那么就限定一张嘴巴吧，希望我们"讷于言而敏于行"。

做人是这样，为学、求知何尝不是这样。

记得自己读书时，中学英语课本中有这样一个故事。每天，一个男孩儿总是准时上车，坐在座位上，闭着眼睛，默默地听着火车"轰隆轰隆"的声音。在那个男孩儿的世界里，聆听着火车固定的节奏，享受着火车摇晃中的感觉，是一件无比惬意的事情。有一天，这个男孩儿如同往常一样，安安静静地坐在自己的位置上，快乐地听着火车有节奏的声音。突然，这名男孩儿跳起来，大声地对着火车乘务员叫道："停车！停车！"周围的乘客惊奇地看着他。乘务员以为男孩儿一时胡闹，努力地说服男孩儿安静下来。可是男孩儿不仅不听，反而向着火车车头的方向跑着，边跑边叫："停车！停车！前面有危险。"最后，列车长过来了，问他："你怎么知道前面有危险？"男孩儿说："前面的铁路有问题。"列车长问："你是怎么知道的呢？"男孩说："我每天听着火车的声音，可是今天火车的声音不一样。"周围的人们将信将疑。那个男孩不断地向人们解释说，他听到了前面的铁路有问题，火车有危险。为安全起见，列车长通知司机将火车停了下来，派人前去检查，真的在前面三十多米处发现铁轨出现了问题。人们纷纷赞扬着男孩，感谢他挽救了整车人的生命。后来，这个男孩儿以其对声音出众的感觉成为一位音乐家。

上帝给了这个男孩儿出众的听觉，可是如果他对于周遭的声音无动于衷，没有去细心聆听火车的声音，又怎么可能从火车发出声音的细微差别中认识到危险呢？

上面说的是多听成就了一个人，同理，多看也能够成就一个人。第谷·布拉赫被誉为天才的观测家。他出生于丹麦的一个贵族家庭，14岁时因为一次日食对天文学产生浓厚的兴趣。从17岁开始，第谷自己购买仪器进行天文观测。1572年11月11日，天空出现一颗明亮的新星，它从前从未出现过，但这时却成为天空最亮的一颗星。第谷仔细观察了这颗新星的行踪，意识到它是一颗恒星。第谷将自己的观测结果写成《论新星》一书，他由此声望大增。丹麦国王腓特烈二世担心第谷流失到当时的天文中心德国，专门拨付巨款为他修建了一座天文台。这也是近代真正的天文台。第谷广泛、细致、系统、精确地观测到了望远镜发明以前人眼所能看到的几乎全部天象。正是基于他系统而精确的观测材料，1582年，在教皇格里高利十三世的主持下，废除了基督教沿用了1000多年的儒略历，制订并颁行了格里高利历，并导致了当时最先进的星表的出现。

第谷的成就完全依赖于双眼的观察，并将效用发挥到了极致，取得了辉煌的成就。我国汉代张衡也是这样一个人，相传他小时候每天晚上都要爬到屋顶数星星，最后也成为了天文学家。

【证其果】

人们认识世界的第一步便是感觉，通过感觉，人们从外部世界，同时也从身体内部获取信息。人们的感官如眼、耳、鼻、舌、皮肤，对各种不同刺激能量进行察觉，并将它们转化成神经冲动传往大脑，形成感觉如视觉、听觉、嗅觉、味觉和触觉等。外部对人的大脑的刺激越是强烈、丰富，产生的感觉、知觉越是深刻、全面。所以，人的学习过程是不可能脱离开听、看、动手甚至闻和嗅的。而且，多种感官共同参与学习的过程，比单独感官以单一形式的学习效果更好。美国华盛顿少儿博物馆墙上的横幅上写有一句话，很好地说明了这个道理："我听见了就忘记了，我看见了就记住了，我做了就理解了。"

"多闻阙疑""多见阙殆"给我们的启示是：

一、在我们的教学中，多听多看是不可或缺的。

列宁说过："不通过感觉，我们就不能知道实物的任何形式，也不能知道运动的任何形式。"为了有效地帮助学生学习，我们需要多方面调动学生的各种感官参与学习的过程，从各个方面对学生的大脑进行刺激，以帮助学生全方位感知并形成认识。

比如，我们引导学生认识"面积"时，我们需要首先引导学生看一看，生活中的物体的表面是不一样的，有的是长方形、有的是正方形、有的是圆形等。这就是调动学生的视觉去进行感知。

但是，仅仅用眼睛去看是否就能够完全了解呢？不是。人的知识不可能从某个单一的感觉中产生丰富而深刻的认识。我们还需要引导学生用手摸一摸自己课桌的表面、书本的封面、笔盒的一个面……通过皮肤与物体的接触，产生触觉，利用触觉与视觉的共同作用，刺激学生大脑，促进学生认知。

通过学生看一看、摸一摸，再引导学生比一比：哪个物体的表面大？哪个物体的表面小？同桌的两个同学互相说一说、想一想：什么是物体的面积呢？……

这样，学生通过"看一看"（视觉）、"摸一摸"（触觉）、"说一说"（听觉）、"想一想"、（知觉），多种感官共同参与学习活动，从不同侧面丰富自己获取的信息，能够较全面深刻地认识什么是面积。

二、除了调动学生自己运用多种感官参与学习之外，如何引导学生去认真听教师和同学讲呢？

无论是家长还是教师，对学生认真学习的第一要求就是"要认真听讲"。特别对教师而言，每当自己讲到学习内容的重难点等关键之处时，总是希望每个学生都睁大双眼看着自己，张着耳朵听进去自己讲的每一个字。一旦发现有学生心不在焉，轻者点名提醒，重者大发雷霆。

到底怎样做才是"认真听讲"呢？

"认真"只是一个表示某种程度的虚词，无法给学生一个明确可操作的指令。"听"既可以是一个动作，也可以是一种状态。即使一个人不专注于某一件事情的时候，他也能通过听觉，以不随意注意的方式获取一些信息。"讲"，一般而言都是教师在讲，行为的主体并不是学生。这样一来，在"认真听讲"这个词汇中，真正能帮助教师发给学生明确指令的语言信息寥寥无几。

在体育教学中，口令有"预令""动令"之分。比如"向右转"，"向右"是预令，告诉学生接下来我们要准备向右边这个方向做动作，"转"是动令，给学生下达明确的行为要求——转动自己的身体。这样，动令、预令结合起来，构成一个完成、清晰的"口令"。它既给了学生思考、准备的时间，又给了学生具体可操作的要求，学生便能准确无误地按照要求去做。

反观"认真听讲"，既没有告诉学生准备干什么，也没有给学生提供具体的操作要求。本来学生的思维是与动作分不开的，特别是处于具体运演阶段的学生，一个明确的动作代表了某个清晰的思想。"认真听讲"对于学生而言，只是一个模糊的、不知如何行为的话语，难以知道到底应该怎么做。

所以，要让学生在学习中真正做到"多闻""多见""认真听讲"，给学生提出明确的特别是可供操作的要求便是关键所在。

为了能够尽快帮助学生弄清楚什么是认真听讲、怎样才能做到认真听讲，在第一次与学生见面时，我便明确告诉学生以下几点：

1. 上课最好的习惯是认真听讲。只有认真听讲，才能在 40 分钟有效的时间内，快速高效地学习好数学知识。

2. 怎样做到认真听讲呢？从三个方面去要求自己。

（1）老师说话看着老师。

与任何一个人对话时，都要与对方进行目光接触。从与人沟通的技巧方面来说，与对方谈话而自己的视线没有注意到对方，很容易让对方以为自己所讲的内容索然无味，或者是对自己讲的内容不感兴趣。这是一种失礼的行为。而将视线倾注于说者，一有助于清晰无误地听对方讲到了什么，高效摄取信息；二有助于提升对话双方的沟通氛围，因为听者的专注，可以让说者对自己的表达更具信心，对双方之间的情感更加认可。

上课中师生的沟通也是同样的道理。教师讲课的时候，学生能够专心致志地看着老师，便有效地排除了其他信息的干扰，对学生而言，随意注意更加强势，心无旁骛；对教师而言，讲课内容更高效地传达到学生那里，且学生的专注更能激发教师的教学热情。

（2）老师指到哪里就看到哪里。

这样做是为了便于我们能够将注意力更集中在教师讲述的内容上面，特别是针对板书内容进行的讲解。心理学告诉我们，注意的紧张程度和分配的不同，直接显示了个体处在何种意识状态。在可以控制的意识状态下，个体的注意集中在对当前有意义的内容上，得到的认识更加深刻和清晰。在教学中，教师必然会根据教学内容、教学对象的不同，变换某个具体细微的教学行为，这时教师就必须引导学生充分利用随意注意，通过随时关注老师指到的地方来促使学生进行有目的的、需要意志努力的注意。

一般来说，目的要求越是明确、具体，越是能够有效地开展活动，越是能够更好地引起和维持随意注意。而要求学生随时关注教师指到的地方，便是在引导、维持和强化学生的注意力。

（3）知道同学发言说了什么。

学生往往将听讲的对象主要放在教师身上，而忽视了听取同学的发言。这也是不认真听讲的一种主要表现。我们常常可以看到在一些课堂里，当教师点名某个学生发言时，其他学生自顾自地忙着自己的事情。本来我们是希望通过学生的发言，帮助我们了解学情，帮助另外一部分学生更好地理解和掌握知识、解决问题，可是学生却视而不见、听而不闻，不知道发言的学生说了什么。

有这样一个笑话。地理课上，老师发一试卷进行整理复习，其中有一道题是，中国的煤都是（ ），铁都是（ ）。老师点一同学为全班讲解，那名学生讲到，中国产煤最多的地方是辽宁省抚顺市，产铁最多的地方是辽宁省鞍山市，所以抚顺被称为中国的"煤都"，鞍山被称为"铁都"。老师发现有一学生没有听讲，便点这名没有听讲的学生："××同学，请你回答一下。"这名学生站起来看了看试卷，挠了挠脑袋，说："中国的煤都是（黑的），中国的铁都是（硬的）。"

如果认真听了同学发言，这名学生就不会闹出以"都（dou）"为"都（du）"的笑话。要求学生认真听讲，不仅在于要求学生要听老师讲了什么，还要要求学生知道同学发言说了什么。

3. 认真听讲，避免以下情况发生。

（1）双目无神，视线固定在某一个地方长时间不动。

（2）手放下面，不由自主地玩弄一些东西。

（3）趴在桌上，浑身懒洋洋地对任何事情都提不起兴趣。

（4）打断发言，没有等别人说完就随意打断别人的话。

（5）被其他事情干扰，比如窗外的蝴蝶、屋内的蜘蛛。

（6）无意义动作，如无意识地转动笔、敲击课桌、摇晃桌椅等。

十九、举直错诸枉，举枉错诸直
——正面引导与反例论证相结合

【信其言】

哀公问曰："何为则民服？"孔子对曰："举直错诸枉，则民服；举枉错诸直，则民不服。"

——《论语·为政第二》

【解其语】

大意是，鲁哀公问孔子："怎样做才能让人民顺服？"孔子说："推荐保举那些正直而有才能的人做官，并让他们压制住邪恶枉法之人，老百姓就会信服；让那些邪恶枉法之徒反而凌驾于正直有才能的人之上，老百姓就不会顺服。"

北朝时期，有一个叫元晖的人到河南做官。在其为官一任期间，他大力擢用"少有志节"的杨机，把当地的政务全部交给杨机去处理，而自己却退居幕后，当起了甩手掌柜。有人劝诫元晖："为官一任，造福一方。处理政务本应是你这个父母官的事情，可是你现在却全部委托给杨机去做，老百姓怎么会信服你呢？"元晖回答说："真正的君子把全部的辛劳放在寻求有才德的人上，找到贤德之士之后，就不用再辛辛苦苦地亲力亲为了。把有才能的人放在合适的位置上，放手让他去做事情就可以了。我既然已经找到了可用之才杨机，为什么不让杨机充分地发挥自己的才能呢？让杨机处理政务又有何不可呢？况且，为民做事，只需要所做的事情得到百姓的信服即可，谁做的又有什么关系呢？"杨机也没有辜负元晖所托，更加"奉公正己，为时所称"。（《北史·杨机传》）

这就是"举直错诸枉则民服"，举能人以治事，举贤德以服众。

唐朝武则天时期有一酷吏，名来俊臣。此人心性邪恶，天性残忍。因为告发有人谋反，被武则天重用，后升为侍御史，专门负责审理朝廷钦犯。稍有与他意见相左者，即罗织罪名打击陷害。在审理案件的过程中，来俊臣总是绞尽脑汁想出各种令人发指的酷刑折磨犯人。将活人放进瓮中火烤，"请君入瓮"的典故就是来自于他。很多时候，犯人因为实在忍受不了酷刑煎熬，或屈打成招，或自杀身亡。一些正直的大臣也不能幸免，丞相狄仁杰及一些封疆大吏都曾经被他折磨过。来俊臣的恶性恶行最终引起了朝廷官员的极度不满，导致民怨沸腾。武则天后将其杀死，愤怒的百姓毁其尸身以泄愤，后到的人无法毁其身泄愤，就骑着马践踏剩下的几根骨头。

这就是"举枉错诸直则民不服"，鹊巢鸠占，小人逞其志，民心不服、民怨沸腾。所以，孟子说："尊贤使能，俊杰在位，则天下之士皆悦而愿立于朝矣。"诸葛亮说："亲小人，远贤臣，此后汉所以倾颓也。"

【行其道】

为人、为官的道理是这样，为学、求知的道理也是这样。

无知与愚昧掩灭不了真理，真理却能击溃无知与愚昧。真理永远不会因为世俗的无知与谬误而被掩灭，就如同即使乌云密布也不能使太阳消失一样。相反，越是真理，越是能够在历史的长河中焕发生命，吸引无数的仁人志士为之奋斗不息，甘愿付出一切，乃至生命。

日心说与地心说之争就是一个很好的例子。托勒密的地心说认为，整个宇宙全都以地球为中心，朝着地球的人类闪烁发光。而哥白尼于1509年写出了天文学巨著《论天球的旋转》，系统地提出了日心地动学说。他在《论天球的旋转》一书的序言中写道："我对传统数学在研究各个天体运动中的可疑之处思索了很长时间，对哲学家们不能对造物主为我们造成美好而有秩序的宇宙机构提出正确的理论而感到气愤。"于是，从地动的假设出发，哥白尼提出了地球自转、公转以及倾斜面运动，提出用太阳取代地球位于宇宙中心的地位，所有行星包括地球都以太阳为中心旋转。

但是，新教领袖马丁·路德金坚决反对日心说，他如此攻击哥白尼："他（哥白尼）力图证明是地球在旋转，而不是日、月、星、辰诸天体在旋转。这个蠢材竟想把整个天文学连底都翻过来。可是《圣经》明白写着，约书亚喝令停止不动的是太阳，而不是地球。"

后来，意大利天文学家布鲁诺发展了哥白尼的日心说，进一步提出了宇宙无限的思想，指出在太阳系之外还有无数个世界，太阳也不是静止的，也不是宇宙的中心，无限的宇宙根本没有中心。布鲁诺的激进思想使天主教会恼羞成怒，教会将布鲁诺关进监狱长达七年，要他放弃自己的思想。布鲁诺坚持真理，毫不屈服。1600年2月17日，在意大利罗马的鲜花广场上，宗教裁判所奉教皇克莱门特八世之命，向众多虔诚的基督教徒宣布了布鲁诺亵渎神圣宗教的"罪行"，宣判了将布鲁诺处以火刑的决定。在临刑之前，教会再一次劝布鲁诺忏悔，并答应他忏悔即可免刑，布鲁诺镇静地走上柴堆，说："我愿做烈士而牺牲。"熊熊烈火吞噬了一个杰出科学家的生命。

1979年11月10日，罗马教皇在公开集会上，正式承认三百年前的那场审判是不公正的。在历经三百多年之后，无知与愚昧终于低下了高昂的头颅，为真理及真理的捍卫者平反昭雪。真理永远是真理，纵使一时为邪见蒙蔽也不会变成谬误。谬误终归是谬误，即使它披着似是而非的皇帝的外衣。

【证其果】

"举直错诸枉则民服，举枉错诸直则民不服"从为官从政的本意指出，以正压邪则民服，以邪压正则民不服。我们可以看出，在历史的发展过程中，每当真理战胜愚昧与无知时，社会就向前发展与进步，而真理被无知邪见所蒙蔽时，则人心愚昧、文明衰退。

进一步思考，它对于教育教学的意义是什么呢？是让学生的认识直接从正确的例子那里一步到位呢？还是让学生经历错误的认识过程，然后拨乱反正，认识"真理"呢？

满堂灌，任何问题都直接告诉学生答案的做法是不足取的，但是任何问题都指望依靠学生自主解决也是不现实的。学生的主体是必须的，教师的主导也是必要的。从正确的地方开始，让学生直接迁移获取知识是可行的；让学生经历错误，在错误中获得全面的认识也是必要的。

一、举直错诸枉——正面引导迁移

在教学"列方程解决圆的周长与面积问题"时，自己就是采用了"举直错诸枉"——正面引导迁移的办法。

起初，自己让学生自学列方程解决圆的周长与面积问题，完成书本第100页的例题6及"试一试"的问题。例题已经将"解设""方程""基本格式"和"答语"都给出了样式，学生只需要填空即可。在随后的"试一试"的解答中，学生对于如何写解设、解方程的基本格式、结果后是否带单位等内容根本没有建立明确的、规范的概念，做出来的结果五花八门。

于是，自己改弦更张，与学生共同列出学习提纲，组织学生从"解设、列方程、解答格式、答语"四个方面去学习，针对"解答格式"又明确指出需要注意等号的书写规范及结果是否带单位的问题。在学习之初便让学生意识到什么是正确的、规范的格式要求。这种正确的范例在学生脑海中扎下根后，其他错误的东西便难以干扰。

《数学课程标准（修改稿）》提出了接受学习的合理性和必要性，但同时提出探究式学习的必要性和紧迫性。对于那些有明确的、具体的、规范的要求，学生不便于通过动手实践、自主探究得到的内容，我们就需要坚定地、明白无误地教给学生，以完成"传道授业解惑"的重任。比如上面提到的关于解方程中解设的写法、等号对齐的要求、结果不带单位等内容，我们就可以这样处理。

二、举枉错诸直——反面干扰论证

有时候，我们则需要"举枉错诸直"——采用反面干扰论证的办法，让学生充分经历错误，在不断犯错、试错、改错的过程中，帮助学生经历知识的认识过程，以形成全面、深刻的认识。

比如，在教学五年级上册《求近似数》时，求小数的近似数有两种表述方式——"保留X位小数"或"精确到X位"，练习中有时对同一个小数提出了多个要求，表述各异，学生理解起来有点无所适从。另外，每个小数的近似数由于保留位数的不同，需要根据题目的要求考虑不同的尾数，变化较多，学生理解困难。还有，同一个小数前面求出的近似数干扰了后面其他的近似数的求法，有学生直接在前面近似数的基础上继续求其他的近似数，比如4.386保留一位小数是4.4，保留两位小数时，就有学生认为是4.49。

既然从具体的小数入手求近似数过于零碎，数字的纷繁变化使学生觉得难度较大、干扰太多，同时，"保留 X 位小数"或"精确到 X 位"两者之间的联系又难以打通，那么，我们干脆就把具体的数字去掉，代之于抽象的图形，如以"□□.□□□"表示三位小数。先打通"保留 X 位小数"或"精确到 X 位"两者之间的联系，再过渡到求具体小数的近似数。

□□.□□□	
（保留整数）	（精确到个位）
（保留一位小数）	（精确到十分位）
（保留两位小数）	（精确到百分位）

师：像"□□.□□□"这样的小数，按照上面的要求分别求出近似数后各是什么样子？

学生思考后得出：

□□.□□□	
≈□□（保留整数）	≈□□（精确到个位）
≈□□.□（保留一位小数）	≈□□.□（精确到十分位）
≈□□.□□（保留两位小数）	≈□□.□□（精确到百分位）

师：仔细观察，你发现什么？

学生观察后得出：保留整数和精确到个位是一回事情，保留一位小数和精确到十分位是一回事情，保留两位小数和精确到百分位是一回事情。

教学活动进行到这里，感觉效果不错。学生理解起来十分顺畅，求近似数不同表述方式之间的联系也打通了。更为关键的是，学生已经从整体上知道了求小数的近似数应该保留什么部分，省略什么部分，比如，"□□.□□□"精确到十分位应该保留"□□.□"，省略百分位和千分位，这对后面的求具体小数的近似数是大有裨益的。

然而，我们高兴得太早了。

1. 学生的思路走入了歧途

"□□.□□□"保留 X 位小数或精确到 X 位时，没有具体数字的干扰，也就不需要考虑尾数最高位上数的大小情况去四舍五入，只需要将尾数直接舍弃即可。这种方便和快捷给学生留下了极其深刻的印象，以无比的强势严重干扰了求具体小数的近似数的方法，使得学生求近似数时，只去"舍弃"

与"保存"，而不是根据四舍五入法"省略"与"保留"。

（出示：14.396 保留一位小数，求它的近似数）

生：14.396 保留一位小数是 14.3，因为"□□.□□□"保留一位小数是"□□.□"，我们把 14.396 用"□"框住就是 ①④.③⑨⑥，保留一位小数就只剩下 ①④.③。

生 1：14.396 保留一位小数是 14.4。因为 3 后面还有一个 9，要向 3 进 1。

生 2："□□.□□□"保留一位小数，只需要把小数后两位舍去就可以了，所以 14.396 约等于 14.3。

生 3：14.396 保留一位小数，只要小数点后面有一位小数就行了，就是 14.3。

生 4："□□.□□□"保留一位小数，只需要留下"□□.□"就可以了，所以 14.396 保留一位小数是 14.3。

2. 教师提出不同意见

（1）容易导致负迁移

学生之所以较多出现"14.396（保留一位小数）≈14.3"的错误，与过早利用"□□.□□□"的模型求近似数有很大关系。前面数学模型出现太早、起点太高，求近似数方法过于笼统，学生没有具体的例题作为支撑去理解求小数近似数的具体方法，后面自然也就会漏洞百出。

（2）违背认知规律

建立模型一般是建立在这样一个基础之上，即人们总是首先认识许多不同事物的特殊本质，然后更进一步地进行概括工作，认识到不同事物共同的本质。用四舍五入法求小数的近似数，也应该是一个从具体的小数开始，从众多的求小数的近似数的普遍现象中归纳出一般方法的过程。而从"□□.□□□保留一位小数求近似数"这样一种形式开始，去建构求小数近似数的模型，似乎是一个从抽象到抽象的过程，它违背了从具体到抽象、由特殊到一般的认识规律。

真是"成也萧何，败也萧何"！怎么办？经过思考，决定仍然采用"□□.□□□保留某位小数求近似数"这样一种模式来建构求小数近似数的模型，那学生中出现的错误，特别是负迁移的问题又如何解决呢？

1. 整体把握知识体系，关注知识之间的联系

如果我们只着眼于局部知识点，而忽略对于整个知识结构的全面把握，忽略学生对于前后知识相互关联的充分体验及整体感知，孤立而不是全面地看待知识体系，简单地把新知识看成是已经掌握内容的逻辑延伸，那么，这样的教学注定是不会达到目的的。

所以，我们需要整体把握"求近似数"的知识体系，关注不同年级里局部知识间的彼此关联，立足学生已有的知识经验基础，在复习旧知阶段就为后面做足铺垫，让学生对着熟悉的凑整成整万（亿）数，复习巩固四舍五入法的知识，让他们归纳出凑整求近似数的本质，使学生对各个操作步骤、要求了然于胸，从而能顺利迁移到新的、更复杂的求近似数的学习中。然后，以此为基础，再展开新知的教学，并让学生充分地联系、沟通各种题意要求。因此，适当地巩固四舍五入的操作步骤和要求是必需的。

2. 抽象加具体，双管齐下

"□□.□□□"的最大好处是简化了学生认识的中间环节，排除了具体数字带来的干扰，降低了认知难度，便于学生整体感知，其一定的抽象度是不可缺少的。但是其忽视细节，缺少具体例子帮助学生全面、深刻地认识求小数近似数的方法，这一问题也是必须解决的。解决之道就是，在抽象的基础上具体分析，基于学生知识经验基础进行具体与抽象的结合、特殊与一般的结合：用"□□.□□□"的模式避免数字纷繁变化的干扰，抓住重点；用具体例子（14.39 保留一位小数）进行具体问题具体分析，立足情境强化认知，突破难点。两者相互补充，取长补短。

3. 暴露思维冲突，解决核心问题

"□□.□□□"的最大缺陷是，学生求具体小数的近似数时，只去"舍弃"和"保存"，不去根据尾数最高位的具体情况四舍或五入。要解决这个问题，就只有围绕核心问题"尾数部分到底如何处理"这一点，充分暴露学生的思维冲突，采取重点突破、有的放矢的方式进行有针对性的教学。立足"□□.□□≈□□.□"的初步模型，帮助学生明确保留什么部分，省略什么部分；利用"14.39 元看作'14.□'元合适？14.39 米离'14.□'米最近"等学生较为熟悉的生活情境突破难点，帮助学生认识到求近似数要根据尾数最高位上的数来进行四舍五入。

（1）沟通知识联系

师：我们以前学过省略"万"或"亿"位后面的尾数求近似数。请同学们完成下面两题。

（教师出示：23574800≈_____万？省略万位后面的尾数。986130000≈_____亿？省略亿位后面的尾数）

（学生独立完成）

师：说说你是怎么想的？

生：省略万位后面的尾数，就看千位四舍五入。23574800 的千位是 4，应该四舍，所以约等于 2357 万。

生：省略亿位后面的尾数，就看千万位四舍五入。986130000 的千万位是 8，应该五入进 1，所以约等于 10 亿。

（2）立足初步模型

师："□□.□□"保留一位小数后是什么样子？

生："□□.□□"保留一位小数约等于"□□.□"。

师：我们是怎样做的？

生：保留一位小数，就把"□□.□□"中的整数部分和十分位"□□.□"保留下来，后面的百分位舍去。

（3）暴露思维冲突

师：现在我们把"□□.□□"换成一个确定的小数 14.39，保留一位小数求它的近似数，应该怎样做？

（学生独立思考后进行交流，出现两种意见：一种意见认为是 14.3，另一种意见认为是 14.4）

师：你认为"14.3"的尾数，也就是百分位上的"9"是直接舍去，还是怎么做？为什么这样做？请你和同桌讨论一下。

生 1：14.39 保留一位小数就是保留十分位的 3，3 的后面还有一个 9，要向前一位进 1，所以 14.39 保留一位小数是 14.4。

生 2：保留一位小数和精确到十分位是一回事情。14.39 保留一位小数就要求精确到十分位，不是只要框住几个数字就约等于多少，还要看后面的数字，十分位上 3 的后面还有一个 9，比 5 大要五入进 1，14.39 应该约等于 14.4。

生3：比如14元3角9分，看做14.4元更合适；如果看做14.3元，就有9分钱被去掉了，不划算。

师：刚才有同学用钱来帮助我们理解。如果是在尺子上，把14.39看做多少合适呢？

（出示图片如下）

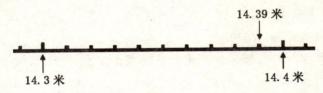

生：把14.39看做14.4更合适，因为14.39离14.4只有一格。

生：14.39离14.4只有1格，离14.3有9格，看做14.3就不合适，看做14.4更好。

（4）全面认识方法

师：在前面，"□□.□□"保留一位小数时，把整数部分和十分位"□□.□"保留了下来，后面的尾数百分位直接舍去了。那是不是所有的小数在求近似数的时候，都是把尾数直接舍去呢？

（学生对照前面的学习，认真思考后意识到：求一个数的近似数时，要根据被省略尾数的最高位上数的大小情况灵活进行四舍五入，不能简单地将尾数直接舍去）

（5）拓展深化认识

①2.8□≈2.8，□中可以填（　　）。

②6.9□≈7.0，□中最大填（　　），最小填（　　）。

③□.□□□≈3.86，这个三位小数最小是（　　），最大是（　　）。

二十、临之以庄、孝慈，与善而教不能
——真心关爱学生、严格教育学生

【信其言】

季康子问曰："使民敬、忠以劝，如之何？"子曰："临之以庄，则敬；孝慈，则忠；与善而教不能，则劝。"

——《论语·为政第二》

【解其语】

大意是说，季康子问孔子说："要使百姓严肃认真、尽心竭力又互相勤勉，应该怎么办呢？"孔子说："你对待别人的事严肃认真，他们自然对你的事严肃认真；你孝顺父母、慈爱幼小，他们自然对你尽心竭力；你推举好人，教育能力弱小的人，他们自然就会劝勉了。"

所谓"上梁不正下梁歪""上行下效"，就是这个道理了。

唐太宗李世民手下有个一个著名的谏官魏征。此人对于朝政之事知无不言，言无不尽；且性格耿直，据理抗争，从不委曲求全，一旦认准了的事情，九头牛都拉不回来。就连皇帝李世民都对他又敬又怕。有一次，唐太宗想要去秦岭山中打猎，行装都已准备好了，但怕魏征直言进谏，就打消了这个念头。还有一次，魏征和李世民两人在朝廷上争得面红耳赤。李世民要嫁疼爱的小女儿，想要大操大办，其仪式非要超过嫁大女儿的情形，魏征偏偏不同意那样做，认为有违礼制。李世民又以皇权逼压魏征，意欲使其就范，可是魏征硬是顶了回去，气得李世民拂袖而去，回到寝宫大骂："总有一天我非要杀了这个乡巴佬。"长孙皇后听说了原委后，换上皇后礼服，跪在李世民面前，说："臣妾恭贺皇上。"李世民纳闷，问："恭贺什么？"长孙皇后说："自古以来君明臣直，明君之侧必有耿直贤臣。而今魏征直谏皇上，不值得庆贺吗？"李世民明白了皇后的意思，气为之消。朝廷上至皇帝，下到群臣，都知道魏征不能见人之过、敢于犯颜直谏，在他的影响下，无不中规中矩、尽心竭力办理朝政。以至于李世民有一天玩着一只鸟，远远看见魏征过来，赶紧将鸟捂到衣服口袋里。魏征明知其举，故意长篇大论地与李世民议论朝政。等魏征退下之后，鸟已被生生捂死了。

也正因为唐太宗能虚心纳谏，勤于政务，体系民心，下面的大臣无不尽心竭力辅佐他，成就了贞观之治的盛世。

【行其道】

曾经看到一篇文章，讲述的是一个师范专业的毕业生，到贵州一个少数民族山区的小学教学。开学的第一天，他负责入学新生的报名工作。遇到第一个小女生，他问："你叫什么名字？几岁了？"这个小女生瞪眼看着他，不说话。旁边的母亲连忙解释，小女孩已经七岁了，还没有具体的名字。在家里，二姐叫二囡，生下她后就顺着叫三囡，也就这样叫下来了。这位老师就帮着小女孩取了个名字，起初叫杨玉琼，寓意美丽的玉石。她的母亲说现在山里群众的生活好了，不能再"穷"了。于是就取名"杨美玉"，并把三个字写在了三囡的课本上。接下来，这位老师一天接待了12名新生，就取了8个名字。

一个星期后，学生回家又返校。那些孩子每人都给老师提来了一只或大或小的公鸡。他们都拜老师为干爹。原来，那些孩子的父母知道老师给自己的孩子取名的事情后，认为，一个与自己非亲非故的老师，能够这样关心孩子，劳心费神地为每一个孩子想一个好听又有意义的名字，这样的老师值得信赖，令人尊敬。把孩子交给这样的老师让人放心。于是就对自己的子女说了，老师给你取了名字就该拜老师为干爹。

就这样，这位老师一下子冒出了8个义子义女。从此，这位老师既挑起了干爹的重担，给他们父训和父爱，又挑起了教师的责任，给学生知识和师爱。而这些学生兼义子义女也乖巧可爱，懂事得很。老师问："在家听谁的话？"学生回答："听爹的话。"又问："在学校听谁的话？"学生齐答："听干爹的话！"

自古以来，身体发肤受之父母。作为代表人的身份，确定其宗属的姓名，除了父母长者，也只有"师者"能定了。那位教师出于对孩子的关爱与责任为孩子取名，而家长也从教师的行动中看出了教师的爱心与尽责，以认教师为孩子的干爹的形式表达了自己对教师的敬、忠，并劝勉自己的孩子跟着教师（干爹）好好学习。贵州虽处偏远之地，可百姓"敬忠以劝"的淳朴民风，教师"临之以庄""孝慈"和"与善而教不能"的教风，与其他地方相比，实在是不遑多让，且有过之而无不及。

这倒应了我们常说的一句话：你有多少付出，便有多少收获。你对人们付出多少真心，人们便回馈给你多少真情；你对学生付出真情，学生便回报给你真心。

【证其果】

"临之以庄，则敬；孝慈，则忠；与善而教不能，则劝"给我的启发就是：

严格地要求学生，真心地关爱学生，好好地教育学生，他们自然对你尊敬、贴心，并且勤勉好学。

自己现在所教班级有一位学生，聪明却懒散。上课时要么趴在桌上，要么看藏在课桌下的课外书，或者拉着同桌讲话，家庭作业也是常常打折扣——布置五题做三题，五天作业交四天。是班上的问题人物之一。

为了能够帮助这名学生改掉毛病，我与他开学之初便约法三章：一是上课坐好，不许讲闲话，不许看课外书；二是每天按时完成作业，若不完成，当天下午到老师办公室补做，并罚做一遍；三是课外再做一些提高型的补充练习，每天交给老师检查。

起初的一段时间，这名学生出现了一些可喜的变化，家长也专门与我进行沟通，讨论如何进一步教好孩子。家长当着学生的面，郑重地对我说："老师，这个孩子以后就交给您了，尽管严格管教，无论怎样我们都支持。不听话就尽管抽他。"

可是好景不长。懒惰、话多等毛病又犯了。一连几天作业不完成，不上交。《能力提高训练》也不做。终于有一天，我严厉地呵斥了他，以至于他在教室哗啦啦地流着眼泪。很多学生来告诉我："老师，×××在那儿哭了。"

放学之后，我把他叫到办公室，命其将落下的作业一份一份地补上，对于练习中不明白的地方，逐一为他讲解，确保一点疑惑也没有。并依照约定，每份作业多做一遍。那天，我和他一直在办公室，直到约晚七点。期间，这名学生眼瞅着天越来越黑，数次双眼含泪地苦求："老师，放我回去好不好？我一定会补齐作业的。"我无情地一次又一次地驳回。终于，作业补完了。我亲自送那名含着眼泪的学生回家。

第二天，自己担心过于严厉，在那名学生心灵中留下负面影响，我又找他谈话，跟他说："不要怨恨老师，不要责怪老师。你很聪明，老师希望你能发挥自己的聪明才智，每天都有进步。可是你自己管不住自己，老师只能严格约束你。'教不严，师之惰'，你懂这句话的意思吗？"没想到这名学生笑着说："老师，你放心。我一点都不怪你。是我自己的问题，你那样做是为了我好。昨晚爸妈还给我讲了这句话，意思是老师不严格要求教育学生，就是老师在偷懒。"

对学生严而不爱，则是"酷吏"；对学生爱而不严，就是纵容。动之以情、晓之以理、约束以纪、教之以法，学生自然能够明白教师的良苦用心，听从老师的教诲，积极主动地学习。在学生的心里，自然也会越来越接纳教师，接纳教师对自己的严格教育。所有这些，都需要我们自己对学生"临之以庄""孝慈"和"与善而教不能"。

同样在这个班，有一天，我在教室写板书，准备上课。一名学生跑到我跟前，说："老师，我们班的×××这次写作文写的就是你哟！"我随口说："是吗？怎么写的啊？"继续写自己的板书。那名学生跑下去，拿了一本作文本，翻到其中一页，说："你看。"我接过来一看：《我的老师》。在文中，那名学生说了一些我如何如何聪明的话，写我每天只穿几件同样的衣服，把我的长相又形容了一番。最触动我心的是这样一段：

一天，我们正在上数学课，在学习"圆的周长"。有个同学趁着大家做题的时候，把老师叫了过去，说他有一道题不会做，叫老师过去教他。因为这个同学的学习成绩不是很好，所以，老师教了一遍，他不会；教了第二遍，还是不理解。老师见他还不会，就说："别急，我们慢慢来。这道题是这样的……"老师耐心地教，这个同学终于会了，而且可以反复地讲给同学听。老师看到了之后就对我说："（因为我是他的同桌）×××，你以后要在学习上'照顾'一下他。"

她记述的这件事情我一点都不记得了。可是，就是这样一个不起眼的小事情，却在学生心目中留下了深刻的印象。学生也会爱屋及乌的，你对他好，他不仅对你好，对你在意的一切都比你更在意。在文中，那名学生还写道："哦，差点忘了告诉你，他还有一个儿子，叫嘟嘟。他也很可爱，小嘟嘟和他爸爸一样，充满着活力与智慧。"

每当我想到学生的这些文字，我就暗自庆幸，庆幸自己当时所作所为不是刚好相反，也提醒自己以后时时刻刻应该做得更好一些，要更尽心教育学生、严格要求学生、真心关爱学生，这样才能对得起自己的职责与良心，对得起自己在学生心目中的形象。

二十一、奚其为为政
——一定要这样教吗

【信其言】

或谓孔子曰："子奚不为政"？子曰："《书》云：'孝乎！惟孝友于兄弟，施于有政。是亦为政，奚其为为政？'"

——《论语·为政第二》

【解其语】

大意是，有人对孔子说："你为什么不参与政治呢？"孔子说："《尚书》上说，孝啊，真正做到孝顺父母，友爱兄弟，把这种风气影响到政治上去，这也是参与政治了呀。为什么一定要做官才算参与政治呢？"

历史上，有许多人能够得遇明主，以展自己的抱负，比如管仲、张良。可是也有"不才明主弃"（译为：不能为君王所用的人），比如孔子、王通等人。

王通，字仲淹，隋朝大儒，死后，门弟子私谥为"文中子"。清朝颜古翁说"门罗相府文中子"就是指他。王通曾经西游长安，觐见隋文帝。两人就如何治理国家相谈甚欢。王通慷慨陈词，文帝认为天赐良才于己，大有相见恨晚之感。王通献上了自己所著的《太平十二策》，分析隋朝当时政治形势，总结历史经验教训，陈述治国安邦之策。但是，朝中大臣嫉贤妒能，反对王通，最后隋文帝并未采用王通的政治主张。

王通心灰意冷，于是归家以著书讲学为业。他意识到，朝代更迭是为必然，只有开私学，授门徒，培养一批有用之才，自己的理想与抱负才能实现。于是王通在河汾一带开门授徒，仿照孔子的《春秋》作《元经》，又仿照《论语》作《中说》。因其学以重振孔子儒学为主，被时人称为"王孔子"，后世则有"河汾道统"之誉。学生起初数十人，后至数百人，多时达千人。唐太宗李世民手下的股肱之臣房玄龄、魏征、杜如晦、李靖等都曾接受过王通的教育，最终为开创初唐贞观之治的盛世作出了贡献。

王通家庙有一副对联，上联是"教衍河汾，门罗将相"，下联是"道存子集，名著隋唐"，横批是"道不在位"。形象地说明了王通的一生功绩。他没有做官，但是通过著书立说及讲学，将自己的治国理想与政治主张传授给学生，让学生再一棒一棒传递下去，如薪尽火传，渐成燎原之势。奚其为为政？是亦为政。

【行其道】

一定要做官才算参与政治吗？不是。一定要坐在办公室，蹲在实验室才算进行科学研究吗？也不是。

袁隆平，杂交水稻之父，中国工程院院士，美国科学院外籍院士。2001年获得首届国家最高科技奖，先后获得了联合国知识产权组织"杰出发明家"金质奖、联合国教科文组织"科学奖"、英国让克基金会"让克奖"、美国费因斯特基金会"拯救世界饥饿奖"、联合国粮农组织"粮食安全保障奖"、日本"日经亚洲大奖"、作物杂种优势利用世界"先驱科学家奖""日本越光国际水稻奖"等八项国际奖。国际水稻研究所所长斯瓦米纳森博士评价他说："我们把袁隆平先生称为'杂交水稻之父'，因为他的成就不仅是中国的骄傲，也是世界的骄傲，他的成就给人类带来了福音。"

可是，就是这样一位著名的科学家，当他站在你的面前时，你的第一印象就是：这是一个农民。事实上，袁隆平的科学实验就在田间地头。为了找到雄性不育野生稻，他可以连夜挤上火车，从湖南直奔海南岛的农场，到实验田去寻找比金子还要贵重的野生稻。为了科学实验，袁隆平和他的科研队伍春在长沙，秋在南宁，冬去海南，以最大限度的利用温度进行试验。他们在火车、轮船、飞机上浸种，甚至把珍贵的种子绑在腰上，利用体温催芽。

袁隆平说："我不在家，就在试验田；不在试验田，就在去试验田的路上。"他的工作主要是在试验田。打雷下雨都要到田里去看看，大风大雨更要去，看看稻株倒伏不倒伏，看哪些品种经得起几级风。每天上午一次，下午一次，从播种开始，一直到收获为止。

袁隆平的科学研究，并没有像我们想象的那样，坐在实验室，拨弄玻璃瓶罐，他就是扎根在田间，经过自己几十年的刻苦努力、奋斗不息，最终成功的育出了被称为"魔稻"的杂交水稻，取得了世人瞩目的成果。

文学大家鲁迅，以其如匕首、投枪般的文笔，把沉睡、麻木状态的人们唤醒，提高人们的思想觉悟，激发人们的爱国热情，毛泽东赞誉他说："他不但是伟大的文学家，而且是伟大的思想家和伟大的革命家。"

通过上面的例子，我们可以看出，一些事情并不见得一定是负其名、如其实，有时是空负其名而名不符实，有时则是有其实而无其名。孔子不当官，做的事情比当官的做得更好；袁隆平天天下田里，照样把研究做到了"前无古人"；鲁迅不拿枪，可他仍是伟大的革命家。

【证其果】

一定要做官才算为政吗？不是。一定要蹲实验室才算科研吗？不是。一定要拿枪才算革命吗？不是。

同样的道理，一定要教师去教才算教学吗？一定要教数学课本上的例题才算教数学吗？

一、一定要教师去教才算教学吗？不是

知识的掌握和能力的具备，并非完全取决于外界的教育，并不是像器皿一样完全由外界灌输。教育的过程，表现为教育者与受教育者、外在知识与内在素质相互作用的过程。教育的结果是主客观条件相互作用的结果。

有一件事情深深地触动了我，那还是自己在师专读书的时候。自上《动物学》课的第一天开始，教室黑板的旁边就挂有一张"各类脊椎动物附肢骨骼模式图"，标明重要的附肢骨骼的名称、部位。一连挂了两个多月，但老师从来没有提起过它。有一天，老师走进教室，把那张挂图取了下来，然后给我们每人发了一小张试卷，试卷上只有一道题目：写出各类脊椎动物附肢骨骼的名称和部位。

全班同学异口同声提出抗议："老师，你还没教这个呢？我们学都没学，怎么考？"

老师看着我们，打开手中取下的挂图，冷冷地说："好好想想，这幅图挂在这里多长时间了？两个多月了。所以，不要寻找借口。做试卷吧。"

我们全都哑口无言。全班同学绞尽脑汁地回忆那副挂图上的点点滴滴，勉为其难地做了一会儿题。

后来，试卷被收上去了，成绩之差也在意料之中。评卷时，老师说了一句话让我这辈子都牢牢地记在了心里："永远记住，学习是自己的事情，自己的事情自己做，不要等着别人来教你。"

现在，我也是一名教师了。可是老师那句话仍然时时浮现在我脑海里。对于学生而言，学习是自己的事情，需要学生自己去探索、去实践，任何他人的包办代替都不如他们自己探究来的真切。对教师而言，学习是学生的事情，学生才是教学活动的主体，教师只是教学活动中的引领者、参与者和合作者。

孟子说："人之患在于好为人师。"总以为自己什么都知道，不遗余力地去教给学生，生怕学生自己弄不明白。可是教不是万能的。陶行知先生告诉我们："教是为了不教。"给别人一碗饭，不如给他一个谋生之技；教学生知识，不如让学生学会怎么学，所谓"授人以鱼，不如授人以渔"。

更何况，生活是个大舞台，社会是个大学堂。有些东西不见得就是教师能够教给学生的，它需要学生自己去积累，自己去感悟，内化成自己的能力、素养。爱因斯坦曾经说过："什么是教育，如果一个人忘掉了他在学校里所学的一切，剩下来的就是教育。"

所以，身为人师者切不可以为一定要教师去教才是教学，才是在教育学生。学生才是学习的主体，是学习的真正的主人。我们去教，只是为了让他们的自我尽早觉醒，以使学生自我学习、自我认知。

二、一定要教数学课本上的例题才算教数学吗？不是

《大佛顶首楞严经》说："如人以手，指月示人，彼人因指，当应看月。若复观指，以为月体，此人岂唯亡失月轮，亦亡其指。"

文字、文本就好比"以手指月"之"手"，文本后之意旨、思想就如同"以手指月"之"月"。应该循着手指指的方向看见月亮才是，若不看月亮，而只见指头，以为手指就是月亮，则误入歧途，既没明白"月"，也没明白

"手指"。

　　文本并不是对现实的准确表征，它只是一种比较可靠的假设，学生的学习是在理解的基础上对这些假设做出自己的检验和调整的过程。故只可视为个人经验的合理化，而非说明世界的绝对真理。数学知识表现为形式化的符号，但它可以视为具体生活经验和常识的系统化，可以在学生的生活背景中去寻找实体模型。现实背景提供学习的源素材上升为数学知识，教师引导学生通过自主活动来体验和把握形成的数学知识。

　　"万以内数的大小比较"是三年级上册"认数"部分的内容。教材的编排力求通过解决实际问题的方式，让学生联系实际生活和已有经验，自主探索万以内数的大小比较方法，体会比较数大小的现实意义。学生在二年级下学期已经学习了"千以内数的大小比较"，而且在生活中他们也有过解决同类问题的经验，所以在实际教学中我们应根据学生的认知规律和现有水平，在领会教材编写意图的同时，不受教材的约束和限制，更注重学生自己真正地理解，用自己的方法解决实际问题。

　　著名特级教师黄爱华在上这节课时，以长江队和黄河队间的竞赛为主线，环环相扣、层层递进、一气呵成，通过通达顺畅的起、承、转、合，让孩子们欲罢不能，尽情享受数学思维的快乐。

<table>
<tr><td>长
江
队</td><td>千 百 十 个</td><td></td><td>千 百 十 个</td><td>黄
河
队</td></tr>
</table>

　　1. 第一次抽签，从个位抽起

　　游戏规则：

　　(1) 每次两队各派一个代表抽签；

　　(2) 第一次抽到的数字放在个位上，第二次抽到的放在十位上，第三次……

　　(3) 哪一队抽到的数字组成的四位数大，那一队就赢；

　　(4) 能确定胜负时，本轮比赛结束。

　　2. 第二次抽签，从千位抽起

　　游戏规则：

　　(1) 每次两队各派一个代表抽签；

（2）第一次抽到的数字放在千位上，第二次抽到的放在百位上，第三次……

（3）哪一队抽到的数字组成的四位数大，那一队就赢；

（4）能确定胜负时，本轮比赛结束。

3. 第三次抽签，由抽签者自己决定放在哪一位上

游戏规则：

（1）每次两队各派一个代表抽签；

（2）每一次抽到的数字由抽签者自己决定放在哪一位上；

（3）哪一队抽到的数字组成的四位数大，那一队就赢；

（4）能确定胜负时，本轮比赛结束。

教学设计新颖，寓教于乐，使学生的数学思维更灵动、更活跃，使学生参与的数学学习活动更有效。在这节课中，该掌握的知识点几乎都由学生通过自主探究解决了，老师只在关键的知识点上进行追问，引导学生把相关的内容学透，最终让学生获得了成功。当学生在探索过程中遇到障碍或出现错误时，教师提出一些具有针对性的、启发性的问题引导学生主动地反思、探索。当数学活动结束后，引导学生反思整个探索过程和所获得结论的合理性，以获得成功的体验。

黄爱华老师深入地钻研教材，一是基于"教材呈现，注重在现实生活中比较数的大小"，采用现实生活中更具趣味的"游戏竞赛"活动为载体进行教学。二是在教学中把"比较的方法、过程"暗含在游戏竞赛中，让学生"有感而发"，真正"内化"成学生自己的"方法"。

创造性地使用教材，源于对教材的深刻理解与钻研。教材"想想做做"的第6题（如图）提供了一幅两名学生用数字卡片摆一摆、比大小的情境。黄爱华老师正是在把握教材实质的基础上再走出教材，基于教材提供的习题对教材做了创造性使用。教材是知识的载体，是师生教与学的中介，只是提供了学生学习活动的基本材料，它需要每一个教师实践、丰富、完善，使教学内容变得更加现实、有趣和富有挑战性。

6. 8605>8506   8506<8605

    钻研教材、阅读文本必须深刻。深刻意味着不仅仅把教材看懂，而是看穿、看透，一针见血、入木三分，挖掘出教材的精髓内涵。教师把教材钻得越深，悟出来的道理越透彻，讲起课来才越能做到深入浅出。

    苏霍姆林斯基就非常反对教师只是按照教科书把要讲述的东西准备好，甚至记住讲述的内容和逻辑顺序，而忽略应当引起学生思考的材料。他说："这是教师的教育素养的一个非常微妙而又非常重要的特征：教师越是能够运用自如的掌握教材，那么他的讲述就越是情感鲜明，学生听课后需要花在抠教科书上的时间就越少。"

    《数学课程标准》指出："课程内容的选择要贴近学生的实际，有利于学生体验、思考与探索。"我们的身边有很多有用的教学素材，应该使日常生活资源与数学教学的生态资源有机结合。要达到课程内容贴近学生实际的目的，我们就必须立足于教学的例题，深入解读教学文本，领会背后思想内涵，自觉主动地进行新的建构；而不是照本宣科地仅仅讲授数学课本中的例题而已。

二十二、力不同科
——找到解决问题的好办法

【信其言】

子曰:"射不主皮,为力不同科,古之道也。"

——《论语·八佾第三》

【解其语】

大意是,孔子说:"射箭并不是为了把靶子射穿,只要射中靶心就行了,因为各人的力气大小是不一样的。自古以来就是这样的规矩。"

古代君子必须掌握六种基本才能——"礼、乐、射、御、书、数",其中的"射"便是射箭技术。

唐朝武则天首开武举制度。据《新唐书·选举志上》载,考试内容之一就是射箭,分马射、步射、平射、筒射等。一场试马上箭法,驰马三趟,发箭九枝,三箭中靶为合格。二场考步射、技勇,步射九发三中为合格。

宋朝武举在唐朝的基础上又有了新的发展。首开武举殿试之先河,文武并重,形成了解试、省试、殿试的三级考试制度。其中武试以考弓马为主,弓马分为两场,先"步射",后"马射"。弓马合格,则参加文试。这种文武并重的做法,使得宋朝的武进士的整体素质较高。

南宋名将、民族英雄岳飞,便是一位善射之人,他能开三百余斤的弓,并能左右射。岳飞少时习武,学有所成之后,便参加了县里面的武举比试。县丞首先便考校岳飞的射技,岳飞走下台阶连射几箭,箭箭中的,把各镇各乡的武童都惊呆了!

随后,岳飞又前往京城参加全国的武举考试。比试中,岳飞与梁王之子小梁王对阵，考官张邦昌袒护小梁王，先安排岳飞与小梁王比试射箭。射箭的靶子摆在一百多步之外，小梁王看见靶子很远，自己可能射不中，就使唤张邦昌叫让岳飞先射。张邦昌暗中叫亲信将靶子移到二百四十步远，好让岳飞不敢射，以便将他赶出去。谁知岳飞不慌不忙，立定身弯弓搭箭，开弓如满月，箭发似流星，一连射了九支箭，九支箭全都射中。

【行其道】

《礼记·射义》中说："故射者进退周还必中礼，内志正，外体直，然后持弓矢审固。持弓矢审固，然后可以言中。此可以观德行矣。"可以看出，古时候人们把射箭当做考察人的德行修养的方法，主要看有没有射中，而对于是否射穿靶子并不在意，因为人力有强弱的不同。这里的"射"不是单纯的弯弓搭箭、张弓发矢的技能，而是德行、修养的体现和培养。

在日本，射箭已不是运动员通过锻炼肢体的力量，学习瞄准射中目标的那种单纯的技术能力，而是将古时为生死搏击而练习的箭术演变为一种精神训练、人格修养和对生命、生死的体悟。箭手为了进入射箭的状态，需要进行一系列的仪式和行为，正心涤念。先跪在一边冥想，然后起身庄重地向箭靶鞠躬，庄严地拿起弓箭，搭箭——举弓——拉开，全神贯注于每个动作和思想念头，又不执著于每个行为和念想。把剑射出去之后，身心仍然处于"射"的姿势和状态之中，直到调息至自然而然的状态。然后再向箭靶鞠躬，静静地退到场边。

欧根·赫里格尔，德国教授，为了探寻禅的奥秘，获得禅的体验，在日本进行了为期六年的严格箭术训练，以作为悟禅的途径。他在所著《学箭悟禅录》中详细描绘箭术修行中的忘我状态，学会用一种不费劲的力量"从精神上"拉开弓，"没有目的"地放开弦，让箭"像熟透了的果子一样从箭手的手上出去"，当他臻于至善时，弓、箭、靶和箭手才彼此融合在一起。

欧根·赫里格尔跟随著名的安和见藏大师学习。首先认识各式各样的弓，了解弓独特的构造，以及制作的材料。然后安和见藏大师为他做示范，并提醒他"射箭不是为了锻炼肌肉。"经过一系列的学习，一年之后，欧根·赫里格尔才能够按照安和见藏大师的要求拉弓。而随后的"放箭"学习，又耗费了欧根·赫里格尔两三年的时间。因为他始终做不到像竹叶一样放手。竹叶在积雪重压之下，并没有抖动自己的身躯以卸下积雪，它只是弯曲、不断地弯曲、自然地弯曲，直至积雪自己滑落地面后，又自然地弹回原状。在经过了差不多五年时光之后，他才真正开始学习如何瞄准。最后，欧根·赫里格尔用了六年时间学习"弯弓——瞄准——射箭"的射箭技艺。

对他而言，射箭已不是一门技术，而是一门艺术，它基于技巧又超越技巧。同时，射箭之人在学习"射箭"这门艺术过程中产生蜕变，现在的"我"已不是过去的"我"，所见之物已非过去之物。大梦他已觉，平身他自知。他带着不一样的眼光去审视世界，用不同的心性去接待他人。

【证其果】

对于"射不主皮，为力不同科"，我思考的重心不在于锻炼心性、提高修养，而在于只要射中靶子即可，因为人力有大小。这一点提示我，学生只要解决问题即可，不见得非要想出多么巧妙、多么多的解决方法，因为学生的能力有大有小。

学生"力不同科"，人力有时而穷。有的学生思维敏捷，想出的解决问题的策略可以层出不穷，而有的学生可能只能想出一种办法，甚至一种办法也想不出。对于一些能力不足的学生而言，他只能立足于自己的能力进行力所能及的思考和学习实践，而不能从学习伊始便追求"射主皮"的高难度要求。但是从另一方面看，尽管我们需要在学习中考虑学生能力的不同，我们又必须通过教学，保证所有的学生能力都能得到提升，包括弱势学生。总不能因为"力不同科"，就放松要求。所以，又必须辩证看待"射不主皮"，能力强的人有能力强的做法，能力弱的人有能力弱的做法，学生学习也一样。

比如在五年级上册的问题解决的策略——《找规律》教学中，我们希望能够结合生活中的具体情境，帮助学生探索并发现简单周期现象中的排列规律，能根据规律确定某个序号所代表的是什么物体或图形。帮助学生自主探索、合作交流，经历"选用方法表示规律——选用合适方法表示规律——比较、优化方法"的过程。利用符号、数字、文字、画图、计算等不同策略解决问题以及逐步优化策略。

下面是课堂教学一景。

师：在中国少年先锋队鼓号队的鼓号曲里面，我们把第一个音唱做

"咚",第二个音唱做"哒",第三个音唱做"啦",所以这个乐句就变成 | 咚 哒啦 | 咚 哒啦 | 咚 哒啦 | ······

（出示问题。请你想一想：第16个音符是什么？为了能让别人看得一清二楚，请你在草稿本上用一种合适的方式表示出来，可以写一写、画一画、算一算）

（学生在草稿本上自主探索表示方法，教师不断巡视，了解学生情况）

（学生将画的节奏图放在展示台上）

X X X	X X X	X X X	X X X	X X X	X
1 2 3	4 5 6	7 8 9	10 11 12	13 14 15	16

师：请你给大家解释一下。

生：我是用音乐简谱符号表示出来的，从第一小节一直画到最后，第十六个音符就是"咚"。

师：同学们觉得这种方法有什么特点？

生：他在每个音符下面标出了数字，从1到16，看起来非常清楚。

（教师板书：符号）

（学生将一种方法放在展示台上）

| □○△ | □○△ | □○△ | □○△ | □○△ | □

师：这个同学画了一些图形，你能看明白是什么意思吗？

生：他用"□"表示"咚"，用"○"表示"哒"，用"△"表示"啦"，第十六个音符是"□"，也就是"咚"。

师：这位同学善于把生活中的问题转化为数学问题来解决，方法非常有创意。

（教师板书：画图）

（学生将另一种方法放在展示台上）

|1 2 3|1 2 3|1 2 3|1 2 3|1 2 3|1

师：说说你是怎么想的？

生：我用数字"1"表示"咚"，用"2"表示"哒"，用"3"表示"啦"，第十六个音符是"1"，也就是"咚"。

师：这位同学用数字来表示这个规律，这种方法你觉得怎么样？

生：还是有些麻烦。

师：看来同学们还有更简单的办法喽！

（教师板书：数字）

（学生展示）

16÷3＝5（组）……1（个）

师：这个同学用了一个简单的算式就得出了结果，你们能看懂吗？谁能给大家解释？

生：16表示一共有16个音符，每3个小节就是3个一份，所以就用16÷3；5表示一共有5个小节，余数1表示还剩下一个音符。

（教师根据学生所述板书）

16÷3＝5（组）……1（个）

师：那第16个音符是第几小节的第几个音符？

生：第6小节的第1个音符。

师：计算的结果明明是5小节，这里怎么有了6个小节呢？

生：前面5个小节完了后，后面还剩1个音符，还要往后延续1个小节，这样就到了第6小节。

师：刚才我们研究的是第16个，那第17、第48个呢？请你在练习本上试试看。

（学生在练习本上尝试）

师：你能说说是怎么想的吗？

生：用17÷3＝5（组）……2（个），余2就是第2个音符"哒"。17个音符，每3个一组，共有5组，还余2个。

生：48÷3＝16（组），后面没有余数，也就是第16组的第3个。

师：现在我们回头来看看三个算式，他们有什么相同和不同呢？

生：除数都是3，因为是一组3个音符，所以除以3。

师：以后我们解决这样的问题时，要先做什么，再怎么做？怎样根据余数判断呢？

生：要先发现规律，看一组有几个；再用除法，几个一组就除以几。余数是1就是第一个，余数是2就是第二个，没有余数就是最后一个。

师：我们在解决找规律的问题中，我们用到了哪些方法呢？对这些不同的方法，你比较喜欢哪一种，为什么？

生：我们用到了数字、文字的方法，我们还可以画图表示，也可以用算式计算。

师："在文字、数字、字母、图形、符号这些方法中，你喜欢用什么方法？"

生：（众口一词）计算好，因为简单。

师：那么其他方法没有一点好处吗？

生：文字、图形那些方法比较清楚、方便，一眼就能看清楚，但是很麻烦，数字大了怎么画呀！

生：画图、列举就比较直观，一眼就看得明白，但是只能是那些小的数才方便，数大的话就麻烦。计算比较容易，而且在数目很大的情况下特别方便。

师：所以，我们要善于根据不同的情况，选用合适的方法。

在上述案例中，不同能力的学生有不同程度的表现，都寻找到了自己的方法解决问题，反映了思维水平的不同层面。

1. 基于学生独立思考，兼顾"力不同科"的学生

解决问题策略多样化和优化应充分引导学生独立思考，考虑学生"力不同科"的问题。教师应为学生多留一点思考的时间和空间，引导学生进行充分的讨论交流、分析比较，让学生自己去感悟，自己在解决问题的过程中进行策略的多样化和优化。

比如，学生在解决找规律问题的过程中，通过自己的独立思考，想到了许多办法。可以用字母表示：abcabc……第十六个为"a"；用数字表示：123123……第十六个为"1"；用图形表示：△□○△□○……第十六个为"△"；用文字表示：强弱弱强弱弱……第十六个为"强"；用符号表示：XxxXxx……第十六个为"X"。

对于思维能力不强的学生而言，他们首先想到的就是利用这些直观的图形进行符号化的处理。由于其思维深度的欠缺，他们不可能一下子抵达抽象思维的本源；相反，他们更适合、更愿意用直观的形式表示出有规律的排列，通过画一画，形象地显现出自己所面临的问题，寻找适合自己的解决策略。

在这里，能力弱的学生经历"遇到问题——寻找、发现问题特征——表征问题"的一个学习过程。能力强的学生则直接跳过这个阶段，进入了算法

的抽象阶段。虽然学生"力不同科",但是他们都在观察、思考,都在各自不同层面进行学习,并取得了学习成果。

2. 防止"力不同科"滥用,避免低层低效思维

从学生解决问题的思维水平看,各种策略的思维水平并不处以同一层面。策略多样化要求学生广开思路,追求不同思维层次上的变化。如果策略过多处于同一思维等价层面,则会陷入策略的泛化、低俗化。所以,我们在照顾学生"力不同科"的同时,又要防止学生滥用"力不同科",以此放松自己,不深入进行思考,使思维浮于表面。

比如,$44+38=$( ),学生可能会说出各种各样的计算方法:

$44+38=44+30+8$,$44+38=40+38+4$,$44+38=40+30+8+5$,$44+38=44+20+18$,$44+38=24+30+20+8$,$44+38=34+30+10+8$,$44+38=14+30+30+8$,$44+38=14+20+30+18$,$44+38=14+10+30+28$……

在众多的方法中,有许多方法是等价的,是在同一思维层次上的一类方法。比如"$44+38=24+30+20+8$,$44+38=34+30+10+8$,$44+38=14+30+30+8$,$44+38=14+20+30+18$,$44+38=14+10+30+28$……"都是将其中一个加数分解为一个整十数和一个非整十数,然后进行计算。对

于这种等价的策略既不可能优化也无需优化。

虽然学生"力不同科",都有自己真实、本色的想法,但教师应该引导学生进行分析比较,不能让学生总是想出低水平的解决问题策略,导致学生的思维水平低层,教师的教学处理低效。

3. 辩证看待"射不主皮",注意适时引领优化

"射不主皮"告诉我们射箭只要射中靶子就可以了。但是实际上,只要是射箭,总会有个高下之分、上下之别。有的人可以百步穿杨,如小李广花荣;有的人既能中的,又能穿石,如李广的"平明寻白羽,没在石棱中"。同样道理,在学生得出多种方法解决问题之后,我们有必要进行甄别与提炼,将解决问题的策略进行优化。

比如找规律教学案例中,教师引导学生思考:"在文字、数字、字母、图形、符号这些方法中,你觉得它们各有什么好处?你喜欢什么方法?"文字、数字、字母、图形、符号……每一种方法就好比一支箭,能够中的,解决问题。但是到底哪一箭(方法)才好呢?学生自己会感悟出来。有学生认为计算好,因为简单;有学生认为文字、图形那些方法比较清楚方便,一眼就能看清楚,但是麻烦,数字大了不好画。各种意见进行碰撞,最后形成一致看法:如果数字小,我们就可以选择图形、文字、数字、字母等方法,比较直观。如果数字大了,肯定就用计算的方法比较好,可以用有余数除法来解决这类问题:要求第几个是什么,先看它几个一组,再用总个数除以每组的个数,余数是几,就是一组的第几个,没有余数就是一组的最后一个。

通过解决"你喜欢什么方法"的问题,促使学生将不同方法进行类比,明确各种策略的优势和缺点,归纳出解决问题的不同策略,提炼出解决问题策略的最优方法,对于培养学生解决问题的能力起到了积极的作用。这个过程其实质就是从数学角度描述和刻画事物的方法,这种数学化的思想方法对学生解决问题,把握事物的数学侧面有着重要的指导作用。

二十三、翕如、纯如、皦如、绎如，以成
——打磨精品课堂

【信其言】

子语鲁大师乐，曰："乐其可知也：始作，翕如也；从之，纯如也，皦如也，绎如也，以成。"

——《论语·八佾第三》

【解其语】

大意是，孔子和鲁国掌管音乐的太师论述乐理，说："乐理是可以为人所知的。开始演奏时，五音齐鸣，翕翕然其音盛大；接下来，放纵尽其音声，其音时纯纯然纯正和谐，时皦皦然音节分明，时绎绎然绵延不绝，如此乐曲已成。"

孔子曾跟随师襄学习琴艺，自己就有不俗的音乐才能。正是基于对音乐的深刻理解，孔子谈到了音乐的基本乐理和结构。音乐作为一种艺术，有其自身的规律和结构，就如同孔子说的那样。

高山流水觅知音。古琴曲《流水》便如同孔子说的"始作，翕如也；从之，纯如也，皦如也，绎如也，以成。"《流水》全曲共分九段。第一、二、三段的旋律显示了整个乐曲的主题，节奏活泼而热烈，如于空山之中"抚琴动操，欲令众山皆响"。四、五段的曲调变得婉转流畅，描绘涓涓溪流以成江河，意蕴悠扬、绵长。六、七段则可以听到连绵不断的拂、滚手法和吟、猱、绰、注技法，极力再现江水险则波涛汹涌、平则蜿蜒流长的江水泱泱、山高水长的韵味。八、九两段和尾声则余音袅袅，令人回味悠长。不知不觉中，乐曲就完了。

《流水》以其寓意深远的内容、高超的音乐手法、深邃的音乐思想，使之成为我国经典名曲，并1977年8月22日，随美国"航天者"号太空船进入太空，作为向宇宙中的高级生物传递人类智慧与文明信息的使者。

【行其道】

我们从中还可以看到，孔子通过对乐理的不断理解，去追求、实践教化众生的理想。

六艺"礼、乐、射、御、书、数"中就有"乐"这一艺。自古以来，移风易俗，莫甚于乐。对于"乐"，孔子坚持知乐以治心，践行礼乐教化。他认识到音乐在社会生活、政治生活及教化民生中的作用，曾说"兴于诗，立于礼，成于乐"，意思是只有经过音乐的熏陶和学习，人才能够完善自己，成为一个真正成熟的人。

他对音乐的这种理解在国外也是存在的。著名科学家达尔文曾经说过："如果我能重新度过一生，我将为我自己规定，至少每周一次好好地读一些诗、听一些音乐。也许通过这种经久的锻炼，我得以使现在已衰退的那部分精神重获新生。丧失这些兴趣就等于丧失幸福，并可能影响智力，还更有可能在精神上造成损害。"音乐大师路德维希·凡·贝多芬认为，"音乐会使人高尚起来"，"艺术的目的就是为了人类的自由和进步"。

孔子跟随师襄学习琴艺，首先努力学习的就是把握乐曲的结构、韵致。乐曲的结构体现了乐曲发生、发展乃至结束的过程，其他诸事无不是这样。

书法家孙过庭在其书法巨著《书谱》中谈到，学习书法要经过三个阶段：初平正，次险绝，后复归平正。

宋朝文豪苏轼在寄给侄子的一封信中说："凡文字，少小时须令气象峥嵘，彩色绚烂，渐老渐熟，乃造平淡；其实不是平淡，乃绚烂之极也。汝只见爷伯辈而今平淡，一向只学此样，何不取旧日应举时文字看，高下抑扬，如龙蛇捉不住，当且学此，只书字亦然。善思吾言。"

佛家说任何万物无不经过"成、住、坏、空"四个阶段，起初酝酿成形，接着留住世间，后来趋于坏败，最后湮灭消失，依此周而复始。

辩证唯物主义指出，任何事物的发生发展过程都是一个不断螺旋上升的认识过程，在已有事物中发现矛盾，解决矛盾，促使事物向着更高层次发展。人们的认识过程也是这样循环往复地进行，在每一次的循环中人的认识不断得到提高和深化。

【证其果】

"始作，翕如也；从之，纯如也，皦如也，绎如也，以成。"这句话给我们的启迪是：为学求知，亦复如是。我们需要做的就是在事物发生发展的过程中，抓住其中关键，把握其中规律，使自己能够尽快进入认识世界的自由王国。

具体到课堂教学而言，我们追求教学的境界，是如孔子所说，"始作，翕如也；从之，纯如也，皦如也，绎如也"，还是如苏轼所说，先令"气象峥嵘，彩色绚烂"，而后"渐老渐熟，乃造平淡"呢？或是如孙过庭所说，"初平正，次险绝，后复归平正"？

就目前来看，教师的能力水平与理想中的智慧课堂、智慧教学有着一定的差距。有一种提法，即教师有教学新手、能手和高手。象刚刚踏上工作岗位的年轻教师，需要一切从新开始，这就是教学新手；工作几年以后，不断学习钻研，提高自己的教学水平，逐渐成为教学能手；教学能手再百尺竿头、更进一步，不断地阅读、实践、反思，不断将感性认识上升为理性认识，追求教学的艺术，提升教学的智慧，即教学高手。

而事实上，一部分教师的情况是，每天上完课后没有对自己的教学进行反思和思考，其教学的有效性值得怀疑；另一部分教师能主动反思自己的教学，改进自己教学中的问题，其反思层次是教学技术，这两类都是止于"技"。还有一部分教师反思技术层面之上的东西，反思教学行为后面的理论基础，这就是止于"理"。更高层次上的就是止于"德"，是教师从道德伦理的高度去思考教育的价值，进行反思和追问。

无论是刚踏上工作岗位的新手，还是工作有些时年却不反思、不思考的"老手"，教学应"初平正，次险绝，后复归平正"。

对于工作数年，不断实践、主动反思的能手而言，教学则应先令"气象峥嵘，彩色绚烂"。

对于不断追求教学艺术，提升教学智慧的高手而言，就应"渐老渐熟，乃造平淡"，反思教学行为后的理论价值，从教育的高度进行思考和叩问。

一、初手必须脚踏实地，从打磨课堂教学的基本环节入手，从"备课、上课、听课、磨课"等环节中积累最基本的教学经验，于平淡无奇中掌握教学规律。我们常说："宝剑锋从磨砺出。"课堂教学不经过磨砺是无法快速、有效长进的。正是打磨课堂中经验的积累，促使我们经历了"初上讲台不知所措，精研课堂逐步成熟"的成长过程；也正是基于打磨课堂教学对教师成长不可替代的作用，在一批又一批的初上讲台的青年教师的成长中，我们不约而同地选择打磨课堂这一有效途径。事实也最终证明，只要我们的教师，特别是青年教师全身心地去磨出一节课，其前后的差别与提高是显而易见的。古人"二句三年得，一吟双泪流"，综观我们的同行，普通如身边同事，闻名如黄爱华、窦桂梅等著名特级教师，谁人上的精彩课例不是精心打磨出来的？黄爱华老师说："好课磨砺出。"其《圆的认识》一课备课达70多页；窦桂梅老师在"教公开课《秋天的怀念》时，仅开头便十易其稿"（《小学语文教师》2007年增刊第44页《好课是这样炼成的——十易其稿的课堂导入》，窦桂梅）。没有量的积累，怎么可能会有质的变化？

二、能手必须精研课堂教学，力求"气象峥嵘，彩色绚烂"。只有精研课堂教学才能打磨出好课，而且某些时候必须精研课堂。能手一般担当着优质课、观摩课、汇报课的上课重任，他的课堂教学应力求"气象峥嵘，彩色绚烂"。对于广大听课学习的教师而言，他们希望看到，也应该看到的是走在最新课改前沿、体现最新教学理念、具有优秀教法学法的好课。这时的课是一个方向、一面旗帜、一个榜样、一个可供借鉴的案例，它起到的是示范引领的作用，这样的课难道不应该精雕细磨吗？我们难道给广大教师提供一节毫无借鉴意义的、普通甚至不好的课去推广吗？而且，这时的一节课，既代表了教师本人的教学水平，又代表了某一群体的教学智慧，此时的课不是好课，我们就完全有理由怀疑在平日里教师的教学是什么样子。细想一下，在平时的课堂教学中，谁能打保票说自己的每节课中的每一个教学环节、每一句教学语言……我们都斟酌再三了呢？只有在精研、打造"气象峥嵘，彩色绚烂"的课堂中，我们才会对每一个细节再三思量、反复权衡，在不断的试教——评教——再试教的过程中，自己的体悟点滴积累，对教学内在的感受逐渐加深，对教学中蕴涵的规律逐步有了"如人饮水，冷暖自知"的体验。所以，能手的课堂不力求做到"气象峥嵘，彩色绚烂"，是不合时宜的。

三、无论是平淡入手，还是力求绚烂，都应该追求"始作，翕如也；从之，纯如也，皦如也，绎如也"的境界。

"先令气象峥嵘，彩色绚烂"，"而后渐老渐熟，乃造平淡"的课堂教学是"众里寻他千百度，那人却在灯火阑珊处"的研修过程和相应境界；"初平正，次险绝，后复归平正"的课堂教学是"衣带渐宽终不悔，为伊消得人憔悴"的探索之路和教研心得。它们好比攀登高峰的不同层面、不同路径。后者是根基，根基越牢实，后劲越充足；前者是发展，没有前面的基础，便不可能有长足的发展。两者相得益彰，是教师成长之路的不同过程和阶段。无论教师处于发展中的何种阶段，他的课堂教学都应符合基本的教育规律和内部结构，如同孔子所说的那样，开始时，翕翕然盛大，接着下去，纯纯然和谐，皦皦然分明，绎绎然流畅，如此课堂乃成。

四、我们也应该注意到，无论教学初手、能手，乃至高手，其课堂教学的研究过程就是教师成长的研修过程。

诗云："如切如磋，如琢如磨。"课堂教学的研究过程不仅仅是一个表面的、简单的活动过程，更是一个思想上产生触动、心智里迸出火花，不断反思教育教学得失，反省教书育人方式的思维过程。而这一过程不正是我们教师不断研修的过程吗？于小而言，我们每日产生的点滴体味、对未来教学产生的新的设想、对同一内容的教学做出的新的尝试……于大而言，"专家引领、同伴互助、自我反思"不就是教师研修的过程吗？

既然无论是先平淡，还是先绚烂，课堂教学我们都需要研修，那么怎么办呢？

1. 带着找问题的态度去研修课堂教学。课堂教学是我们所有工作中第一位的，首先要是精心预设课堂，充分考虑学生可能出现的问题，可能面临的困境，以便我们未雨绸缪。这样充分准备、精心预设，课堂才能有精彩生成、才能有备无患，上课中任凭风吹浪起，我自闲庭信步。

2. 利用"微缩课堂"研修课堂教学。我们常常会选择试教来作为寻找教学问题的基本途径，其实在试教之外还有一种途径——微缩课堂，即在试教之前，从全班学生中抽取学习基础、能力分属不同层次的学生 6 到 9 名组成一个微缩课堂，有针对性地将教学设计中的问题提出来，观察学生的反应；将教学活动展开，考察学生的完成情况……一般而言，实际教学活动中可能遇到的问题十之八九会出现在微缩课堂中。这样做就有效避免了"炒现饭"的现象发生，即使是试教，对教师和学生而言也是全新的尝试。

3. 利用"虚拟课堂"去研修课堂教学。我们常常会采用一种叫做"空教"的方法，即一个人面对空无一人的教室上课。其实，我们也可以在"虚拟课堂"中去研修。所谓的"虚拟课堂"就是头脑中臆想出的课堂，教师在这个"虚拟课堂"中身兼数职：学生、教师、听课者，我作为教师怎样上，学生可能怎样答，旁观、反思教学设计、流程好不好，全是教师一人进行。整个过程如同自己给自己拍摄课堂录像，从开头到结尾，每一句话、每一个动作历历在目，然后随时回放，权衡利弊、反思得失。更重要的是这种方式不像"空教"那样受到场地、时间的限制，教师可以随时随地进入自己的想象空间，宛如老僧入定一般去研修，这种内省式的研修往往会收到奇效。

二十四、观过知仁

——观察学生，从学生的错误入手

【信其言】

子曰："人之过也，各于其党。观过，斯知仁矣。"

——《论语·里仁第四》

【解其语】

大意是，孔子说："什么样的人犯什么样的错。仔细考查一个人犯的错，就可以看出他是一个什么样的人。"

鸿门宴是大家都知道的故事。项羽和他的重要谋臣范增，知道刘邦是争夺天下最强有力的竞争对手，就准备在鸿门宴上杀死他。期间，范增几次示意项羽动手，但是项羽默然不应。范增叫来项庄，对他说："君王项羽为人心软不忍，你进去把刘邦杀了。要不然的话，我们这些人将来都要做刘邦的俘虏。"可是后来，刘邦仍然逃脱，范增气得大骂项羽："竖子不足与谋。"过了一段时间，项羽"引兵西屠咸阳，杀秦降王子婴，烧秦宫室，火三月不灭；收其货宝妇女而东"。有人劝项王："关中阻山河四塞，地肥饶，可都以霸。"可是项王见秦宫被烧残破，又心怀故土，想回老家，就说："富贵不归故乡，如衣绣夜行，谁也不知道。"劝谏之人说："人们都说楚人就像洗澡之后的猴子，喜欢穿戴着漂亮的衣帽四处招摇，果然是这样。"项羽听说后就煮了那个人。（事见《史记·项羽本纪》）

大将韩信曾向刘邦"言项王之为人也"。韩信说："项羽为人勇武，发怒时，吓得人动都不敢动，但是不能放手任用有才能的将领，所以，只是匹夫之勇罢了。项羽待人恭敬慈爱，言语温和，能把自己的饮食分给有病的人，但是别人立下战功时，却又舍不得给人加官晋爵，所以，只是妇人之仁而已。项羽称霸天下，使诸侯臣服，但是不居关中占据有利地形，而以彭城为都。又背信弃义，毁掉与义帝之约，将自己的亲信封王，使诸侯不平。凡项羽所过之地，无不惨遭毁灭，天下之人多怨恨于心，百姓不肯亲附归顺，即使臣服于他，也只是因为他的威势所迫而已。名虽为霸，实失天下。"（事见《史记·淮阴侯列传》）

刘邦登上皇位之后，曾经问群臣："项氏之所以失天下者何？"（译为：项羽之所以失去天下的原因是什么呢？）高起、王陵回答说："项羽妒贤嫉能，有功者害之，贤者疑之，战胜而不予人功，得地而不予人利，此所以失天下也。"（译为：项羽嫉贤妒能，压制、迫害功高之人，不信任贤德有才之人，打仗胜利之臣不记其功，攻城略地之后不能分封奖赏有功之人，这就是他失去天下的原因。）刘邦说："你们只知其一，不知其二。我能取得天下，在于人中之杰张良、萧何和韩信能够为我所用。项羽也有一重要谋臣范增，却不能为项羽所用，这就是他为什么被我所擒，不能争得天下的原因之一。"（事见《史记·高祖本纪》）

项羽心软，有妇人之仁；勇武，逞匹夫之勇；妒能，不奖励功臣，这些都与他的性格、处事方式是分不开的。而范增、韩信都从项羽的所作所为上看出了他的弱点，这些弱点最终造成项羽在征战天下中败北。

【行其道】

《韩非子》中有《扁鹊见蔡桓公》的故事。

扁鹊见蔡桓公，立有间，扁鹊曰："君有疾在腠理，不治将恐深。"桓侯曰："寡人无疾。"扁鹊出，桓侯曰："医之好治不病以为功。"居十日，扁鹊复见曰："君之病在肌肤，不治将益深。"桓侯不应。扁鹊出，桓侯又不悦。居十日，扁鹊复见曰："君之病在肠胃，不治将益深。"桓侯又不应。扁鹊出，桓侯又不悦。居十日，扁鹊望桓侯而还走。桓侯故使人问之，扁鹊曰："疾在腠理，汤熨之所及也；在肌肤，针石之所及也；在肠胃，火齐之所及也；在骨髓，司命之所属，无奈何也。今在骨髓，臣是以无请矣。"

居五日，桓公体痛，使人索扁鹊，已逃秦矣，桓侯遂死。

意思是，扁鹊进见蔡桓公，站了一会儿，扁鹊说："在您的皮肤间有点小病，不医治的话，恐怕要厉害了。"桓侯说："我没有病。"扁鹊走后，桓侯说："医生（总是这样）喜欢给没病的人治病，以此作为（自己的）功劳!"过了十天扁鹊又去进见，（对桓侯）说："您的病已经到了肌肉里，不医治的话，会更加严重下去。"桓侯不理睬。扁鹊走后，桓侯又一次不高兴。过了十天，扁鹊再去进见，（对桓侯）说："您的病已经到了肠胃中，不医治的话，会更加深入下去。"桓侯又不理睬。扁鹊走后，桓侯再一次不高兴。过了十天，扁鹊（远远）望见桓侯转身就跑。桓侯特地派人去问他。扁鹊说："病在表皮，用热水焐，用药物热敷能够治疗；（病）在肌肉里，用针灸能够治疗；（病）在肠胃里，用火剂能够治疗；（病）在骨髓里，那是司命的事了，（医生）是没有办法的。现在（他的病）在骨髓里，所以我不再过问了。"过了五天，桓侯浑身疼痛，派人寻找扁鹊，（扁鹊）已经逃到秦国去了。桓侯就死去了。

　　故事中扁鹊就是通过"察言观色"的望诊之法了解病情。《古今医统》说"望闻问切四字，诚为医之纲领。"望诊、闻诊、问诊、切诊为中医四诊之法，是中医必经的步骤。望诊就是对病人的神、色、形、态、舌象等进行有目的的观察，以测知内脏病变。《灵枢·本脏篇》说："视其外应，以知其内脏，则知所病矣。"闻诊包括听声音和嗅气味两个方面。主要是听患者语言气息的高低、强弱、清浊、缓急等变化，以分辨病情的虚实寒热。问诊是通过询问患者或其陪诊者，以了解病情，如有关疾病发生的时间、原因、经过、既往病史、患者的病痛所在，以及生活习惯、饮食爱好等与疾病有关的情况，均要通过问诊才能了解，问诊是了解病情和病史的重要方法之一，在四诊中占有重要的位置。切诊就是医者运用指端的触觉，在病者的一定部位进行触、摸、按、压，以了解病情的方法，如切脉以了解全身脏腑经脉气血的情况。

　　医者父母心。自古悬壶济世者必有"无缘大慈，同体大悲"之心，"老吾老以及人之老，幼吾幼以及人之幼"，以病患之病为己病，以病患之苦为己苦，以病患之痛为己痛，就如同《维摩诘经》中所说："众生病，则菩萨病。众生病愈，菩萨亦愈。"何以故？"以一切众生病，是故我病。若一切众生得不病者，则我病灭。"药王孙思邈认为，为人医者必须具有崇高的医德，他在其所著《备急千金要方》中说："凡大医治病，必当安神定志，无欲无求，先发大慈恻隐之心，誓愿普救含灵之苦"，"一心赴救，无作功夫形迹之心，如此可为苍生大医，反此则是含灵巨贼"。

医者，拯救人的生命，人之生死操于一线，医德为其根本；师者，拯救人的灵魂，天堂地狱一念之间，师德为其根本。教师通过自身的品行影响着学生的道德进步。陶行知先生说："因为道德是做人的根本。根本一坏，纵使你有一些学问和本领，也无甚用处。""在教师手里操着幼年人的命运，便操着民族和人类的命运。"

所以，教师应该如大医治病一般，具有崇高的师德。凡是教师进行教育教学，应当神态安定、志向笃定，抛弃世俗之名利追求，从心底里发起爱护学生、体惜学生之心，有"得天下之英才而育之"之宏愿，帮助学生脱离无知愚昧之苦。因材施教，有教无类。不管学生是高贵、低贱、贫穷，还是富有，也不论学生是长是幼、是美是丑，是与己有怨，还是与己亲善，不管是城里人，还是外来人，是天资聪颖还是拙笨不堪，自己都把他们当做普通人，一律同等看待，都把他们当做自己的至亲之人进行教育。不得瞻前顾后，计较得失。看到学生求学而不进、有惑而不知，就好比发生在自己身上一样，以同情心体会学生的难处。然后自己要不避饥渴、疲劳等，一心一意教育学生，不存要学生感恩戴德、有所回报之心。只有这样，才能成为一名真正的教育者。

【证其果】

医生面对的是人体的毛病，细究原因，对症下药，然后药到病除，病人身体康复。教师面对着学生的对错，也需要注意"人之过也，各于其党"，注意"观过"而知人，这样才能保证我们能够有的放矢、因材施教，取得良好的教育教学效果。

一、有平常之心

自己的儿子曾经高烧入院，当时体温41.5℃。早就有人提醒，千万注意小孩儿发烧，小心烧坏了脑子。自己和孩子妈妈急得六神无主，恨不得把全天下最好的医生全都叫过来围在儿子身边。可是医生总是和颜悦色地说："不要急！慢慢就会好的。"看着医生坦然处之的神情，心里面觉得医生简直是"郎心如铁"、冷酷无情。可是接下来的几天，眼看见一个个的孩子都是高烧不退，额头上贴着"退热贴"，医生也是同样处理，而孩子也慢慢痊愈。这时才明白，自己是关心则乱。俗话说久病成医，更何况是医生。医生一天到晚见到无数病人，知道事情现在是怎样，将会发展成怎样，所以，处之坦然。而且，医生也必须处之坦然，因为如果医生表现出焦灼不安的神态，病人及其家属则会更加担惊受怕。所以，持平常心坦然面对，于人于己都有利。

教学也是这样。我们对于学生，特别是犯了错的学生、接受能力差的学生，往往是恨其不肖、怒其不争，总觉得自己辛苦付出的汗水没有取得应有的回报。因此，容易让自己陷入一些负面的情绪，比如沮丧、生气、恼怒等，而这些负面的情绪不仅不能取得好的教学效果，反而使我们陷入更大的工作压力与被动之中。

我们需要重新审视我们的教育心态。

其一，教育是万能的吗？庄子说，"吾生也有涯，而知也无涯；以有涯随无涯，殆矣；已而为知之者，殆而已矣。"如果教育是万能的，这个世界上就不会有那么多愚昧与无知的人和事了；如果教育是万能的，也就不会有那些不堪学习而弑师、杀父的事情发生了。教育只能基于生命个体的自我，去进行许可范围内的发掘，而不可能拔苗助长。就好比一个人想从一口水井中打水，可是手臂够不着，我们可以帮他寻找绳子等一些东西，将水桶绳加长以打到水。可是如果这人是一个残疾，没有手臂，或者这是一口深不可测的机井，我们还怎么帮他打水？如果全部由我们来做，比如再加长绳子由我们抽水或安装抽水机，那还是他在打水吗？

虽然教育不是万能的，但没有教育是万万不行的。

其二，只有学习成绩好才算有出息吗？

俗话说："三百六十行，行行出状元。"谁规定了"万般皆下品，唯有读书高"？只有学习好才算是有出息吗？这种无知不知道坑害了多少有才之人。

达尔文自述小时候资质平庸，与聪明毫不沾边。他的父亲训斥他放着正经事不干，整天只管打猎、捉耗子，但是达尔文发表了举世闻名的《进化论》。

罗丹的父亲抱怨自己的儿子是个白痴，他叔叔认为罗丹孺子不可教也，但是罗丹成了世界闻名的大雕塑家。

爱因斯坦 4 岁才会说话，7 岁才会认字，老师评价他"反应迟钝，不合群，满脑子不切实际的幻想。"但是人们评价他："在我们这一时代的物理学家中，爱因斯坦将位于最前列。他现在是，将来也还是人类宇宙中有头等光辉的一颗巨星。"

丘吉尔小学六年级时曾经留级，但是他 62 岁时当上了英国首相。

卢梭感叹："自由，多少罪恶假汝之名行之！"而今，有多少过失假成绩之名行之！

如果仅仅以学习成绩好坏来评定学生，则天下少有可用之才。而天下人果真无才吗？"呜呼！其真无马邪？其真不知马也！"不是千里马不常有，而是伯乐不常有。用一个标准、一把尺子去衡量所有的人，然后感叹没有人才，就如同面对众多名马，却"策之不以其道，食之不能尽其材，鸣之而不能通其意，执策而临之曰：'天下无马'"一样。

这个世界上无不可用之物，只是没有在正确的时间、放在正确的位置而已。东晋陶侃在官府造船之后，总是命人将以往废弃不用的木屑和竹头收起来放在仓库。时人多不解。到了冬天，下雪路滑，陶侃就叫人把仓库所存木屑拿出来撒于路面，这样，人走路的时候就不怕摔跤。后来东晋水军赶造一批战船时需要竹钉，陶侃又叫人把收藏起来的竹头拿出来做造船用的竹钉。这时候，人们才知道陶侃收集木屑和竹头的用处。

很多时候，我们眼中的学生就和常人眼中的木屑和竹头一样。换一个地方、换一个标准，谁不会有出息，成为有用之才呢？天生我材必有用。不是只有学习好的学生才会有出息。

其三，学习成绩好的学生一定有出息吗？

我们会注意到，在小学的前几名，到了中学常常销声匿迹；中学时班上的前几名，到了高中常常偃旗息鼓。真正读书读到顶，而后有所成的人并不多。更多的是读书成绩尚可，甚至不可的学生，后来反而在社会上有所成就。

杭州天长小学的周武老师对 150 名小学生做跟踪调查，发现在学校学习成绩位于第 10 名前后一直到 20 名的学生，在后来的学习和工作中后劲十足，表现出色。相反，原来成绩数一数二的优秀学生，后来大多屡屡受挫。

著名心理学家斯腾伯格把学业上表现出来的智力称为"惰性智力",而惰性智力并不是成功智力。成功智力是一种能使个体以目标为导向并采取相应的行动,用以达到人生中主要目标的智力,是在现实生活中真正能产生举足轻重影响的智力。

我们常说"知识改变命运",可是,知识只是能力产生的基质,而不是能力。知识是重要的,但不是最重要的,最重要的是包括书本知识在内的由知识积累所形成的能力,那才是我们应该帮助学生追求的根本。所以,学习成绩好的学生一定会有出息吗?不见得。

既然每个学生的能力是不同的,发展的道路是不一样的,日后的成就也不是有一定之规的,那么,我们为什么就不能以一颗平常心看待呢?人人皆为尧舜,人人皆可为尧舜。我们需要有一颗平常心面对我们的学生,看着他们、帮着他们、引着他们,而不是拽着他们成长。

二、有"观过知人"之法

医生通过望、闻、问、切四诊之法,了解病人病情。孟子说:"人恒过然后能改;困于心衡于虑而后作;征于色发于声而后喻。"学生犯了错之后,必然也会从声、色、态等各个方面表现出来,教师就可通过视、听、问、审的方法,了解学生的学习情况,特别是犯错的情况,以有效地教育学生。

1. 视

医生通过看一个人的气色来对病人做出基本的判断。教师教学也可以通过观察学生的脸色、态度,来确定学生的学习状况。一般情况下,当学生做对题目时,必定信心满满,面色熠熠生辉,其态昂扬;而不肯定自己是否做对的学生则是眼神闪烁、欲语还休,其神赧然。这是视其色、态。如果去看学生的题目,则会看到更多。做对的学生多半是书写工整、卷面整洁,解答过程清晰、条理清楚、逻辑严密,反映出学生缜密的思维。而做错的学生则多潦潦草草、词不达意,想到哪里就写到哪里,思维不连贯,迟滞性、跳跃性大,且容易反复,表现出多处、多次的涂画、修改痕迹。

2. 听

看只能注意到"形于外"的表面现象;面对"动于中"的内部情况却无法得知。医生在望诊之后,还会闻诊。比如,有时医生会以手叩击病人的前胸后背，听其声以判断内脏是否异常；又比如，我们在体检时，医生除了以望诊之法检查五官等外科之余，还会用听诊器仔细听听我们的心肺等器官的情况。教学中也同理。

美国作家爱丽思·米勒曾有诗写道：

倾听不仅仅是保持沉默，听听而已。

收集正确的信息比倾听更重要。

真正的倾听要用心、用眼睛、用耳朵去听。

真正的倾听是暂时忘却自己的思想、期待、成见和愿望。

倾听是一种复杂的技巧，需要反复的实践。

教学中，当我们看到学生犯错之后，需要进一步倾听学生的想法，以真正了解学生错误的前因后果。

一位教师执教《轴对称图形》时，出示等腰梯形、正五边形、圆。

师：虽然这三个图形都是轴对称图形，但它们就没有什么不一样的吗？

生1：面积不同。

生2：形状不同。

生3：我觉得圆无论怎么折，两边都可以完全重合，但是其他两个图形却不行。

师：我最欣赏他发言中的一个词儿，是哪一个词儿？

生：我觉得是"无论"。

师：这个同学已经把我们研究的目光集中到对称轴的条数上来。

师：圆有多少条对称轴？

"我最欣赏他发言中的一个词儿，是哪一个词儿？"简短的一句话，是教师对学生的发言所给予的及时肯定的评价。教师策略性地重述刚刚所听到的话，使得学生在老师的鼓励下，内驱力及情感得到成倍的激增。而其他学生要想回答这个问题，必须也在听的状态下，潜移默化中学生的倾听习惯得以养成。

我们除了在学生犯错的地方要听其言，我们还需要听学生的需求、听学生的情感、听学生的思想。

3. 问

明朝杰出医学家张景岳曾编有十问歌："一问寒热二问汗，三问头身四问便；五问饮食六问胸，七聋八渴俱当辨；九因脉色察阴阳，十以气味章神见。"对要问的内容做了一个概括。教学中，我们需要知其然，更需要知其所以然。如何知道学生有没有知其所以然呢？通过问便能达到这个目的。

问也可分为不同的情形进行。我们可以向学生问答案和结果，作为了解学生学情的直接反馈。我们也可以问学生的思路，比如求下图中阴影部分的面积。阴影部分的面积＝长方形面积－圆面积的一半＝长×宽－半径^2×圆周率÷2，当思路确定之后，问题的解决也就势如破竹了。

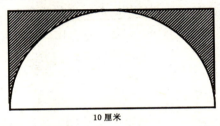

10厘米

我们也可以问学生解题的道理和原因，以弄清楚学生到底是怎么想的。我们可以就学习内容的重难点、易混淆的概念或者课堂生成的有价值的问题、学生回答的关键字语、学生的出错之处、有争议的话题进行提问，以促使学生的思维能够向更深、更广、更新处发展。

4. 审

医生除了望诊、闻诊、问诊之外，还需要进行切脉，以更深入地了解病人的五脏六腑，从身体内部去寻找病因，以达到治本的目的。而不是头痛、医头脚痛医脚地治标而已。比如咳嗽，有时咳嗽是因为伤风感冒引起的，有时咳嗽是因为咽喉肿痛引起的，有时咳嗽是因为肺部出现了病变引起的；在外在表现上，有时咳嗽无痰，有时咳嗽有痰。如果医生不从表面的现象进行深入地探究，不弄清楚病变的真正原因，又怎么可能药到病除呢？

教学也是这个样子。学生每个行为背后都有自己的心理动机，在每一个错误的背后都有不同的认知缺陷与错误。郑毓信教授曾经讲到一个例子：乘法分配律的滥用，如 $(a+b)^2=a^2+b^2$、$\frac{1}{a+b}=\frac{1}{a}+\frac{1}{b}$、$\sin(a+b)=\sin a+\sin b$，是学生粗心造成的吗？不是，它是由更深层次的、错误的认知心理造成的。美国学者莫瑞指出，"现代的研究表明，许多被认为是由于不小心造成的错误，事实上都是由于系统性的错误应用或错误推广所导致的。"在现代的认知科学中，人们把这种错误称为"程序性错误"，并把它与疏忽造成的错误明确加以区分。所以，我们需要认真地从学生的错误入手，分析其学习习惯、品质和学习心理，以防止学生基于错误的认知心理形成错误的认知结构。

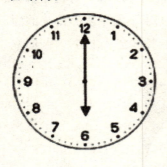

有这样一道题目：

一台时钟的分针长 10 厘米，分针走了 2 圈。它的尖端走过的距离是多少厘米？

有多个学生这样解答：$10 \times 2 \times 3.14 = 62.8$（厘米），或这样：$10 \times 3.14 \times 2 = 62.8$（厘米）。

犯的错一样，但是不是错误的原因也一样呢？不是。

经了解得知，有的学生是这样想的：10×2 表示半径乘 2，得到直径，直径乘圆周率，就得到周长，于是求出了尖端走过的距离。显然，持这种解法的学生熟练掌握了根据半径求周长的方法，但是未能细致地注意到题目中"分针走了 2 圈"这一条件，因而出现错误。实际上，凡是犯此类错误的学生，大多也是"马大哈"一类。

另有学生是这样想的：求尖端走过的距离，也就是求周长。圆的周长等于圆周率乘直径，所以，用 10×3.14 得到周长，再乘走过的 2 圈，于是得到 $10 \times 3.14 \times 2 = 62.8$（厘米）。这些学生也是"马大哈"一类，但是他们和上面的糊涂又不一样。上面是遗漏了"分针走了 2 圈"这一条件，这里是把半径（分针）长 10 厘米当做了直径。

还有学生则是根本没有掌握如何求圆的周长，对于根据圆的半径、直径去求周长的不同方法完全未能领会。

所以，不同的人可能会犯同样的错，但是，同样的错并不代表他们是同样的人。人有不同，错因也各有差异。

二十五、无适无莫
——教学计划赶不上教学变化

【信其言】

子曰："君子之于天下也，无适也，无莫也，义之与比。"

——《论语·里仁第四》

【解其语】

大意是，孔子说："天下的事对君子来说，没有规定说一定要怎样干才合适，也没有规定说一定不要怎样干才合适，只要义之所在，怎样干合适就怎样干。"

古人说："大行不顾细谨，大礼不辞小让。凡成大事者，多不拘小节。"

秦孝公委以商鞅重任，意欲变革，担心会引起天下人的飞短流长。商鞅说："愚蠢的人只会等到事情已经发生了之后，才能意识到；聪明的人却能够见微知著，在事情处于萌芽状态时，就能准确把握住它。当人们刚开始做一件新事情时，总是会不习惯。可是等到事情对自己有利的时候，他们就高兴，不再反对了。那些能明辨细微之分，谈论至深玄理的有德之人，往往是和世俗之人说不到一块儿、融不到一处的；那些成就非凡功业的人，也不可能和普通百姓去商量筹划。所以，圣人只要能够使国家强盛，不会死守僵化的陈旧规章制度；只要能够有利于百姓，该怎么做就怎么做，不会因循守旧，墨守成规。"秦孝公听了之后，觉得言之有理。

可是大臣甘龙反对说："不对。圣人针对现有之民，不用另换其他顺服的百姓，也能教化好；智者不用改变原有之法，也能将国家治理成功。对现有百姓进行教化，不用再劳民伤财就可以取得成功；运用旧法治理国家，官吏熟习章程便于理事，人民也不用承受国法变革带来的困扰，可以安居乐业。"

商鞅说："大臣甘龙所言，只是世俗之见。一般常人习惯安于陈规旧俗，有学问的人沉溺于已有见知旧闻。用这两种人来做官治理国家，守成可以，但是我们现在说的是变革旧法，这时和他们就说不到一块儿了。上古夏商周三代，虽用不同礼制，但都能成就王道之业；春秋五霸各自用不同国法治理国家，也都能成就霸业。所以，真正有能力的人创立法制，愚者则受制于法；有贤德的人与时俱变、变更礼法，庸人则只能拘泥于法。"

大臣杜挚反驳说："变革旧法可能会有一些好处，可是如果获得好处不多，就不应该改变原有做法。如果使用一个新的东西办事，效率却没有很大的提高，就不应该换用新的东西。古人就是用这些旧法治理好国家的，所以，以古为法是不会有错的，遵循原有礼制是对的。"

商鞅认为，治理国家不见得只有一条道路、一种办法，每个国家、每个朝代都有自己的实际情况，需要制定相应的国法礼制。所以，汤、武不遵循古法，变革维新也能兴起，夏殷固守古法陈规，最后仍然灭亡。可见，反对墨守成规不见得就是错，遵循旧制古法也不见得就是对。

商鞅与众大臣舌战一番之后，秦孝公终于下定决心，开始变法。（《史记·商君列传》）

反对变法的人，如甘龙等认为古法不可变，变法这件事情就一定不能干；意欲变法的人，如商鞅则认为古人的法也是人定出来的，现在有现在的实际情况，也需要变法以成新法，所以，一定要干。好在最后秦孝公拍板，只要苟利国家，该怎样干就怎样干——变法。这就是"君子之于天下也，无适也，无莫也，义之与比"。

【行其道】

因为熟悉，做起来就没有什么麻烦，所谓"驾轻就熟"。而一旦需要面临新鲜事物时，我们就需要重新学习，改变原有许多的习惯，这时往往就会因为不习惯新变化而墨守成规。而墨守成规、因循守旧往往是求异、创新的死敌，它成为事物发展进程中的最大阻力。所以，有时想做成某件事情，就必须"无适也，无莫也"。

俗话说："条条大道通罗马。"为达到目的，谁规定了自古华山一条道呢？在佛教，接引信徒成就佛道尚有三万六千法门。比如，净土宗崇尚口念心行，一心一意念诵"南无阿弥陀佛"，助人往生西天极乐世界；律宗则坚持以戒入定，由定生慧，修成佛道；禅宗则强调不立文字，教外别传，心行处灭，当下即悟。更有甚者称，为求佛道，魔阻则杀魔，佛阻则弒佛。这不就是"无适""无莫"么？

当我们开创出新的道路、寻找出解决问题的新的办法，而且与原来没有冲突时，我们可以比较心安理得地接受它，因为没有任何规定来限制我们说一定不要怎么做。

而真正需要我们的勇气与智慧的，却往往是另外一种情况，即我们找到的新办法已经超出了原有规章制度的许可，我们面临着不破不立、破旧立新的重要时刻。这时，是畏缩不前，还是一往无前，便需要我们拿出自己的智慧和勇气。

美国南北战争爆发期间，林肯时任总统。林肯政府出台了一些新政，一些官员担心这些新的举措违犯宪法而踌躇不前，于是林肯讲了这样一个故事：

一个意大利船长发现，他的船在礁石上撞了一个洞，海水哗哗涌入。他命令船员们抽水，自己却跑到船头的一尊圣玛利亚神像前祷告。

可是，涌进的水越来越深，眼看船就要沉了，祷告并没有发生奇迹。

船长火了，一怒之下把神像扔下船舱。奇怪，船不再漏水了。船员们得以抽干了水，把船开进船坞修理。修理时，人们才发现，是那尊圣玛利亚神像的头朝前堵住了漏洞。

"我说的圣母玛利亚像指的是宪法，只要能够的话，我就要用它来堵漏洞。"林肯说，"叛乱分子一直在违反宪法以求毁灭联邦，为了拯救联邦，必要时我也要违反宪法……现在，姑且不谈符不符合宪法，我只想知道，这是不是一个好办法？"

宪法号称"母法"，是国家根本大法，其严肃性不容置疑，更不要提违犯了。可是，为了能够达到一个更加宏伟的目标、完成一个更加重要的任务——拯救美利坚合众国，即使需要打破旧有藩篱，违犯宪法，林肯也在所不惜。毕竟，如果连国家都没有了，宪法又有何用？"皮之不存，毛将焉附？"

　　所谓"成大事者不拘小节"，只要义之所在，无可无不可。但是，以什么作为行事的准则和标准呢？我们总不能借口成大事就抛弃基本的原则和态度吧。就如同那个治疗驼背的医生。有个医生自称是专治驼背的专家。有个驼背信以为真，就请他医治。医生不开处方、不给打针，也不给吃药，只叫驼背趴在地上，然后用脚对着驼背乱踩一通。最后，驼背倒是弄直了，可是人也死了。人们责怪医生，可他振振有词："我只管把驼背弄直，哪管人活人死！"

　　车尔尼雪夫斯基曾经说过，实践是个伟大的揭发者，它暴露一切欺人和自欺者。如果做事情没有正确的原则、态度和方法，我们就只会走向为所欲为的错误道路上去。所以，我们看到，孔子在说"无适也，无莫也"的同时，强调了"义之于比"。

　　只有社会实践才是人们对于外界认识的真理性的标准。巴斯德，法国著名生物学家。他最大的贡献就是在细菌层面上发现了免疫学的基本原理，成功地应用疫苗防治许多不治之症，如炭疽、霍乱、狂犬病等。但是，将病毒种植在健康人的身上去治疗疾病，这对于那些庸医来说，无异于天方夜谭。他们极力反对巴斯德的这种做法。1881 年 5 月 5 日，巴斯德当众对 48 只绵羊、10 头母牛和 2 只山羊中的部分动物进行实验，并按照那些庸医的要求不断增加病毒疫苗的剂量。可是，凡是接种过病毒疫苗的动物一个没死，而没有接种过的动物全部死亡。1885 年 7 月 6 日，一名 9 岁的男孩麦斯特被狂犬病狗多处咬伤，几乎所有医生都断定他必然死亡。走投无路的父母亲最后找到巴斯德，请求他对男孩注射狂犬病疫苗。可是巴斯德只是在狗身上做过，尚没有在人体上做过同类实验。能不能在人体身上做实验，并取得成功，挽救孩子的生命呢？巴斯德在麦斯特父母的再三恳求下，用毒性十分微弱的疫苗对麦斯特进行注射，并在随后的日子里逐渐加大剂量。最后，潜伏期过了，麦斯特相安无事。整个欧洲为之轰动。后来，被巴斯德救活的男孩麦斯特成为巴斯德研究所的看门人。1940 年，麦斯特力拒德国纳粹要他打开巴斯德墓室的要求，为保守墓室秘密而自杀。

　　伽利略说过："科学的真理不应在古代圣人的蒙着灰尘的书上去找，而应该在实验中和以实验为基础的理论中去找。"巴斯德在发明疫苗以前，人们大都认为在健康的人体身上种植病毒以治疗疾病是不合适的。可是，巴斯德用强有力的实验和病毒的微生物学原理，证明了这样做是合适的。

【证其果】

从本质上说，学生数学学习的过程是一个自主建构自己对数学知识的理解过程，他们带着原有的知识背景、活动经验和理解走进学习活动，并通过自己的主动活动，包括独立思考、与人交流和反思等，去建构对数学的理解。不同发展阶段的学生在认知水平、风格、基础和发展趋势上存在差异，处于同一发展阶段的学生在认知水平、风格、基础和发展趋势上也存在差异。所以，学生对于数学知识自我建构的过程，必然表现出不同的认知方式，沿着不同的路径建构自己的数学认知结构。

有这样一个故事：教师布置作业，让每一个同学回家之后做一个小板凳。第二天，教师在检查学生们的作业时，指着一只板凳说："我从来没有见过比这更简陋的板凳！"爱因斯坦站起来，拿出一个更简陋的板凳说："有，这一个就是。"

由此想到：每个人对同一事物的理解是不一样的。一千个人就有一千个哈姆雷特。对年幼的爱因斯坦而言，板凳就是那样理解，与成人、与教师的理解就不一样。

每个人只能清晰地理解自己建构的一切。对爱因斯坦而言，他的"板凳"就是他的经验世界与理性世界结合而自主构建起来的，正如梵高画中的向日葵是金黄的一样。

不同的人沿着不同的学习路径，用不同的学习方法可以建构出相同的结果。爱因斯坦沿着它的思路，做出了他理解的板凳；"教师"在他的脑海中也按照它的认知建构了一个板凳。而"板凳"却是同一的。

谁规定了教学一定要这样教，或是一定不要那样教呢？谁规定了学生一定只能这么学而不能那么学呢？

比如，自己在教学第八册《统计》内容中的《折线统计图》时，考虑到数学课程标准提出要加强统计教学，特别是要加强分析数据、理解数据合理性，并能进行合理推测的教学力度，降低统计图表画法的要求。因而在教学预设中，我准备这么干（见"教学预设"），可是计划不如变化，上课时的随机生成却让我们不得不采取与预设不同的做法（见"教学实践"），另外去干。

教学预设	教学实践
一、故事激趣，学法教育。 师：聋哑人买剪刀，用手势比画，售货员给了剪刀。瞎子买剪刀，怎么办？ 生：…… 师：进行推理得出答案好，有了自己的思考，正确的判断更好。	一、联系生活实际，认识折线统计图 师：今天，老师很高兴看到了我们天健小学四年级一班的同学在学校体育节活动中荣获了非常多的荣誉。 师：×××同学，恭喜你，获得了男子200米第一名。站起来让大家认识一下。 师：×××同学，恭喜你，获得了女子毽球第一名。是哪位？ （教师手举一大摞荣誉证书） 师：像这样获得荣誉的同学有很多，你还想知道一些什么内容？ 生：我想知道荣获一等奖、二等奖、三等奖的同学各有多少个？ 师：那我们现在来统计一下？ （教师请分获一、二、三等奖的同学起立，学生收集数据） 师：谁能告诉大家荣获一等奖、二等奖、三等奖的同学各有多少个？ 生：一等奖9个，二等奖12个，三等奖12个。 师：同学们想想：除了像刚才这位同学用口说的方式告诉大家数据以外，你还能用其他方法告诉别人这些统计数据吗？ 生：可以用统计表。 生：可以用统计图。 生：还可以用条形统计图。 师：就像刚才这几位同学说的那样，我们可以用统计表、统计图告诉别人一些统计的数据和信息。

教学预设中"故事激趣，学法教育"的本意是上课前利用故事拉近师生关系，激发学生兴趣，同时渗透独立思考的学习习惯教育。实际中，由于是在其他学校上课，在上课前适逢该校举行全校体育节颁奖典礼，上课的四年级一班硕果累累，获得各类奖项计37项。当时想到：这些数据不正好是统计的绝妙样本吗？既可以激发学生的自豪感，又可以恰如其分的作为上课的素材。于是在上课前临时决定修改了原来的教学思路。在实际教学中，学生也果然兴趣盎然，在鲜活的学习材料的激发下，知道了用统计表、统计图、条形统计图等不同方式来收集整理数据。

教学预设	教学实践
二、认识折线统计图 师：统计在我们的日常生活中有着广泛的应用。在每个小组的桌上有些报纸，大家可以自由的看看。 （学生自由读报） 师：你从报纸上了解到什么？ 生：…… 师："风声雨声读书声声声入耳，家事国事天下事事事关心。"在报纸中有很多我们学习的地方。老师把上面的一些内容扫描下来，我们一起看看。 （出示各种统计图表） （师生共同复习统计表、条形统计图） **1. 认识折线统计图** 师：那这种统计图叫什么好呢？给它取个名字。 生：……	师：统计在我们的生活中有着广泛的应用。老师带来了一些报纸，同学们一起看看这些报纸，看你能找出哪些统计图表？ （学生浏览教师下发的多份《深圳特区报》《深圳商报》，寻找各种统计图表） 师：说说看，你找到了哪些统计图表？ 生：我们找到了统计表，它是深圳市二手房信息表。 生：我们找到了统计图，它是深圳市读报人群分析。 生：我们这张报纸上超多。 师：刚才这位同学说超多，让我们一起来看看。 （教师从学生手中拿过一张含有大量统计图表的报纸，向全体同学展示） 师：老师把所有这些报纸上的统计图表都扫描了下来。我们一起来看看哪些统计图表是我们认识的，哪些是我们不认识的？ （屏幕出示各类报刊上的统计图表的图片） 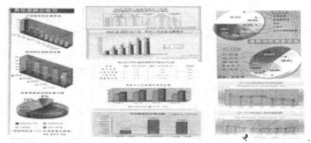 师：如果是你认识的统计图或者统计表，就请你说出来。 （教师手指一统计表） 生：统计表。 （教师手指一条形统计图） 生：条形统计图。 （教师手指一复式条形统计图） 生：条形统计图。

教学预设	教学实践
师：我们把这种统计图叫做折线统计图。 2. 辨认各类统计图表 （课件出示各种统计图表，学生辨认）	师：和前面的条形统计图有什么不一样吗？ 生：这个条形统计图每一个都有两个条形，上一个条形统计图每一个只有一个条形。 师：对了。像这种每项有两个条儿的条形统计图，我们把它叫做复式条形统计图。 （教师手指一扇形统计图） 师：这个又是什么统计图呢？ 生：圆形统计图。 师：为什么？ 生：因为它是一个圆形。 师：大家看看，在这个圆形中的每一部分像什么？ 生：扇子。 师：那你说它叫什么统计图呢？ 生：扇形统计图。 师：对啦。我们在以后会详细地学习它。 （教师手指一折线统计图） 师：这个认识吗？叫什么好呢？ 生：曲线统计图。 生：折线统计图。 师：为什么你把它叫做折线统计图呢？ 生：因为它的线看上去一波一折的。 师：这位同学用了"一波一折"这个词来形容它，很形象。
3. 统计图、表的比较 师：既然有了统计表，数字一清二楚，还要统计图干什么？你认为统计图、统计表各有什么优点和缺点？ 生：…… （明确统计图更直观，形象）	今天，我们就要一起来学习这种新的统计图——折线统计图。 （教师板书：折线统计图） 师：既然我们已经可以用统计表来表示数据了，还要用统计图干什么呢？只用统计表不就可以了吗？ 生：统计表就只有几个数字，不好看。 师：不好看？你是说它不漂亮？ 生：统计图可以根据数据画成条形，也可以画成折线，好看一些。 师：这个好看是不是就是更容易让人看明白，更直观、更形象的意思？ 生：是的。 师：正因为统计图更形象、更直观，所以我们刚才就可以在报纸上看到"超多"的统计图。

教学预设	教学实践

预设时考虑到由于报纸上有各式各样的统计图表，且这些统计图表与学生从教材中认识到的统计图表有着差异，同时为达到学生能熟练辨认各类统计图表的目的，我们在预设中安排了"辨认各类统计图表"的环节。

但是在实际教学中却做了一些调整，主要是增加了认识"复式条形统计图"和"扇形统计图"的环节。原因是：其一、在给学生的多份报刊和课件中，均有复式条形统计图和扇形统计图。其二、学生能在原有的知识基础上辨认出复式条形统计图就是条形统计图，且能一眼看出单式条形统计图和复式条形统计图的区别就是：一类是一个长条，另一类是两个长条。在这里将两种条形统计图放在一起，有了比较，学生能更全面地认识条形统计图。其三、上课中"点到为止，适时渗透，扩大知识面"，既没有增加学生负担，也不会引起学生反感，反而有助于学生更加全面地了解相关知识，何乐而不为？

<table>
<tr><td>

三、认识折线统计图的结构，看懂统计图

1. 折线统计图结构教学

师：我们先来认识折线统计图的每一部分各表示什么？

标题

统计时间

横轴的 6：00、12：00、18：00 表示——

纵轴的 0、10、20、30、40 表示——

生：……

</td><td>

二、分析数据，理解数据的合理性

1. 认识折线统计图的结构

师：我们刚刚认识了折线统计图，这里有三个折线统计图，我们先来认识它的各个部分。谁能联系条形统计图的知识说说？

（屏幕出示折线统计图）

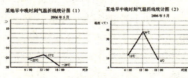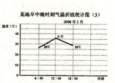

（教师手指折线统计图的各个部分，学生说出统计图的各部分的名称：标题、时间、横轴、纵轴）

师：你能联系横轴上的数据说具体些吗？

生：横轴上的 6：00 是早上的六点，12：00 是中午十二点，18：00 是晚上六点，它们都是时刻。

师：纵轴上的数据具体表示什么呢？

生：10、20、30、40 都是指气温，分别是 10 摄氏度、20 摄氏度、30 摄氏度、40 摄氏度，纵轴表示气温。

师：我们把以前学习的条形统计图和折线统计图比较一下，它们有什么相同和不同的地方？

生：它们都有横轴、纵轴、标题和时间。

生：条形统计图的中间画的是条形，折线统计图的中间画的是折线。

</td></tr>
</table>

教学预设	教学实践
2. 读懂数据 小组商议解决： 请你根据折线统计图提供的信息和自己掌握的其他相关信息资料判断：三个折线统计图各描述的是哪个地方？请说明理由。越多越详细越好。	2. 读懂数据 师：这三个折线统计图是要我们干什么呢？请大家认真读题目要求。 （屏幕出示题目及其要求） 小组商议解决：三个折线统计图分别描述的是深圳、南极、吐鲁番三个地方早、中、晚三个时刻的气温状况。请你根据折线统计图提供的信息和自己掌握的其他相关信息资料判断：三个折线统计图各描述的是哪个地方？请说明理由，越详细越好。 参考资料：吐鲁番奇观——早穿棉袄午穿纱，晚围火炉吃西瓜。南极——素有"寒极"之称。
参考资料： 吐鲁番奇观——早穿棉袄午穿纱，晚围火炉吃西瓜。 南极——素有"寒极"之称。 （学生分小组活动） 师：图1描述的是什么地方？为什么？图2呢？图3呢？ 生：…… （要能准确地理解统计图的意思，并能将数据与实际联系起来进行比较、对照，解决实际问题）	师：请大家和前后左右的同学商量着解决这个问题。 （学生三五成群聚到一块儿，不时看看屏幕，相互之间交换看法） 师：谁来说说图（1）说的是什么地方？ 生：图（1）说的是南极。因为南极气温很低，参考资料中也说南极有"寒极"之称。 师：谁能结合统计图中的数据说得更具体些？ 生：统计图里说早上六点是零下22摄氏度，中午是零下17摄氏度，晚上是零下29摄氏度。一天里早上、中午、晚上全是零下。肯定很冷。深圳和吐鲁番不是这样的。 师：你是怎么知道是零下的？ 生：它那儿写的都是—22、—17、—29，都是负数，就是表示零下嘛。 师：那图（2）呢？ 生：图（2）说的是吐鲁番。 生：是深圳。 （学生立即一片哗然之声） 师：你为什么说是深圳呢？ 生：因为深圳是很热的。中午36摄氏度是可能的。而深圳冷的时候也是很冷的。早上13摄氏度、晚上8摄氏度也是有的。去年冬天不就是很冷嘛？我还穿了棉袄呢！

教学预设	教学实践
	师：有没有不同意见？
	生：我认为是吐鲁番。因为吐鲁番的奇观是"早穿棉袄午穿纱，晚围火炉吃西瓜"。早上穿棉袄肯定就是很冷嘛，中午穿裙子就说明很热，到了晚上要围着火炉就肯定是气温很低。统计图里头早上六点 13 摄氏度就冷，中午 36 摄氏度说明热，晚上 8 摄氏度很冷。所以是吐鲁番。
	生：图（2）的折线很陡。就像我们去爬梧桐山一样，坡很陡，说明早晚温差很大。
	师：刚才这个同学说到很陡，温差很大是什么意思？谁能说得更明白一些？
	生：很陡就是上升很快，像汽车爬陡坡一样。
	生：早上六点是 13 摄氏度，中午一下子就到了 36 摄氏度，涨得很厉害；然后又从 36 摄氏度降到晚上六点的 8 摄氏度，下滑的也很厉害。
	师：刚才这两个同学说到"陡""涨""下滑"得厉害，这就是折线统计图的一个非常大的优势。它可以让我们很容易看出它什么时候上升，什么时候下降，厉不厉害，也就是很容易看出数据的——
	生：变化
	生：变化趋势。
	师：那刚才认为是深圳的看法错在什么地方呢？
	生：他说的早晚也有 13 摄氏度、8 摄氏度，那是在冬天的时候。这里说的是同一天的早中晚。
	生：昨天晚上太热，睡觉还开了空调，温度打的也是 20 摄氏度，也没有到 8 摄氏度。
	师：既然图（1）、图（2）分别说的是南极、吐鲁番。那么图（3）就是我们深圳了。我们还是要联系我们这里天气的实际情况看看统计图里说的合不合理。谁来说说？
	生：深圳一年四季热的时候多。从统计图里可以看出早上 26 摄氏度、中午 31 摄氏度、晚上 28 摄氏度，气温都很高。
	师：所以呢，当我们看到一个统计图的时候。要像刚才这些同学一样，认真读懂统计图，弄清楚每一个数据表示什么意思，为什么是这么大，合不合理。要联系生活中的实际情况去考虑，做出正确的分析和判断。

教学预设	教学实践

也曾经想过把条形统计图的结构认识这一部分与画图放在一块儿，认识统计图的结构，知道要画哪几部分，然后再去画，不是顺理成章的事情吗？但是后来权衡再三，终于放弃。因为学生已经多次接触过统计表和条形统计图，对于统计图的结构应该不会有太大问题，反而是描述数据、分析数据，理解数据的合理性并做出合理的判断倒是值得我们去加强教学，而且新课标降低了统计图的画法的要求。因此，我们将理解数据的合理性并做出正确的判断作为这一教学环节的重点。事实也证明学生能够正确理解三个统计图所包含的数据，并根据自己的理解做出了正确的判断。

只是在判断的过程中，有些学生可能更多的是依赖自己的数学直觉做出判断，因为在实际教学中有些学生知其然，但无法说出其所以然。好在大多数的学生能够联系数据表示的意义和生活经验去解释说明。因此在以后的教学中，如何加强学生"根据数据分析、说明数据意义、联系实际情况分析数据是否合理，从而做出正确判断"的统计意识还需要更进一步的研究。

教学预设	教学实践
四、认识折线统计图特征，学会画图 1. 折线统计图的特征 （出示不同的统计表） 师：我们已经学习了条形统计图和折线统计图，想一想：表（一）是用条形统计图画好呢，还是用折线统计图画好呢？表（二）用什么统计图画好呢？为什么？和同桌的同学商量一下。 师：有什么看法？ 生：……	三、认识折线统计图的特征，学会利用方格纸画图 1. 认识折线统计图的特征 师：我们现在已经认识了两种统计图。一种是条形统计图，一种是折线统计图。那什么时候用条形统计图合适，什么时候用折线统计图合适呢？我们先来看两个统计表。 （屏幕出示两个统计表） 师：表（一）是老师上课前从学校校医室收集到的五位同学的身高数据；表（二）是我们班同学陈××2003年到2005年连续几年的身高数据（2006年还没有体检）。和同桌商量一下。两个统计表分别选用什么统计图合适呢？ （学生同桌互相讨论、交流看法） 师：说说你的看法。 生：表（一）适合用条形统计图画。 师：说说理由。 生：因为它是五个不同同学的身高，用条形画出来谁高谁矮很明显。 生：也可以用折线统计图。 师：哦？你的意思就是把这个同学的身高和那个同学的身高连到一块儿？你的身高和我的身高还有他的身高连到一起，你认为这样合适吗？

教学预设	教学实践
明确条形统计图表示不同事物的数据对比更好，而折线统计图可以更好地表示同一事物在不同时间的变化趋势。 　判断适合用什么统计图？ 　不同同学的身高、体重。 　同一同学不同年份的身高体重。 　深圳市五月四日——八日的气温。 　2. 学会画图 　挑选合适的统计表，利用方格纸画折线统计图。 　学生独立在练习纸上画。 　展示制作的折线统计图，同学互相评价并改正。 　重点关注点的位置与纵轴上的刻度是否对应。 　画折线统计图时要注意什么？ 　生：…… 　统计分析：从统计图中你可以看出哪些信息？	生：不合适。 　师：表（二）呢？ 　生：表（二）适合用折线统计图。因为它是同一个同学的身高数据的变化。 　生：同一个同学的身高经过 2003 年到 2005 年，每年有不同的变化，画折线起伏变化看得一清二楚。 　师：就像这两位同学说的那样，如果是不同的人，不同事物在同一时间进行对比，就适合用条形统计图；如果是同一个人、同一事物在不同时间发生变化，就适合用—— 　生：（齐）折线统计图 　（教师在"折线统计图"下板书：同一事物不同时间） 　2. 利用方格纸画图 　师：老师这里有三个统计表，你认为分别选用什么统计图合适？ 　（屏幕出示：五个同学体重统计表、某同学 2003～2005 的年体重统计表、深圳五月四日至八日日的最高气温统计表） 　生：第一个统计表适合用条形统计图，因为它是五个不同的人的身高。 　生：第二个统计表适合用折线统计图，因为它是同一个同学不同时间的身高变化。 　生：第三个统计表适合用条形统计图，因为它是深圳在不同时间的气温变化。 　师：下面请同学们自己在方格纸上画出折线统计图，你爱画哪个就画哪个。 　（学生拿出练习方格纸进行画图） 　（利用展示台展示学生作品。师生互相评价并改正） 　师：这位同学画的是深圳五月四日至八日日的最高气温统计图。29℃在纵轴上并没有，你是怎么画出的？ 　生：在刻度线 30℃下面一点点就可以画出来。 　师：这样画准确吗？ 　生：不准确。

教学预设	教学实践
合理预测：你能从折线统计图的变化趋势预测出未来会怎样吗？	师：能不能找到一个画准确的办法呢？ 生：用尺子。 师：怎么用？ （学生手拿尺子上展示台边展示边说） 生：用尺子把 20℃到 30℃之间平均分成十份，一份就是 1℃，从 20℃往上数 9 份就是 29℃。 师：在以后的画图中，我们要借鉴这位同学的方法，利用尺子平均分，尽可能准确找到那个点，然后用尺子将点与点用线段连接起来。 （师生共同小结出画折线统计图时要注意写出标题、时间、纵轴横轴上的刻度、点上标注数据、用尺子规范画图等）

从实际的教学效果来看，出示不同特点的统计数据，学生通过比较，能够很好地理解条形统计图适合表示同一时间不同数据的对比，折线统计图适合表示同一事物不同时间的发展变化。

对于折线统计图的画法教学，老师之间存在着一些分歧。我们认为《数学课程标准》提出要加强统计教学，特别是要加强分析数据、理解数据合理性，并能进行合理决策的教学力度，因而，怎样的数据适合用什么样的统计图表示、如何根据数据的发展变化做出合理推测应该加强教学。而对于统计图表画法，考虑到教材中对于画图都是给出标题、时间，纵横轴的刻度已经区分，而且随着科技的进步，根据数据制作统计图完全可以用计算机代劳，因此我们降低了画图的要求。在实际教学中，对于统计图的标题、时间，纵横轴的刻度、数据的标注等点到为止，只是在细微刻度的准确性方面做了进一步的强调。而另一部分教师认为，应该重点放在规范画图上，特别是要舍得花时间突破选择合适大小的刻度划分、根据数据准确定点的难度。

而从学生画图的实际情况来看，确实存在着目测估计定点、不用尺子随手画线段、没有标注数据等现象。

内心深处，我们坚持己见，虽九死而不悔；但学生的实际掌握情况却也提醒我们需要慎重对待，极力权衡，力争两全其美。

教学预设	教学实践
五、内容梳理 　今天这节课学习的什么内容？ 　六、练习 　1. 错图辨析 深圳市早中晚时刻最高气温统计图 2006年5月 温度（℃） 40 30 20 10 6：00　12：00　18：00　时间 　下面是某同学画制的深圳某日早中晚时刻气温折线统计图，仔细观察这个图，谈谈你的感想。 　2. 热水与时间 　利用下面的信息和折线统计图回答： 　运动后，一个男孩去淋浴，热水缸里装有 200 升水。他洗澡用时 6 分钟，用去一半的水。然后停止洗澡 6 分钟。另一个人洗澡 6 分钟。把水缸内的水用完。 　下面哪个折线统计图与文字描述的信息是一样的？	四、分析数据，合理推测 　师：通过我们画的折线统计图，你能了解到哪些信息？ 　生：五月四日到五月八日每天最高气温是多少。 　生：五天气温变化逐渐上升，从 29℃ 到 30℃ 再到 31℃。 　生：五月五号、六号两天的最高气温是一样的，都是 30℃，七号、八号两天的最高气温是一样的，都是 31℃。 　生：八号的最高气温 31℃ 比四号 29℃ 高出 2℃。 　师：从总体上看呢？ 　生：气温是逐渐上升的。 　师：根据刚才同学们的分析，看看它的发展趋势，猜猜看，五月九号的最高气温是多少？ 　生：31℃，七号、八号两天的最高气温是一样的，都是 31℃，九号也可能不变。 　生：33℃，八号的最高气温比四号高出 2℃，31℃＋2℃＝33℃。 　生：30℃，可能会下降，不会总是热。 　生：32℃，五号、六号两天的最高气温都是 30℃，比四号 29℃ 高出 1℃。七号、八号两天的最高气温都是 31℃，比五号、六号两天的 30℃ 高出 1℃；明天可能会比今天的 31℃ 高出 1℃，就是 32℃。 　师：我们就要像这样，善于看懂数据，分析数据的变化趋势，并在这个基础上做一些合情合理的推测、猜想。刚才同学们的猜想都有道理，到底哪个是比较准确的呢？我们来拨打深圳 160 台查证一下。 　（教师掏出手机拨打 160） 　师：喂，你好！请帮着查一下，明天五月九号的最高气温是多少？ 　（查询台问话员回复） 　师：你们猜是多少？ 　（学生各执己见） 　师：32℃。 　（一些同学自豪地打出手势"V"）

教学预设	教学实践
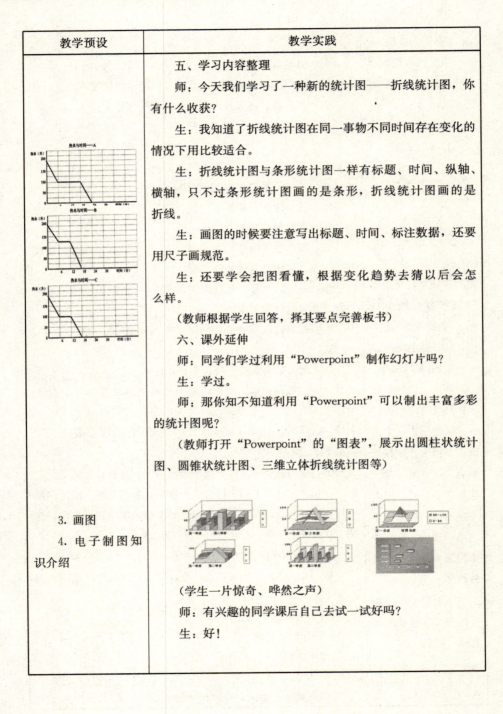 3. 画图 4. 电子制图知识介绍	五、学习内容整理 师：今天我们学习了一种新的统计图——折线统计图，你有什么收获？ 生：我知道了折线统计图在同一事物不同时间存在变化的情况下用比较适合。 生：折线统计图与条形统计图一样有标题、时间、纵轴、横轴，只不过条形统计图画的是条形，折线统计图画的是折线。 生：画图的时候要注意写出标题、时间、标注数据，还要用尺子画规范。 生：还要学会把图看懂，根据变化趋势去猜以后会怎么样。 （教师根据学生回答，择其要点完善板书） 六、课外延伸 师：同学们学过利用"Powerpoint"制作幻灯片吗？ 生：学过。 师：那你知不知道利用"Powerpoint"可以制出丰富多彩的统计图呢？ （教师打开"Powerpoint"的"图表"，展示出圆柱状统计图、圆锥状统计图、三维立体折线统计图等） （学生一片惊奇、哗然之声） 师：有兴趣的同学课后自己去试一试好吗？ 生：好！

基于前面所说的一些理由，我们将"分析数据、做出合理推测"，加大教学的力度。按照原来的预设思路，在后面的巩固练习中，我们还安排了一些内容。"错图辨析"是想让学生根据数据的意义和生活经验来判断该统计图是否合理，让学生敢于对数据的来源和统计的结果进行合理的质疑。"热水与时间"是进一步描述数据、分析数据，并与相关信息进行对照，进行合理判断的一个练习。在实际教学中，由于前面的时间没有把握好，这两个内容就没有进行。

向学生介绍"Powerpoint"的"图表"，展示出圆柱状统计图、圆锥状统计图、三维立体折线统计图等，是我们一直想做的一件事情。不仅如此，在最初的教学预设中，我们打算让学生在电脑机房中，人手一台电脑，收集大量数据，让学生从大量的信息中进行筛选，选择合适数据进行统计分析，利用"Powerpoint"中"图表"强大的制图功能来进行统计教学。后来考虑到学校的教学设施可能不能满足这种要求，而且有教师提出，根据统计数据进行必要的统计图画图是学生数学素养的一个重要方面，完全舍弃画图，利用"Powerpoint"中"图表"的制图来进行纯粹的分析和预测，整个课堂任务过于简单，不好把握。遂修改了教学方案。

我们说教学有法而无法。有法在于我们必须遵循基本的教育教学的规律、心理学的规律等进行我们的教学，在于教学中必须遵循的一些基本的教学环节……所有这些都是教学中共性的东西，而共性的东西往往无法鲜明反映出事物的本质的、有别于其他的特点。这时，我们就说，教学还需要进入"无法"的境界，即我们不可能要求许许多多的教师的教学一定要怎样去干，也不能要求教师一定不能怎样干，因为我们无法将具有无限可能的、发展的教学归结为一个统一的模式。每一个教师都具有巨大的发展潜力，每个教师的发展方向、可以达到的高度呈现出不同的情况。所以，每位教师在自己的努力下，应该呈现出自己特有的、与众不同的教学风格。比如教材的处理、环节的设计、问题的提出等，都表现出自己的特点。我们不可能给出硬性的规定，课堂教学中教师一定要这样处理，一定不能那样处理。我们只能要求教师"无适也，无莫也，义之与比"，根据自己的教学实际情况，"当时而立法，因事而制礼"。（译为：根据实际的需要去创立教学法度，随着教学的变化去实施教学活动，而不要墨守成规。）鲁迅说："其实地上本没有路，走的人多了，也便成了路。"教学亦然。

当然，我们需要自己具有全面把握、因地制宜的能力，要有虚心接受他人意见的态度，要有能够辨别真伪的法眼，要有做出临机抉择的魄力，要有融会贯通意见方案的能力。

罗杰斯认为，"自由"是"是使人敢于涉猎未知的、不确定的领域，自己做出抉择的勇气这样一种品质"，"只有寻求知识的过程的人才是可靠的人，才是真正有教养的人。"叶澜教授指出，教师应"具有把握对象实际面临的情境及时做出决策和选择、调节教育行为的魄力"。

教学活动中教师能够做出适宜的决策，是勇气和胆识的表现；做出何种选择，是能力和水平的表现；面对千变万化的课堂做出随机灵动的调控，是机智和智慧的表现……教师在教学中所表现出的勇气、胆识、知识、能力和机智便综合形成了教师本人的魄力、魅力、气质、风格乃至智慧。这种境界正是"无适也，无莫也，义之与比"所蕴涵的、所要求的，应该成为我们不断追寻的目标。

二十六、一以贯之
——数学思想统领数学教学

【信其言】

子曰："参乎！吾道一以贯之。"曾子曰："唯。"子出，门人问曰："何谓也？"曾子曰："夫子之道，忠恕而已矣。"

——《论语·里仁第四》

【解其语】

大意是，孔子对曾参说："我平日所讲的许多'道'中，有一个基本的思想贯穿始终。"曾参认为是这样。孔子出去后，别的学生问曾参什么意思，曾参说："老师所说的道，不过是忠和恕罢了。"

唐朝俱胝和尚曾经努力参禅而不能悟道，于是他向天龙禅师请教。天龙和尚听了，随即竖起一个指头给俱胝和尚看。俱胝和尚当下大悟。

从此以后，前来参学的人凡有所问，俱胝和尚都竖起一个指头来接引，没有什么其他的言语。

俱胝和尚手下有位童子，生得非常机敏伶俐。经过长时间的暗中观察，他发现俱胝和尚接引所有的信众，都竖起一个指头。他觉得接引人挺容易，并不是什么难事。于是私下里，常常趁俱胝和尚不在家，凡有人前来参问，童子也学着俱胝和尚的样子，竖起一个指头。

天长日久，大家都知道了这件事情，于是就告诉了俱胝和尚，说道："和尚，童子亦会佛法，凡有问，皆如和尚竖指。"

俱胝和尚听了，决定勘验一下童子，看他是真会佛法还是假会佛法。有一天，他在衣袖里暗藏着一把刀，把童子叫到跟前，问道："闻你会佛法，是否?"

童子回答道:"是。"

俱胝和尚便问:"如何是佛?"

童子便竖起指头。俱胝和尚突然从袖子里拿出刀来,以迅雷不及掩耳之势,削掉了童子的指头。童子负痛,嗷嗷地哭着,从方丈室往外跑。

这时,俱胝和尚在后面大声地召唤童子的名字,童子便回首看。

俱胝和尚问:"如何是佛?"

童子一听,本能地举起手,却发现指头不在,当即豁然大悟。

于是,俱胝和尚便把自己的衣钵传给了童子。

举起一指便示万法归一,世间万物莫不有"道"一以贯之,所谓"一月普现一切水,一切水月一月摄"。

罗大经在《鹤林玉露》中曾记载了赵普"半部论语治天下"的故事:宋朝宰相赵普,每天处理政务,若遇到无法解决的事情,他总是回到府邸后,拿出《论语》研读一阵,第二天便能将疑难之事解决好。"人言所读仅只《论语》而已",宋太宗赵匡义问是不是这样,他说:"臣平生所知,诚不出此,昔以其半辅太祖定天下,今欲以其半辅陛下致太平。"以半部论语治天下,可能有夸大其词的成分在里面。但是无论如何,赵普能够以《论语》中的精神、意旨帮助自己处理政事,也算是一以贯之的一个缩影。

【行其道】

古人云:"大道至简,万法归一。"

老子说:"天得一以清,地得一以宁……"

王弼说:"万物万形,其归一也。"

朱熹说:"理皆同出一源。物物各具此理,而物物各异其用,然莫非一理之流行也。"

宗教大德喝问:"万法归一,一归何处?"

物理学家探索:宇宙之间有没有一个最终可以将电磁力、强力和弱力统一的大统一理论?

自古以来,无数的先贤哲人不断思索:世界千变万化的背后,有没有一个一以贯之的"一"存在?

教育教学就如同世间万物一样，也应该有着自己一以贯之的规律。许许多多的教育家正是能够研究众多的教育现象，研究众多教育现象背后的规律，遵循教育教学规律，创立了自己一以贯之的教学理论和方法。

叶澜教授注意到基础教育中视野狭窄、短期功利的弊端，提出"新基础教育"，坚持"把课堂还给学生，让课堂充满生命活力；把班级还给学生，让班级充满成长气息；把创造还给教师，让教育充满智慧挑战；把精神生命发展主动权还给师生，让学校充满勃勃生机"的新基础教育理念。主张在教育教学中让教育还原为本色的教育，尊重、实践教育规律；让教育成为接受者愉悦接受的教育，以学生健康发展为本；让教育成为师生互动的教育，追求师生共同发展。以"要从生命和基础教育的整体性出发，唤醒教育活动的每一个生命，让每一个生命真正'活'起来"为教育宗旨，一以贯之地统领一切教育教学活动。

魏书生坚持学科教学以培养学生自学能力为主，班级工作以培养自我教育能力为主，学习方法以学会学习为主，家庭教育以养、教结合为主，学校管理以规则、威信结合为主，由此派生出一系列丰富多彩的独到理论和具体方法。用"民主、科学"作为原则，一以贯之地统领教育教学及管理工作。

邱学华在多年的教学过程中认识到，如果教师为学生创设一定的条件，学生通过尝试能够取得成功，由此他进行了尝试教学法的实验。尝试教学法注重以学生为主、自学为主、练习为主，注重充分发挥教师的主导作用、学生的主体作用、教科书的示范作用和学生间的相互作用，实施"出示尝试题——自学课本——尝试练习——学生讨论——教学讲解"五个步骤。不是教师先讲，而是让学生在原有知识的基础上，先来尝试练习，在尝试的过程中指导学生自学课本，引导学生讨论，在学生尝试练习的基础上，教师再进行讲解。尝试教学法就是以"先练后讲"为核心，无论在数学、语文，还是在其他课堂上一以贯之地实施下去。

叶澜、魏书生、邱学华这些人之所以成为教育大家，一个重要的原因就在于他们能够发现教育教学规律，抱定一个教育教学理念深入贯彻实施到工作中，一以贯之地坚持下去，能人所不能，行人所不行，得出自己独有的东西，最终成为教育大师。

【证其果】

对于数学教学而言，能够一以贯之的又是什么呢？日本著名数学家米山国藏曾指出："学生所学的数学知识在进入社会后，几乎没有什么机会应用……然而不管他们从事什么工作，唯有深深钻刻于头脑中的数学精神、思维方法、研究方法、推理方法和着眼点等，都随时随地地发挥作用，使他们终身受益。"这段话耐人寻味，值得我们深思。袁枚在《随园诗话》中说："学如弓弩，才如箭镞，识以领之，方能中鹄。"意思是，学习到的知识就好比是弓，方法就如同是箭，有弓有箭而没有目标就会无的放矢。就如同只有瞄准了才能射中鸟一般，只有用思想、见识去引领学习到的知识和方法，人们的认识才不是僵化的知识，而成为一种能力。就如同爱因斯坦所说："方法背后如果没有一种生机勃勃的精神，它们到头来也不过是一种笨拙的工具。"

数学思想是数学的精髓，教材在编排上总力争贯穿这根主线，但具体到各册各章节中，数学思想的体现是零散的、并不明显的。

一一间隔排列的"找规律"是苏教版小学数学四年级上册的教学内容，它脱胎于"植树问题"，但又与"植树问题"有所不同。"植树问题"一般区分出三种不同的情况，即"两端都种""只种一端"与"两端都不种"，而苏教版教材中的一一间隔排列，我们只看到了"两端相同"与"两端不同"两种情况。

教材为什么这样编写？由"植树问题"的三种情况到苏教版"找规律"的两种情况，只是题目类型数量上的减少吗？背后蕴含着怎样的思想？进而我们思考，"植树问题"真的需要区分为"两端都种""只种一端"与"两端都不种"三种情况吗？一一间隔排列的"找规律"是否需要就"两端相同"与"两端不同"两种情况分别展开相应的教学呢？

我们认为，无论是"植树问题"的三种情况，还是一一间隔排列的两种情况，都只是表现出外在的不同。我们需要异中求同，抓住更为重要的东西，即"一一对应"这一数学思想。无论是"植树问题""一一间隔排列的找规律"或衍生出的其他类似问题，其中的"物"与"物（或空）"之间都存在着一一对应关系。这是数学思想和方法的聚焦点，也是钻研教材的着力点。

如果我们不能抓住纷繁的表面现象背后的本质，我们将不得不面对"吾生也有涯，而知也无涯，以有涯随无涯"的尴尬状况。如果我们在教学中对"两端都种""只种一端""两端都不种"，或者"两端相同""两端不同"等各种情况分别进行相应的教学活动，并要求学生记住相应的"加一""不加不减"或"减一"等具体的方法，那么出现了其他不同的情况学生又该如何面对呢？我们是不是又去要求学生记住相应的方法呢？所以，将每种具体情况及其计算方法当作一种"规律"去找，这样的教学是不合适的。"加一""不加不减""减一"等方法只是针对不同情况做出的具体变化。学生真正需要掌握的是"以不变应万变"，即掌握背后蕴含的"一一对应"的数学思想和以问题为原型建构的"普适"的数学模型。

正是在这个意义上，我们认为，由"植树问题"的三种情况到苏教版"找规律"的两种情况，不仅仅是表现出题目类型数量上的一种变化，它更体现出教材对数学思想的一种引导和渗透。进而我们认为，应该以对应思想为核心实施"植树问题"或"一一间隔排列的找规律"的教学。

虽然苏教版教材给出的"找规律"的例题是两端相同时的一一间隔排列，但是我们仍然倾向于，在教学中先把认识两端不同的一一间隔排列作为基础打牢。因为一一间隔排列中两端不同时，两种物体数量相等，它们之间的一一对应关系更加明显，更便于学生认识。从一年级开始，学生便接触了物体与物体、物体与数之间的一一对应关系，这种一一对应时两种物体数量相等的情况，学生认识起来是驾轻就熟的。

当学生明白了两端不同时两种物体一一对应，所以一样多时，我们只需要引导学生思考：怎样将两端不同的一一间隔排列变成两端相同呢？学生很容易认识到：一一间隔排列中两端相同时，两种物体数量之间的关系只是在两端不同时两种物体完全一一对应、数量相等的基础上，其中一种物体的数量增加或减少1而已。

这样一来，无论是"两端相同"还是"两端不同"，它们都建立在"一一对应"这一重要思想的基础之上，我们就可以以对应思想为核心实施一一间隔排列的"找规律"教学。

一、实践，体会一一对应

皮亚杰说："儿童的思维是从动作开始的，切断动作与思维的联系，思维就不能得到发展。"我们需要借助动手实践,让学生在排一排、摆一摆的具体活动中去体会一一对应。

例如,我们可以开展 4 男 4 女共 8 名同学排队的活动,要求将 8 名同学按照"一一间隔"的要求排成一队,我们也可以让学生利用学具小棒和圆片摆出一个一一间隔的排列。要求学生边实践,边思考:4 名男生和 4 名女生在排队的过程中怎样做才能做到一一间隔?摆放小棒和圆片时怎样摆才可以摆出一一间隔?它们有什么相同的地方?引导学生体会,在一一间隔排列中,一个男生对应着一个女生、一个小棒对应着一个圆片,它们都是一个间隔一个、一个对应一个。随后引导学生思考:怎样把一一间隔排列由两端不同变成两端相同?通过让学生动手增加或减少一个物体,改变一一间隔排列两端的状况,帮助学生进一步认识到,无论是两端相同还是两端不同,一一间隔排列中的两种物体都存在一一对应的关系。

二、表征,表现一一对应

符号是数学的基本语言,是数学表达的基本工具。教学中,教师应帮助学生基于已有的知识经验基础,尝试用个性化的符号来表征一一间隔排列,将一一对应予以外化,表现出来,以帮助学生深化认识。

我们可以引导学生发挥自己的想象力,在草稿本上画出一个一一间隔排列。比如用字母表示"ababababab……",用数字表示"1212121212……",用图形表示" ■ ● ■ ● ■ ● ■ ……"。在这个过程中进一步引导学生思考:在画一一间隔排列时,我们是怎样做的?使学生明确,无论是先将一种物体画完后再画另一种物体,还是画一个物体后再画另一个物体,它们都一个对应一个,存在着一一对应的关系。

三、建模,抽象一一对应

"构建好的数学模型如同证明深刻的定理一样有意义。"在学生已经以动手实践体会了一一对应,并能用个性化的符号表征一一对应之后,我们就需要帮助学生将一一对应中存在的各种数量关系抽象出来,建立初步的数学模型。

由于前面已经通过动手实践、符号表征等一系列活动,充分认识、体会了一一对应，这时学生就可以顺利地认识到：

两端不同时的一一间隔排列，两种物体完全一一对应，一种物体的个数等于另一种物体的个数。

两端相同时的一一间隔排列，只是在两种物体完全一一对应的基础上增加或减少一个物体而已。此时一种物体的个数＝另一种物体的个数＋1，或另一种物体的个数＝一种物体的个数－1。简而言之，两种物体的数量相差1。

如此一来，纷繁变化的一一间隔排列规律便用"对应"这一数学思想统领起来。

二十七、见贤思齐
——学人所长、避人所短，优化教学

【信其言】

子曰："见贤思齐焉，见不贤而内自省也。"

——《论语·里仁第四》

【解其语】

大意是，孔子说："看见贤德之人，就应该向他看齐；看见不贤之人，就要自我反省，自己有没有和他一样的毛病。"

司马迁在读了孔子的书之后，就想象孔子的为人。后来参观了孔子的庙堂、车服、礼器，目睹了孔子学生跟随孔子学习礼仪的情景之后，司马迁怀着崇敬之情久久不愿离去。司马迁感叹，天下君王或贤人多了，活着的时候荣耀无比，死了之后湮没无人知晓。而孔子一介布衣，其名声、学说代代相传，成为学子的至圣先师。司马迁叹道："《诗》有之：'高山仰止，景行行止。'虽不能至，然心向往之。"

后来，"高山仰止，景行行止。虽不能至，心向往之"便成为人们见贤思齐的经典话语，与"云山苍苍，江水泱泱，先生之风，山高水长"并称瑜亮。

"先生"指的便是东汉名士严子陵。他少有高名，与光武帝刘秀是同学。后来，刘秀成为东汉皇帝。严子陵就变名改姓，隐居了起来。刘秀知道严子陵为高士，有贤德，于是下令全国上下寻访他。好不容易找到严子陵，三番五次才把他请到京城，细心照顾他的饮食起居。后来，刘秀亲自来看严子陵，严子陵却睡在床上不起身迎驾，刘秀就走到床边，摸着严子陵的肚皮说："咄咄子陵，不可相助为理邪？"（译为：子陵啊！子陵！你为什么就不肯出山帮助我治理天下呢？）严子陵睡着觉，不吭一声。过了良久才睁开眼睛说："以前唐尧为君王时，德行远播，尚有巢父隐居不出。人各有志，你又何必苦苦相逼于我呢？"刘秀说："子陵！我一国之君竟也不能使你折节事君么？"于是叹息而去。后来刘秀将严子陵接到皇宫，与他谈天说地，困后两人就睡在一起，睡梦中严子陵的脚都放到了刘秀的肚子上。刘秀授予严子陵谏议大夫一职，严子陵坚辞不受，回到富春山老家耕田种地。刘秀后来又特别召见他，他还是不去。最后老死在家中，享年 80 岁。（事见《后汉书·严光传》）

严子陵视富贵如浮云的气节，千百年来一直受到人们的敬仰。宋仁宗景佑元年（公元 1034 年），著名文学家范仲淹被贬任睦州知州，仰慕严子陵高节，特意为他造了祠堂，并写了一篇传颂千古的《严先生祠堂记》，说他"先生之心，出乎日月之上"，赞他"云山苍苍，江水泱泱，先生之风，山高水长"。

【行其道】

历史上，无数能人志士无不在目睹耳闻先贤事迹之后，触动自己的灵魂，生出"大丈夫当如此"之心，奋斗不息，学有所成。一方面是榜样的力量在激励自己，另一方面，不断的"见不贤而内自省"，也促使自己能够不重蹈覆辙，不犯同样的错误，使自己能够走出新路，另立门户，卓然自成大家。

伽利略被誉为"近代物理学之父"，他创立了新的科学实验传统，尝试用数量关系描述物理世界，将实验与数学有机结合，开创了近代物理学乃至科学的新局面。

古希腊科学家亚里士多德认为，物体在自由落体运动的时候，重的物体要先于轻的物体落地，而且物体重量越大，下落速度越快。这种看法与人们生活中的常见现象是相符的，在亚里士多德提出后的 1800 多年里，被认为是经典理论。伽利略还在比萨大学读书的时候，就对亚里士多德的运动理论表示了怀疑。他意识到亚里士多德的运动理论是不成立的，对之进行了深入的思考。假如一个 1 磅重的铁球与一个 10 磅重的铁球连在一起，那么这个整体是比 10 磅重的球下落得更快，还是比 10 磅重的球下落的慢呢？因为两个球连在一起比 10 磅还重，按照亚里士多德的理论，就应该比 10 磅重的球落得还快。可是，由于 1 磅重的球与 10 磅重的球连在一起，1 磅重的球下落的速度要比 10 磅重的球慢，这样，10 磅重的球的下落速度就会被拖后腿，也就是说，连在一起的两个球的下落速度总体上应该比 10 磅重球的下落速度还慢。而这与前面的结论是矛盾的。

为了验证自己的观点，同时向世人证明亚里士多德运动理论的错误，伽利略进行了著名的比萨斜塔实验。在比萨斜塔上，伽利略一只手拿一个 10 磅重的铅球，另一只手拿着一个 1 磅重的铅球。然后两手同时松开，两只铅球由塔上同时自然下落，同时穿过空中落在地上。为了使人信服，伽利略又重复了一次实验，结果相同。这次闻名史册的比萨斜塔实验验证了亚里士多德运动理论的错误，动摇了亚里士多德在物理学中长期占统治地位的偏见，打破了亚里士多德的神话。后来，伽利略又通过计算，得出了自由落体定律。

无论是做人处事，还是为学求知，见到对的人或事，就应该努力地学习；见到不对的人或事，就应引以为戒，反省自己有没有步人后尘。这样才能不断取得进步。

【证其果】

要想自己的教学能够不断取得进步，"见贤思齐""见不贤而内自省"也是必由之路。一些著名教师的成功之路无不说明此点。

著名特级教师华应龙曾说："找准自己和同行以前上这节课时存在的问题，才有可能设计出有价值的、有效的好课，才有可能上出有思想含量的、有影响的好课。"这不就是"见不贤而内自省"么？华应龙老师教学《圆的认识》前，就从同行和自己身上看到了一些问题，比如重视操作活动，从操作活动中归纳得出圆的特征，而对思维活动欠缺关注；重视画圆的知其然，而不重视其所以然等。正是基于"见不贤而内自省"，华老师进一步对《圆的认识》的教学内容、目标、重难点和相应的数学思维、数学文化内涵进行深入地反思与挖掘，把握住了数学学科的本质和学生知识经验基础，上出了浑然大气的《圆的认识》。

张齐华老师 2000 年时曾经上过《平均数》这一课，事隔八年后，他又于 2009 年重新上《平均数》，为什么？因为"见贤思齐"。张齐华老师曾目睹北京市第二实验小学的施银燕老师上了《众数和中位数》一课，他认识到，无论是平均数，还是众数、中位数，都是一组数据的代表。平均数侧重于反映一组数据的全貌，众数、中位数侧重于避免极端数据的干扰。平均数、众数和中位数的教学都可作为一种统计的量进行认识。张齐华老师从"数据的代表"这一视野出发，进行了新的尝试。引导学生通过观察、比较，帮助学生从各个不同侧面进一步认识平均数的敏感性、齐次性和"均差之和为 0"的特性，帮助学生自主建构平均数是"反映一组数据集中趋势的统计量"的意义，深化对平均数内涵的理解与把握。

"见贤思齐"提示我们，看见了一节好课，自己就要积极地学习其中的优点，把别人课堂教学中的长处融入自己的课堂里。"见不贤而内自省"提示我们，看见别人课堂中出现的问题，自己就要审视自己的课堂，在自己的教学中小心翼翼地避免出现类似的问题。具体而言，我们可以从三个方面进行尝试。

一、移植——拿来

移植原指将植物移动到其他地点种植，比如将在营养基中栽培的果园苗木移植到其他地方栽种。借鉴这种思路，我们也可以将自己学习到的好课进行移植教学，即上移植课。

书法学习中，人们一般从临帖开始，因为临帖是接受书法传统、发展书法的必经之路。初临帖时要求形似，要将古人大家字帖中的每个字的笔画位置安排、形态特点和相应的笔法都弄通。比如笔画的长短、粗细、曲直、斜正、起笔、行笔、收笔……用笔的藏锋、露锋、回锋、圆转、直转、提笔、顿笔……都应心中有数，这样才能临摹得惟妙惟肖，才能做到取法乎上，领略其中的意蕴内涵。

上移植课的道理也是这样。要能够实实在在地领会原课设计的诸多妙处，比如，教学目标为什么这样设定，突出教学重点时采取了什么措施，突破教学难点时设计了什么教学活动，每个教学活动背后蕴含的教学思想是什么，活动分为几个步骤，是怎么操作的……一些妙处只有通过自己亲自在课堂上"临摹"一遍，才能够有切身的体会，如人饮水，冷暖自知。

要领会好课中的诸多妙处，就需要我们认真分析好课的特点、优点，就如同临帖中的读帖一样，细细品味其中的种种好处。

要有精细的分析就要有细致的观察，我们需要借鉴微格教学法来进行微格分析，一方面利用了现代视听设备作为课堂记录手段，另一方面借助真实而准确记录教学全过程的课堂实录，帮助我们观察教学活动，对课堂进行仔细分析，收到"旁观者清"的效果。

上移植课首先保证了"同课"这一基础，即同一教学内容。它确保了我们有一个共同的基础进行比较式的研讨。共性与个性是事物之间普遍存在的一种客观联系，比较的过程追求"同中求异""异中求同"，没有了"同课"这一"同"，比较就失去了基础，就不能使自己的课和好课有效对比，取长补短。

但是移植也会带来问题，"橘生淮南则为橘，生于淮北则为枳，叶徒相似，其实味不同"，有时移植不仅不会取得好的效果，反而成效更差。因为每一个教师都有自己的教学风格，可以达到的高度也呈现出不同的情况，不同的教师面对同一教学内容，对教材的处理、环节的设计、问题的提出等各处，都会呈现出各自不同的特点、呈现出不同的面貌。所以，仅仅依靠上移植课是远远不够的。

二、嫁接——拿来主义

嫁接广泛应用于经济植物和观赏植物的无性繁殖中。它是将植物的一部分器官移接到另一株植物体上，使它们愈合成长为一新个体的技术。通过嫁接可以保持栽培品种的优良性状，增强对不良环境的适应性和对病虫害的抵抗力。

教学活动中学习的主体——学生是一个个有思想、有灵性的人，教学活动中的不可预测性也使我们不可能将教学活动看做是编好程序、按部就班进行的机械运动。事物的运动与变化是绝对的，各个方面决定了教学不可能是一成不变的。每个人对教材的分析、教学策略的选用、课程理念的体现等，都会在不同观念的指引下进行；课堂教学中，不同的教学个性、不同的教学理念、不同的思考角度、不同的挖掘深度、教学中生成的不可预知……所有这些都使不同的人会对课有不同的理解。这就要求教师要基于自己的观点和思路，在自己理解的基础上进行不同的考虑，产生不同的构想，进行不断变化的实践。

所以，全盘移植好课既然未能尽善尽美，甚至效果适得其反；那么我们就可以采取拿来主义的方法，结合自己学生的实际情况，结合自身的教学特点，将好课中的优秀做法嫁接到自己的课堂上来，起到尺水兴波的效果。

自己在教学《求近似数》时采取的一些做法，就是将黄爱华老师上《万以内数的大小比较》的做法嫁接到自己的课堂。

万以内数的大小比较	求近似数
黄爱华老师上《万以内数的大小比较》用 2 套数字卡片。	我在教学时，比如"16.6667保留两位小数是多少？"，也用数字卡片。
长江队 千百十个 8　　千百十个 9 黄河队 师：要不要继续抽？ 生：要！ 生：不要！ 生：不要抽了，千位上黄河队已经比长江队少了，再抽就没有意义了！ 师：我在想哦，黄河队的同学们，我们现在的千位是 6，他们是 8。假如我们接下来百位抽了 9，十位抽了 9，个位还是 9，我就不相信比不过他们！有没有用？ 生：没用！ 师：长江队有没有可能比过他们？ 生：因为你千位已经比他们小了，那长江队一定就赢了。	当学生得出16.6667保留两位小数约等于16.67之后，我做了如下处理： 16.66674保留两位小数约等于多少？学生得出还是16.67。 16.666746 呢？还是16.67。 16.66679 呢？还是16.67。 16.666794 呢？还是16.67。 从中我们能够得出什么结论？ 学生思考后得出，16.6667保留两位小数只需要看小数部分第三位，即千分位。至于千分位后面是多少没有关系，不管是大于 5 的 6、7、8、9，还是小于 5 的 4、3、2、1。只需要看千分位就可以了。

长江队	千	百	十	个		千	百	十	个	黄河队
		8	5	1		9	4	5	6	

（黄河队抽出9，齐声呼声）

师：好！从这轮比赛的情况来看，黄河队赢了，长江队暂时输了。长江队同学你们有没有想过，他出的这个数字是9吗？

（学生有的喊：是，有的喊：是6）

师：（一本正经地）我觉得应该是6！

生：我也觉得应该是6。

（老师指9，并且把它慢慢颠倒过来，引起了一片笑声）

师：我们玩了第一轮游戏，这中间闹个小插曲，不知道是6，也不知道是9，一不小心让我们多做了好多道题。

我将"$\boxed{16}.\boxed{6}\boxed{6}\boxed{7}$"中百分位的"6"倒过来，题目变成了"$\boxed{16}.\boxed{6}\boxed{9}\boxed{7}$，保留两位小数是多少?"。

从一般的五入进一转变为特殊的进一之后需要满十写零进一。

然后，将"$\boxed{16}.\boxed{6}\boxed{9}\boxed{7}$"中十分位的"6"倒过来，题目变成了"$\boxed{16}.\boxed{9}\boxed{9}\boxed{7}$保留两位小数是多少?"。

题目的难度进一步增大，思维更进一步深入。

最后，将"$\boxed{16}.\boxed{6}\boxed{9}\boxed{7}$"中个位的"6"倒过来，题目变成了"$\boxed{19}.\boxed{9}\boxed{9}\boxed{7}$保留两位小数是多少"。

这样，就从常规的五入进一有层次、有坡度地逐步深入，突破了连续进位、满十进一、注意写0的教学难点。

三、育种——自主建构

育种就是通过生物技术手段培养出全新物种的一种方式。比如，孟德尔选择高矮不同性状的豌豆苗进行杂交试验，获取某种稳定性状的植株，培育出具有杂交优势的高株豌豆苗植株。

教学也是这样。无论是"见贤思齐"，还是"见不贤而内自省"，都需要教师自己对课堂教学进行自主建构。建构主义理论认为，人的学习是一个积极主动的建构过程，是一个根据先前认知结构主动地和有选择地知觉外在的信息，建构其意义的过程。其建构过程不是任意的，它具有多向社会性和他人交互性，应该有交流、磋商，并有自我调整和修正。

所以，教师需要根据学生实际情况、现实的教学条件，立足于教师自身的特点和教学经验，遵循教育教学的科学规律，进行属于自己的教学设计并付诸实践，从而发现问题、解决问题，最终优化课堂教学，使自己对课堂教学的认识、对教学规律的把握经历一个不断的、螺旋式上升的"认识——实践——再认识——再实践"的认知优化与重组的建构过程。它是一个极其富有个性、体现多样化的过程，是一个围绕教学内容进行广泛对话的过程，是教师与学生共同发展的过程。它有效促进了教师对自己的教学实践不断进行反思和研究，开展创造性教学，使自己的方法更适合学生发展的需要。在这个过程中，教师需要自己独立、自主进行建构，他人的一切思想、外在的一切因素都仅仅是提供给教师思考的元素，唯有基于自己思考并付诸实践之后的经验与体会才是真正的财富。

教师的课堂教学水平、课堂教学智慧只有在不断的解决问题的过程中才能逐步地提高。所以，教师要善于发现问题，在发现问题之后，进一步明确问题的关键，决定解决问题的方向；在分析问题的基础上提出问题解决的方案，包括问题解决的方法和途径；最后通过一定的方法，确定所提出的假设是否可以有效地解决问题。解决问题的过程是一个复杂的过程。由于教学的不可预测、对所面临的"未来"一无所知，我们可能会不断地尝试错误，通过尝试错误，发现解决问题的方法。而正是在不断尝试错误，解决问题的过程中，我们有效地经历了校本研修的历程。

教师从实践中遇到的问题入手，经历了"解决什么问题——怎么解决问题——是否解决问题——又发现什么问题"的过程。教师基于有效教学进行广泛而深入的研讨，收集各种资源，学习相关理论，拿出教学设计并将这个设计付诸教学行动。在教学实践中，总是会暴露出各种各样的问题，面临这些问题，我们再次进行反思，寻找问题出现的原因，考虑解决问题的策略，制定解决问题的方案，然后再进行实践，如此周而复始，直至问题得到比较圆满的解决。这恰好促使我们的教师在专题学习中围绕主题进行广泛涉猎，提升理论水平；在公开教学中将教学设计付诸实施，观课议课；在方案修正中进行说课议课，比较鉴别、求同存异；在行为跟进中以解决问题为核心，优化策略；在总结提高中反思教学得失，提升智慧。

二十八、数而辱疏
——不要对学生数落个没完

【信其言】

子游曰："事君数，斯辱矣；朋友数，斯疏矣。"

——《论语·里仁第四》

【解其语】

大意是，子游说："劝诫君王过于烦琐，就会招致侮辱；劝诫朋友过于烦琐，就会反而被疏远"。孔子也说："忠告而善道之，不可则止，无自辱焉。"也是同理。

商纣王暴虐荒淫，不理政事，残暴无常。微子是纣的同母兄弟，多次进谏，纣不听。箕子是纣的亲戚，数次进谏，纣王仍不听。有人说："走吧，离开这里吧！"箕子说："为人臣者向君主进谏，君主不听便离他而去，这是扬君主之恶而自己取宠于民，我不能这样做。"于是箕子披头散发、佯狂为奴。比干是纣的叔父，看见箕子进谏不听而为奴，就说："君王有过而臣子不拼死力谏，那么百姓将因为君王的过错而受害，百姓何其无辜！"于是直言向纣进谏。纣王大怒，说："我听说圣人的心有七个窍，真是这样吗？"于是杀死比干，挖其心。（事见《史记·宋微子世家》）

在《史记·殷本纪》中也记载，比干数次进谏纣王，纣王不听，且更加"淫乱不止"，微子数谏不听，于是就与太师、少师商量，然后一起逃离了殷国。比干说："为人臣者，不得不以死争。"乃强谏纣。纣王"剖比干，观其心"。

比干以"有过则谏，不从则死"的勇气，多次犯颜直谏；终究自招杀身之祸。"事君数，斯辱矣"，诚不为虚。

朱元璋小时和一些穷孩子一起放牛牧羊，后来做了皇帝，就把这些朋友接到皇宫。朱元璋的这些朋友到了皇宫之后，把朱元璋以前偷蚕豆、抢豆子吃，狼吞虎咽被卡喉咙的一些事全部抖落了出来，气得朱元璋脸色大变，喝令武士把他们推出去杀掉了。这不就是"朋友数，斯辱矣"么！

"竹林七贤"之一的嵇康幼年丧父，后娶曹操孙女为妻。司马昭当权后，嵇康宁愿终日饮酒、打铁、吟诗、弹琴，也不愿与司马昭合作。同为"竹林七贤"的山涛（字巨源）则在朝为官，得到升迁后，原有职位出现了空缺，于是他多次劝嵇康出山为司马政权效力，嵇康断然拒绝，并写下著名的《与山巨源绝交书》，与山涛绝交。

不考虑对方切身感受，一味地数落对方，把对方的旧事、不足和盘托出，掀别人的老底，这样的人，谁愿意和他做朋友呢？所以，孔子说"忠告而善道之，不可则止，无自辱焉"。

【行其道】

任何事情，数量上的优势并不见得能够代替质量上的优势，有时甚至反而成为一种负担。《伊索寓言》中讲到一个故事。一匹母狼在一头母狮面前夸夸其谈，说："你看，我们狼一窝可以生下那么多的小狼。真是一个大大的家族。"母狮听了，淡淡地说："你生一窝十几个，全是狼；我一胎只生一个，是狮子。"有时，质量比数量重要。劝诫他人也是同样的道理。说得再多，不得其法，对方听不进去，也是白搭。微子、箕子和比干就是典型的例子。

任何事情，总有个尺度在那里，超过了尺度就会走到它的对立面去。所以，列宁说："真理，哪怕是真理，再向前一小步，也会变成谬误。"孔子说过"过犹不及"，也是这个道理。一位老太太笃信佛教，每日在家里面对佛像口诵佛号，一直念个不停。久而久之，他的孙子听得心烦意乱，就想了一个办法来说服他的奶奶。这一天，当老太太又诵个不停的时候，这个孙子就叫："奶奶。"老太太要念佛，就没有理会。过了一会儿，孙子又叫："奶奶。"老太太心想：有啥事他会自己往下说的，就又没理会。片刻之后，孙子又叫："奶奶。"老太太就回应了一声："啥事？"孙子回答："没事儿。"老太太瞪了孙子一眼，又回去念佛号。没想到孙子又在那里叫："奶奶。"老太太不理。过了一会孙子又叫："奶奶。"老太太还是不理。孙子就隔一段时间叫一声"奶奶"。终于，老太太生气了，对着孙子叫道："你一遍又一遍地叫我，干什么？"孙子反问老太太："您一遍又一遍地叫菩萨，干什么？"老太太一听，明白了自己绵绵不断的念诵声烦着孙子了。

对待别人，特别是对待别人的过错，出于善意的提醒和批评，帮助别人认识到自己的不足与错误，本应该是一件好事。可是不注意方式、方法，一味地数落、批评甚至埋怨，那么听者也会轻视不理，从心里感到厌恶，甚至产生抵触情绪。因而，选择正确的方法劝诫别人，是非常重要的。

刘备做太守时，颁布法令禁止酿酒，违者下狱。下面的官员却不分青红皂白，凡有酿酒工具者，都抓了起来。刘备反而认为那些官员做得好。他的谋士简雍却认为此法不妥。怎么劝诫刘备呢？一天，刘备与简雍巡视乡野，远远地看见了一男一女正走着。简雍吩咐手下赶紧将那两人抓起来，声称他们是奸夫淫妇，应该逮捕法办。刘备说："无凭无据，没有罪证，怎么就说他们有奸情呢？"简雍说："这一男一女都有生殖器官，为淫器，就会有奸情。"刘备马上明白了简雍是借此进谏，既然有"淫器"而不等于犯奸淫罪，那么有酿酒工具又怎么等同于违犯禁止酿酒的法令呢？回去后便废除了先前颁布的法令。

寻找合适的劝诫方式，可以有效地促进对方认识到自己的错误，既可以使对方改过，又可以保全劝诫者与对方良好的关系。

春秋时期，晋灵公强征百姓、耗用巨资，建造豪华高台。群臣皆以为不可，晋灵公就下令：谁劝杀谁。有个叫荀息的臣子知道后跑去见晋灵公。晋灵公弯弓搭箭等着他来，只要他一进谏就立即把他射死。荀息来到晋灵公面前，说："大王，我只是来表演一个小把戏让您开开心。我可以把十二个棋子堆起来，上面再垒起九个鸡蛋。"灵公听说后觉得有趣，就撤了弓箭，叫他表演。荀息先把十二个棋子堆起来，然后又把鸡蛋一个一个地加上去。围观的人担心鸡蛋会随时掉下来，都害怕得屏住了呼吸。灵公也惊慌不已，急促地叫："危险！危险！"荀息停下表演，对晋灵公说："建造九层高台，三年尚未成功，导致民不聊生、国库空虚，敌对国家蠢蠢欲动，国家处于灭亡的危险之中。建造高台就如同您刚才看见的把鸡蛋一个一个垒起来一样危险。"晋灵公见苟息态度诚恳、言之有理，权衡利弊得失后，停止了建造高台。

如果苟息一本正经地向晋灵公进谏，盛怒之下的晋灵公可能不仅不会听从他的谏言，反而会将他杀死。苟息没有烦琐地、大义凛然地劝谏，而是用"危如累卵"的事例来比喻建造高台的危险，旁敲侧击晋灵公。借助这种方式，让晋灵公认识到自己的错误，事情便得到了很好的解决。

【证其果】

事君数，斯辱矣；朋友数，斯疏矣。学生数，斯过矣。

对待君王的过错，毫不放过、不胜其烦地犯颜强谏，往往会自取其辱，甚至招来杀身之祸；对待朋友的过错，一遍又一遍地说个不停，往往连朋友都没得做。对待学生呢？看到学生的一点毛病就上纲上线，数落个没完，会取得好的教育教学效果么？肯定不会，只会适得其反。苏霍姆林斯基说："当学生发现你是在教育他时，你的教育就是苍白的。"所以，"事君数，斯辱矣；朋友数，斯疏矣"提示我们，对待学生的过错，不能抓住不放，数落个没完；教育学生，特别是对待学生的过错，应该在适当的时间、适当的地点，用适当的方式恰当地引导。

如何做到恰当的引导呢？《礼记·学记》说："大学之法，禁于未发之谓豫，当其可之谓时，不陵节而施之谓孙，相观而善之谓摩。"还说："故君子之教喻也，道而弗牵，强而弗抑，开而弗达。道而弗牵则和，强而弗抑则易，开而弗达则思。和易以思，可谓善喻矣。"这些论述对于帮助我们思考教育教学中如何教育学生有极大的启示。

一、豫——道而弗牵

"老师，颜齐（化名）让我们看黄色画，看裸体女人。""好色！"一进入教室，就有学生纷纷向我告状。我心里一惊："难道学生中真的有人看黄色图片？！太不像话了！"怀着"世风日下，人心不古"的感叹及对学生出格举动的极度不满，我把颜齐叫到面前，努力地保持平缓的语气说："来，把它拿给老师看看。"

颜齐很快地递了一本书给我——《影响世界的 100 位名人成才故事》，

这就是"裸体女人"?！我打开书随手往后翻，没有看见任何有碍观瞻的内容。

下面的学生已经是群情激奋。"什么衣服都没有穿，好丑哦！"更有学生双手捧脸，满面害羞状说："好羞好羞！"我对颜齐说："同学们说的是哪个？"他接过书翻到了其中一页，指着一幅图小声说："就是这个。"我仔细一看：让圣母留在人间的画圣——拉斐尔，作品《优雅三美神》，画面中三位女性体态各异，赤身裸体。这就是学生说的黄色图画？我不禁哑然失笑，心里也暗自庆幸：幸亏没有贸然地重责，否则以颜齐倔强、叛逆的性格，说不定又要生出什么事端。

学生不明就里，认为这是黄色图画，是坏的东西，这种是非观证明了在学生的心灵中还存在着一块净土。但这种简单的是非观也是必须要逐步完善的，总不能让学生非白即黑，将世界名画当作黄色垃圾吧？事情将发未发时，就必须正确的引导、教育，而且这种教育要更进一步地强化学生对社会丑陋现象的抵制，要趁学生思想单纯时提前预防，等到事情真的发生了再去补救，"则扞格而不胜"，为时已晚了。这样才能凡事"预则立，不预则废"，做到"禁于未发"。

事情已经发生了又该如何教育呢？单凭强制性的"堵"是不可能，也是不现实的。学生每日接触到的信息成千上万，"防民之口，甚于防川"，堵是于事无补的。对学生的教育应遵循"知、情、意、行"的原则，只有让学生从思想根源上能认识、辨别真与假、善与恶、美与丑，产生正确的情感态度，去恶向善、喜真恶丑，具有明确的辨别是非的能力，才能有正确的行为。"故君子之教喻也，道而弗牵"，所以教师教育方法要得当，注意引导，使学生知晓义理。如果学生一时不能明白，教师也不能拔苗助长强逼他接受。一旦学生一时不解而教师强逼他，学生就会心生忿恚或逆反。教师采用引导的方法，用宽柔的态度去对待学生、教育学生，那么学生自然心绪平和、态度端正，能够正确领会教师的教诲，此所谓"道而弗牵则和"。

二、时——强而弗抑

事情牵涉到"黄色"这一问题，学生似懂非懂，教育的尺度不太好把握：若是轻描淡写地处理，怕学生意识不到问题严重，后面会变本加厉；若是严词训斥，又担心激起学生好奇心甚至逆反心理，火中取栗。而问题已经出现，教师就必须趁热打铁，抓住适当的时机进行教育，此所谓"君子之教喻也……当其可之谓时"。

我们需要保护学生敢于指出错误的勇气和积极性，并希望学生能够保持明辨是非的能力，所以我对学生说："老师非常高兴，有这么多的同学告诉老师这件事情，并且觉得这种事情好像不好，这说明同学们的心灵是正直的、美好的。"

是不是所有的裸体现象都是丑陋的呢？并不如此。所以，需要教育学生在有正确的是非观的基础上辩证地看待裸体现象，既不能笼统地严厉要求禁止，又不能含含糊糊一带而过，更不适宜夸大处理。这就是"强而弗抑"。

我把手中的《影响世界的 100 位名人成才故事》举起来展示给学生看，并读出"目录"中的部分标题：思维超前的科学巨匠爱因斯坦、让圣母留在人间的画圣拉斐尔……然后问学生："你认为这是一本什么样的书？它是不健康的书吗？"

学生纷纷表示："这是一本好书，不是坏书。"学生已经有了自己的看法。

我再次将那张"优雅三美神"图展示给学生，说："刚才同学们看的图画就是这本书里面的。这样一本好书中怎么会有赤身裸体的图片呢？"学生听了大吃一惊，满脸疑惑，一时面面相觑。

三、顺——开而弗达

我们应立足于学生的身心特点和认知基础进行教育，不能超越学生的认识能力和水平去进行入骨三分地深入剖析，要善于利用身边的具体事例来循序渐进地引导学生通晓其中的道理。这就是"不陵节而施之谓孙（同'顺'）"。

学生毕竟年幼，一时也想不明白为什么好书里面会有裸体图画？我就举例说："当我们每个人刚出生的时候是赤身裸体还是穿戴整齐的衣服？"

学生肯定地回答："肯定赤身裸体呀！谁出生的时候还穿着衣服啊。"

我问道："那时我们是不是因为赤身裸体就很丑呢？爸爸妈妈是不是就讨厌我们呢？"

学生答道："不丑啊，爸爸妈妈很喜欢我们。"

学生面临着两种截然相反的情况：有时赤身裸体是一种丑陋的现象，有时赤身裸体却不是丑陋的。这到底是怎么回事呢？这时需要我们引导学生自己去思考其中的缘由，通过学生的用意深思使他们在意识的层面上形成正确的、深入的、全面的观念，而不应该是教师将结果和盘托出。所以《学记》告诉我们："君子之教喻也……开而弗达；开而弗达则思。"

我抓住时机问学生："这前后说明什么问题呢？"

学生一时之间无法理解，于是我继续举例，说："学过素描吗？素描是一切绘画的基础。有一种人体素描就是一个人赤身裸体地站在前面做模特，画画的人运用美术技巧把他画下来。有很多举世闻名的绘画作品画的都是赤身裸体的人体。这些赤身裸体的图画是美的还是丑的呢？"

学生说："美的。"

我接着指出："在我们的周围却存在着另外一些赤身裸体的现象，比如黄色图画等，这时的赤身裸体是美的还是丑的呢？"

学生肯定地答道："丑的。"

为了促进学生有比较全面的认识，我将学生思绪重新引回到"优雅三美神"图，抛出问题："现在你对这幅图画有什么看法？以后如果我们遇见赤身裸体的现象，该怎样看？"

学生有了前面具体的事例理解做基础，这时已经有了比较全面的认识，有学生说："这里的图画是美术，是好的。"也有学生说："有时候的赤身裸体是美好的，比如美术课里面的一些艺术作品；有时候的赤身裸体就是丑陋的，比如社会上的一些黄色的东西。"更有学生指出一些雕塑作品也是裸体的，是美的。

这样在解决问题的过程中，立足于学生的生活经验和认知基础，充分尊重学生主体地位，教师从中巧妙引导，循循善诱，促使学生经过自己的充分思考得出结论，其教学效果就比向学生和盘托出结论要好得多。

四、喻——和易以思

课后根据学生的反映来看，他们的表现是令人满意的：学生既没有视赤身裸体为洪水猛兽，也没有出现猎奇欲看个究竟的现象。"裸体画"的风波只是学生学习生活中一个小插曲，生命河流中的一朵小浪花而已。反思其过程，之所以能够取得这样波澜不惊的效果，与几个方面是分不开的。其一，如果在教育的过程中，问题出现后自己没有深入调查而是武断地批评学生，其教育效果将是适得其反的，这就要求"和"；其二，如果在教育的过程中，自己或粗暴禁止或抽象说教，而没有用婴儿出生、人体素描进行比喻式的循循善诱，学生将难以全面、深刻地理解，其教学效果将是事倍功半的，这就要求"易"；其三，如果在教育的过程中，自己没有引导学生积极思考问题，深思熟虑地进行正、反两面的比较，有所鉴别地进行认识，学生的理解将浮于表面，其教育效果将是浮光掠影的，这就要求"思"。

正因为在教育的过程中，学生相互发表意见，进行思考辨别，他们才能在不断的切磋中互相取长补短，不断地得到正确、深刻的理解，不断取得进步，这就是"相观而善之谓摩"；也正因为在教育的过程中能够做到"和""易"以及"思"，我们才能够很好地借裸体女人画的风波对学生适时地进行教育，这就是"和易以思，可谓善喻矣"。

如果我们不能做到"禁于未发之谓豫，当其可之谓时，不陵节而施之谓孙，相观而善之谓摩"，那么教育效果将是适得其反的。所以《学记》又警醒我们："发然后禁，则扞格而不胜；时过然后学，则勤苦而难成；杂施而不孙，则坏乱而不修。"

二十九、好之乐之

——兴趣是好老师，乐趣是更好的老师

【信其言】

子曰："知之者不如好之者，好之者不如乐之者。"

——《论语·雍也第六》

【解其语】

大意是，孔子说："知道某件事情不如喜欢做这件事情，喜欢做这件事情不如以这件事情为乐趣，深入进去，学有所成。"

西楚霸王项羽年少的时候，刚开始学习文学之道，但是他的兴趣并不在此，也就没有学习进去，取得任何成就；于是，他又改学武艺竞技之术，可是志不在此，学了一段时间又学无所成。他的叔叔见其学啥啥不成，非常气愤，怒其不争。可是，项羽振振有词，他说："书足以记名姓而已。剑一人敌，不足学，学万人敌。"（译为：学习写字读文章，只要能够记记姓名就可以了，有什么大用？学习武技击剑之道，也只能单枪匹马对付一个敌人，是下乘小道，没什么可以学的。我要学就学能以寡敌众、御敌万人的大成之道。）好在他的叔叔项梁也非普通人，听项羽说后，于是就教项羽运筹帷幄、决胜千里的兵法，项羽大喜，可是不求甚解，只要略知其意，就又不肯深入地钻研进去学通透。（《史记·项羽本纪》）

史书记载，项羽与刘邦为争天下曾经打了七十二场仗，前七十一仗项羽战无不胜、攻无不取，每次都把刘邦打得灰头土脸，可是在最关键的垓下之战中，项羽一败涂地，战败身死。其临死之前，有一渔翁荡一小舟，劝其先行撤退，保住性命，以图东山再起，可是项羽自觉无颜见江东父老，遂

自杀。

现在我们回过头来看项羽读书求艺的情况，便可看出其"学书不成，去；学剑，又不成""籍大喜，略知其意，又不肯竟学"的求学态度便隐射了项羽后来的命运。起初知道要学习，于是"学书"，可是不喜欢，嫌它只能写写画画记姓名而已，以为小道；"学剑"，也不喜欢，嫌弃其小气，不够气派。本来以为其志宏大，乐学"万人敌"，可是也只是表面现象，学习起来走马观花、浮光掠影，不愿深入究竟。项羽的学习过程，便是一个典型的"知之"但不"好之"，"好之"又不笃学，即使"乐之"也是学无大成的例子。由此观之，最后被十面埋伏、兵败垓下也不无道理。

【行其道】

一、"知之"，即知道、了解某一事情。心理学告诉我们，一个人即使是处于不随意注意的状态，他也能通过感官知道一些事情。就好比在旅途中，他人在旁边兴高采烈地聊天，自己坐在一边毫无所思地发呆。可是，对方所谈论的东西，有些会不由自主地听到，虽然自己并未有意识、主动地去获取相关的信息。这就是由于人的感官的基本感知能力造成的。所以，这里的"知之"对于人来说，就好比一台开着的录音机，冰冷地记录着已经发生或正在发生的事情，或者如同一面镜子，消极、被动地反映其所面对的一切。可是这里面没有更多心智投入、没有更多情绪参与。就好比一个人知道榴莲号称水果之王，是可以吃的一样，但是也仅限于知道它可以吃、很好吃，至于榴莲到底是个什么味道，他是没有尝过的。又好比学生在没有学习负数之前，就知道了在数的知识中，除了我们已经学习过的自然数、整数、分数、小数之外，还有一种数——负数，可是，具体负数表示什么意义，如何进行相关计算和应用，学生仍然一无所知。因此，这里的"知之"与"知之为知之"的"知之"是不可同日而语的。

二、"好之"即产生了兴趣，它与前面的"知之"相比则进步了许多。因为人的主观的情绪与态度参与到了学习的过程之中，这种积极主观的情绪、态度使得人在学习的过程中，对于被学习的事物表现出更多的兴趣和意欲一探究竟的欲望，在这种心理状态下，个人的心智被激活，学习的目标更明确，对学习行为的调节更自觉，个人能更好地进入学习状态。

著名生物学家达尔文曾经说过："我记得就我在学校时期的性格来说，其中对我后来发生影响的就是：我有强烈的多样的趣味，沉溺于自己感兴趣的东西，深刻了解任何复杂的问题和事物。"

达尔文小时候可以一个人坐在屋前的花园里看着花草小虫很长时间。他的母亲支持他到花园中去，还让他的姐姐也去，并让他们比一比看谁认得的花多。达尔文要是比他的姐姐认得快，母亲就吻他一下。于是，他开始整天研究花园的植物、蝴蝶，甚至观察到蝴蝶翅膀上的斑点的数量。8 岁那年，达尔文进入教会学校读书，却对《圣经》毫无兴趣，倒是一天到晚下河摸鱼虾、上树掏鸟蛋。上中学功课一般，却迷上饲养小动物。16 岁进入爱丁堡大学学医，却一看见流血就不舒服。后进入剑桥大学神学院改学神学，可是也不感兴趣。1831 年 8 月，英国海军"贝格尔号"舰去南美进行科学考察，需要一个人记录各种自然现象。达尔文由此找到了自己热爱的事业。沿途他克服种种困难，深入丛林、攀上高山，收集各种动植物标本、挖掘古生物化石、记录地层情况，积累了大量而丰富的资料；并认真学习地质学家赖尔的《地质学原理》。就是在随"贝格尔号"舰做环球航行的 5 年间，达尔文成长为一个训练有素的博物学家。1836 年 10 月，回到英国的达尔文埋头整理他的考察报告，陆续出版了《航海日志》《地质报告》（包括《珊瑚礁》《火山岛屿地质观测》《南美地质观测》三部）和《贝格尔号航行中的动物学发展》等书。1859 年 11 月 24 日，达尔文出版了生物学史上划时代的巨著《物种起源》，创立了进化论。

正是达尔文从小就表现出了对动植物非比寻常的兴趣，使得他在走了一大截冤枉路之后，最终确立自己从事动植物研究的志向，并取得了令世人瞩目的成就。由此可见，兴趣是最好的老师。我们也就不难理解杜威说过的话："我们如果能承认兴趣在教育的发展上面有发动的功用，这种觉悟便能引导我们注意各个儿童有他的特别能力，特别需要与特别趣味。承认兴趣在教育上的重要位置，便不至埋没个别的特殊个性。"

三、"乐之"即以此为乐，乐于学习，它已经不再局限于兴趣了。兴趣可以吸引人们去学习相应的内容，但是兴趣并不能带给学习的个体学有所成的成就感，因为它只是对个体所倾注的对象表现出的一种情绪和态度。而"乐之"则体现在，学习的个体已经超越了情绪、态度等不稳定的心理表现，通过学习，自己有所获、有所成，这种学而有成的成就感上升为个体学习力求获得成功的内在动力。一个人对自己认为重要的、有价值的事情，是不会去计较其他一切的，他会积极主动地克服一切困难，为完成自己的目标而自我推动。

这时，乐于学习已经超越了低层次的生理、安全的需要，而进入更高层面的自我实现的需要。学习的乐趣已经内化为学习者内在的学习品质、意志和行为，它不再随情绪的波动而扰动，表现出更为恒常稳定的学习意志。就如同保尔·朗格朗在其《终身教育引论》中说的那样："如果学习者乐于做出努力和拿出其全部力量，那么目的就必须是明确的，结果也必须是值得通过努力取得的。"

对于此点，"数学王子"高斯的求学之路可以做很好的证明。高斯，德国数学家，近代数学的重要奠基者，历史上最伟大的数学家之一。高斯小时便对数学十分感兴趣，并表现出了惊人的数学天赋，他 10 岁时计算"$1+2+3+4+\cdots\cdots+99+100=101\times50=5050$"的故事大家已经耳熟能详。而真正促使高斯立志献身数学的原因是这样一件事情。1795 年，18 岁的高斯进入著名的哥廷根大学学习。入学不到一年，也就是在 1796 年 3 月 20 日，高斯只用直尺和圆规，作出了一个正 17 边形。而这个问题自古希腊人提出来之后，已经困扰了无数杰出的数学家，在长达 2000 多年的时光里，无人能解。可是，高斯做出来了。也正因为这件事情，使高斯真正体会到了数学研究的乐趣和带给自己的成就感，并意识到了自己的数学能力。也就是在这一天，高斯决定毕生致力于数学研究。高斯去世之后，人们为他建造了一座以正 17 棱柱为底座的纪念碑，以纪念他早年杰出的发现。

所以，有知之而不好之者，如项羽于学文、学剑，既然连兴趣都没有，学无所成也是必然之事。有好之而不乐之者，如项羽学万人敌，"略知其意，又不肯竟学"，好之而不能乐之，学习不能勇猛精进，只能小有所成也在情理之中。

有知之、好之且乐之者，如达尔文、高斯等，对自己感兴趣的东西一门心思走到底"博学之、审问之、明辨之、笃行之"，学问随着兴趣的提高而提高，成就随着学习的深入而增长，乐趣随着成就的辉煌而愈发昂扬。知"道"——慕"道"——乐"道"——求"道"——更知"道"——更慕

"道"——更乐"道"——愈求"道"……如此循环往复，求学日深，为学日盛，见解日精。

【证其果】

"知之""好之""乐之"分别代表了学习的不同过程和阶段，表现出不同的学习心理状态。如果我们用"知、情、意、行"来与之类比的话，它们的关系如下表所示。

由此，我们就需要重新审视"兴趣是最好的老师"这句话，重新思考兴趣在学生学习中的作用。

从"知之"到"好之"，需要兴趣做引导，这时，我们可以理直气壮地说：兴趣是最好的老师。因为如果不注意从儿童的兴趣出发，我们就很容易让教学活动陷入陶行知先生告诫过的一种不良倾向，即"只管教，不问学生兴趣，不注重学生所提出问题的错误倾向"，最后"必然把学生灌输成烧鸭"。

由"好之"到"乐之"，兴趣已经不再是最好的老师，而是学习的动机、意志和品质成为最好的老师。这时，学习的动机会推动学生主动进行学习，指引学生的学习行为指向一定的方向，并自觉地调节和维持这种学习的状态。特别是学习内在的动机是学生积极学习的根本动力和原因。内在动机是个体对某种事物的一种内在兴趣，不会轻易消失，因而可以使学习更具有长久性。比如，学生认识到学习的意义，了解到学习对自己的发展与进步的重要性，或者在学习上取得的不断进步使得其找到自己在班集体中的归属感，进而赢得尊重，满足了自我实现的需要，这时，学生就会自觉自动、积极主动地学习。就如同苏霍姆林斯基说过的那样："人的内心里有一种根深蒂固的需要——总想感到自己是发现者、研究者、探寻者。在儿童的精神世界中，这种需求特别强烈。"

课堂教学的生命活力来自于学生对学习对象、学习内容的真实感受和体验，来自于学生对学习中问题的兴趣和好奇，来自于学生对某一问题情不自禁的猜想、假设和思考，来自于学生之间不同观点的碰撞、争辩、启迪和认同，来自于学生在自主探究的过程中对困惑的思考和理解……

比如，四年级下册的《平移》教学主要是教学把简单图形连续平移两次，它是在学生已经初步认识了平移和旋转，特别是在学习了向一个方向平移一次的基础上进行进一步的学习。

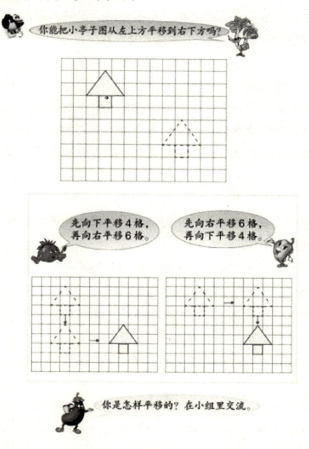

教材的教学过程设计成两段：第一段让学生体会变换图形的位置，有时需要把它平移两次。方格纸上的亭子图从左上方平移到右下方，如果按斜向既看不清楚、更难以操作。如果沿方格纸的横线和竖线把斜向平移分解成一次水平平移（即左右平移）和一次竖直平移（即上下平移），容易表达也容易操作。第二段让学生在方格纸上把亭子图连续平移两次，使它从左上方平移到右下方。

用《论语》思想提升数学教育智慧

　　苏霍姆林斯基曾说："学生的智力生活的一般境界和性质，在很大程度上取决于教师的精神修养和兴趣，取决于他的知识渊博和眼界广阔的程度，还取决于教师到学生这里来的时候带来了多少东西，教给学生多少东西，以及他还剩下多少东西。对一个教师来说，最大的危险就是自己在智力上的空虚，没有精神财富的储备。"在备课时我就想：有什么东西能在上课伊始就抓住学生的心，又能天衣无缝地将"平移"的知识融入进去呢？众里寻她千百度之后，我选择了利用风靡一时的"俄罗斯方块"游戏作为教学的素材。原因是：其一、几乎没有学生不会玩俄罗斯方块这个游戏的；其二、在俄罗斯方块游戏中，图块的向左、向右、向下运动与平移有关。在游戏中，我们需要频繁地使用到向不同方向平移两次甚至是多次的操作方法。

　　于是，我决定让学生经历俄罗斯方块游戏的过程，帮助学生在动手实践中发现平移的方向和距离，进一步掌握向不同方向平移两次的方法。

一、游戏激趣，感受平移

　　师：上课前，我们先做个小小的调查。玩过电脑游戏的同学请举手。

　　（学生"哗"一下子全举手）

　　师：玩过电脑游戏"俄罗斯方块"的同学请举手。

　　（学生"哗"一下子又全举手）

　　师：谁能说说你是怎么玩"俄罗斯方块"游戏的？

　　生：它有许多方块，每种方块都不一样。

　　生：把方块往两边，还有下边移，移到刚好填上的位置，填满一层就消一层。

　　生：还要变。有些方块要变了才能放在好地方。

　　师：同学们说得比唱得还好听。谁有胆量上来试一试？

　　（教师打开电脑游戏"俄罗斯方块"）

　　（学生起初面面相觑，继而大喜，纷纷举手）

　　师：我们请这位同学玩玩看。我们就在下面一起给他出谋划策，好不好？

　　（教师点一名学生甲上台，简单向学生甲介绍 4 个控制键后走入学生中）

　　（学生甲独立玩"俄罗斯方块"）

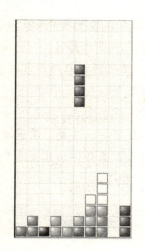

师：快帮他想想，放在哪儿合适呢？

（此时群情汹涌。一些学生大呼："那边，那边。"其手往左或右猛烈挥舞，另一些学生则大呼"转""变形""往下"，种种之声不绝于耳，教室一时喧嚣不已）

（学生甲则极熟练地利用方向键控制方块不断向左或右或下平移，或者旋转后再平移到合适的位置）

师：看来同学们对这个游戏还真是很熟悉。那同学们想过没有，游戏中方块向下、向左、向右的运动方式叫什么呢？

生：移动。

生：滑动。

生：平移。

师：对了。我们以前学过有关平移的知识。今天这节课我们就继续学习有关平移的知识。

（教师板书：平移）

【评析：老师采用了问游戏———说游戏———做游戏的方式，让学生不知不觉地进入了学习状态，从游戏中发现了数学，对数学学习产生了亲切感，激发了学生的学习兴趣。同时，激活了学生的生活经验，构筑了很好的学习平台，并使学生初步感知了平移这一运动方式。】

二、平移二要素教学

师：我们现在把游戏增加一点难度。哪位同学愿意上来试试？

（学生跃跃欲试，纷纷举手。教师点一名学生乙上台）

师：谁愿意把红领巾借老师用一下？

（一名学生解下红领巾递给老师。教师用红领巾蒙上学生乙的眼睛）

生：啊？要蒙上眼睛呀！

生：蒙上眼睛什么也看不见，怎么玩啊？

师：睁着眼睛上下左右看得一清二楚，有什么好玩的？蒙上眼睛才有意思。和刚才一样，我们可以在下面帮他出出主意呀！

（教师在学生乙面前挥了挥手）

师：看得见吗？

（学生乙用手摸了摸蒙着眼睛的红领巾，摇摇头）

师：可以开始了吗？

（学生乙右手在电脑键盘上不断摸索，终于摸到了方向键，点了点头。台上学生不知所措，台下学生一时懵懂。教师走入学生中）

师：他现在眼睛被蒙住了，看不见。大家还不给他提示提示？

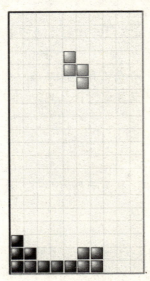

（一滴冷水滴到油锅里。教室一下子炸翻了天）

生：那边——那边！唉！唉！不是这边，是那边！

生：转，变形。那边——那边！不是不是。那边！那边呀！

生：哪边呀？你说又没说清楚。让我说。

生：左——左——左，往左。唉——对！哎呀！不是，过了过了！回来

——回来。

（学生乙起初不知所措，接下来按照耳朵听到的提示，尝试将方块向左或向右平移到了目标位置的上方）

生：下，下，往下。

（学生乙将方块一格一格向下平移）

生：（着急地）快点儿，一直向下。

（学生乙遂将向下键一按到底。方块飞一般到底后，下一个方块"嗖"地向下，堵住了去路）

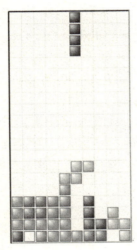

生：停，停。哎呀！错了错了。

（教师上前示意学生乙停止游戏，让全体学生安静，面对学生乙）

师：刚才同学们不是给你提示了吗？

生：他们光在那儿喊"那边那边"，也不说清楚到底是哪边。我怎么知道？

师：可是后来同学们告诉了是向左还是向右啊？

生：告诉了这个又不告诉走多远，走了半天不知道走到哪儿。

（教师面向全体学生，手指败局的"俄罗斯方块"游戏画面）

师：同学们，叫大家提示。可是提示的结果却成了这个样子。想一想，我们应该怎样提示，说清楚什么才能让这位同学能够正确地将方块平移到合适的位置呢？请小组内的几个同学好好商量一下。找到好的办法后在小组里先试一下。

（学生分小组讨论，不断有同学闭上眼睛听从提示进行上下左右的平移

操作，检验方法合不合理）

师：为了能够将方块平移到合适的位置，同学们商量出了什么好的提示办法？

生：要让他平移正确，先要告诉他是向左还是向右平移，不能只说那边这边。他眼睛蒙住了，看不见，根本就不知道是哪边。

（教师根据学生所述，择其要点板书：向____）

生：光说清楚向哪边还是不行。往哪边走几格也要说清楚，刚才就是没有说清楚走几格，结果方块掉下来把路堵死了。

（教师择其要点板书：____格）

生：是平移，不是走。方块不是人，走不成的，人才能走。

师：刚才同学们说的"向左、向右、向下"，能不能用一个更简练的词概括呢？

生：上下左右，用位置。

生：不好。向左、向右、向下——向哪边，用方向。

（教师根据学生回答要点，在"向____"左侧板书：方向）

师：向某个方向平移多少格，这个几格怎么概括呢？

生：多远。

生：远近。

生：路程。

生：距离。

（教师根据学生回答要点，在"____格"左侧板书：距离）

师：为了检验同学们的方法好不好，我们来试一试。请一个同学提示，另一个同学按照提示操作，看看他们配合得默契不默契。

（教师点两名学生上台。一名同学提示，另一名同学蒙住眼睛按照提示操作）

生1：向左平移3格。

（生2在电脑键盘上用方向键操作，使方块向左平移3格）

生1：向下平移5格。

（生2按照生1的要求操作完成）

……

师：看来这个方法还真管用。所以呀，我们在平移的过程中一定要交代清楚两点，就是——

生：方向和距离。

师：没错。

【评析：生乙蒙眼，一方面同学们的肢体语言失去了提示作用，使矛盾的焦点（方向和距离）得到了凸显，制造了障碍，诱发了反思，加深了他们对方向和距离重要性的体会；另一方面，进一步增强了游戏的趣味性，提高了学生参与的积极性；再者，为学生提供了一个观摩、实验、推理、交流的平台，让他们在实践———认识———再实践———再认识的过程中体验数学，提高了学生发现问题、解决问题的能力。】

三、两次平移教学

师：刚才我们已经知道了平移一定要注意它的方向和距离。这儿有一个"俄罗斯方块"游戏的片段，请同桌的两个同学商讨解决。

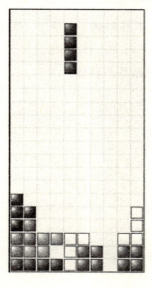

两人商讨解决：

1. 你们准备将方块从原始位置移到哪个合适的位置？在目标位置上画出方块。

2. 怎么把方块连续2次平移到目标位置？

先向（ ）平移（ ）格；再向（ ）平移（ ）格。

（学生拿出学具卡片，两人合作，利用图片及其附带的小方块纸条在图片中动手操作）

师：谁愿意做给大家看看？

生：我们是这样平移的。我们想把它放到这个目标位置。（生用手指了指展示台上的卡片）先把它向右平移3格，再向下平移15格。

（学生右手持纸条，在图片上边说边一格一格平移操作）

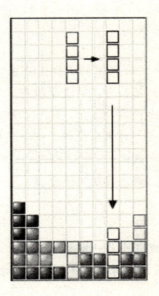

生：我们和他们做的不一样。我们是把它平移到这个位置。（生用手指了指展示台上的卡片）先把它向左平移2格，再向下平移12格。

（学生右手持纸条，在图片上边说边一格一格平移操作）

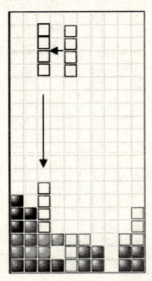

生：我们是先变形，把它横过来。然后向下平移14格。

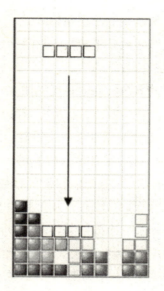

师：同学们把方块平移到不同的位置，尝试了不同的方法。想一想：刚才我们的平移和以前学习的平移有什么不同呢？可以和同桌小声商量一下。

（屏幕出示两个动画。动画1：只向一个方向平移一次。动画2：向两个不同的方向平移两次）

生：以前的平移只有一次。

生：以前的平移是向一个方向平移的。今天的平移是向两个方向平移了两次。

师：没错。那么无论是平移一次，还是向不同的方向平移两次，你认为都要注意什么呢？

生：方向。

生：还有距离。

【评析：这是一个具有较强开放性的动手实践活动，为每个学生提供了广阔的思维空间和充分运用知识动手实践、展示自我的舞台。学生全员参与，多角度、多侧面地思考问题，拓展了思维，升华了认知。】

（评析由于建华老师评点，详见《小学教学（数学版）》2007年第10期，26～27页）

兴趣不应该只是课堂的情绪添加剂，只为学生浅层的快乐而存在。有效地课堂教学应该寻找教学素材、教学内容和教学目标和谐一致的兴趣点，寻找和学生心智水平相吻合的调动学习兴趣的方式、方法和内容，营造学生感兴趣的课堂教学气氛，组织学生乐于参与的教学活动，采用符合儿童心理的手段和方法，去有趣味地进行数学教学。

我们需要思考：怎样的兴趣活动才是既能激发学生学习的激情，又能诱导学生产生学习内在动机、产生意志品质的有效的兴趣活动呢？

1. 有效的兴趣活动应是紧密联系学生生活实际的活动

学生产生兴趣首先必须对当前内容有所了解。如果学生对将要发生的、即将开展的活动一无所知，就不会产生积极的情感，也就不会对它发生兴趣。而学生对越是熟悉的内容，认识越是深刻的内容，其学习的情感就会越丰富，兴趣也就越浓厚。所以，有效的兴趣活动应该是紧密联系学生生活实际，是学生喜闻乐见、非常熟悉的活动。就好比俄罗斯方块，谁不知道俄罗斯方块？谁没有玩过俄罗斯方块？正是基于学生对它的熟悉程度，才有效的激发起了学生参与学习的欲望和动力。

2. 有效的兴趣活动应是能激起学生真情实感的活动

在教学中，学生通过参与具体的实践活动，获得情绪和理智上的感受。情绪感受则调节着学生对学习活动的态度和积极性。如果学习活动是对他们有吸引力的，他们自然会兴趣盎然；如果活动是百无聊赖的，学生自然觉得索然无味；如果在活动中能发挥所长，学生自然兴高采烈；如果活动功败垂成，学生自然感到沮丧。

就好比学生听说课堂上要玩俄罗斯方块时，起初面面相觑，继而大喜。又好比学生将向下键一按到底，方块飞一般到底后，下一个方块堵住去路时的叫悔不迭。所以，有效的兴趣活动一定是可以充分调动学生情绪，激起学生真情实感，令其喜、怒、哀、乐俱动于中的活动。

3. 有效的兴趣活动应是具有明确目标指向的活动

兴趣是人对以特定的事物、活动及对象产生的积极的和带有倾向性、选择性的态度和情绪。所以，具有一定的目标指向性。简单地说，一个人对什么感兴趣，他才会去做什么，才会对他感兴趣的事物给予优先注意和积极地探索。

在数学学习活动中，有效的兴趣活动也应该是具有明确目标指向的，而且这种目标指向性更强，它不仅仅简单地指向学生感兴趣的对象，更应该密切地联系我们的教学目标、活动目的来进行。比如，第一次玩俄罗斯方块，是通过激趣帮助学生初步感受平移；第二次蒙上眼睛玩俄罗斯方块，是为了帮助学生认识平移的方向和距离；第三次利用卡片玩俄罗斯方块，是为了帮助学生认识，怎样向不同方向进行两次平移，如何注意平移的方向和距离。每一次活动都有明确的目的，都能帮助学生扎实有效地理解和掌握平移的基础知识，形成基本能力。

4. 有效的兴趣活动应是能促使学生积极思考问题的活动

我们组织有兴趣的活动，不是为了兴趣而兴趣，而是希望通过活动，学生能够获得一些知识，思考一些问题，获得一种能力。就好比人们钓鱼时，总会在下渔竿前先向水中抛洒一些饵料，俗称"做窝子"，以吸引鱼群，或观察鱼的反应。人的大脑就好比是水，兴趣活动就好比是饵料，思维活动就好比是鱼。试问，有谁会往没有鱼的水中去投饵料呢？

所以，有效的兴趣活动应该能够积极地促使学生去思考一些问题，联系活动的内容和教学的目标，进行数学本质的思考与抽象。比如，蒙眼游戏时功败垂成，我们引导学生思考：应该怎样提示，说清楚什么才能够正确地将方块平移到合适的位置呢？将学生的思维由表及里、由浅入深、由现象到本质进行引领，使学生的思维向着深度和广度发展。这样才能使兴趣活动脱离形而下的游戏本身。所以，没有思维活动参与的兴趣活动是不足为道的。

5. 有效的兴趣活动应是学生有自主探索空间的活动

有效的兴趣活动能够使学生集中精力去获得知识，并创造性地完成当前的活动。丁肇中教授曾说："比如搞物理实验，因为我有兴趣，我可以两天两夜、甚至三天三夜在实验室里，守在仪器旁，我急切地希望发现我所要探索的东西。"有效的兴趣活动应该能够促使学生深入学习、创造性地进行思维。

在教学中，我们可以看到，不管是对平移的发现，初步感知平移这一运动方式，还是认识平移的方向和距离，进而掌握向不同方向进行两次平移的方法，都是学生自己积极主动地在游戏过程中发现、体验和感悟到的，教师没有任何的包办代替。比如在第三次玩俄罗斯方块时，利用卡片进行两次平移的教学，组织学生商讨解决两个问题：一是准备将方块从原始位置移到哪个合适的位置？在目标位置上画出方块；二是怎么把方块连续 2 次平移到目标位置？先向（ ）平移（ ）格，再向（ ）平移（ ）格。让学生自己动手实践，自主探索。这样，学生不仅仅获得了数学知识，更重要的是活动使知识内化为学生的认知结构，转化成为学生自己的能力和素质。

6. 有效的兴趣活动应是前后具有逻辑关联的活动

有效的兴趣活动应该有一条知识的脉络，或逻辑的脉络在里面，就好比红线串起珍珠一样，否则就会让人觉得教学思路混乱，教学环节不清，教学结构不明。教学活动有了逻辑关联之后，无论是教师进行教学，还是学生进行学习，沿着知识发生、发展的过程，将学习活动有条有理地进行下去，便能给人一种"常行于所当行，常止于所不可不止"的、如行云流水一般的感觉。比如，平移教学过程中，各个游戏相对独立，又连贯一体。第一次游戏是一人操作，大家参与，整体感知平移。第二次游戏是一人蒙眼，整体参与，突出学习重点难点，认识平移的方向和距离。第三次游戏是两人合作，进行连续两次平移，明确向不同方向进行两次平移的方法和要点。前后环节一脉相承，既分散了学习的内容，又突出了学习的重点难点，体现了由特殊到一般的认知过程，促使学生认知产生飞跃。

三十、善与人语
——教学语言的艺术

【信其言】

子曰："中人以上，可以语上也；中人以下，不可以语上也。"

——《论语·雍也第六》

【解其语】

大意是，孔子说："中等以上资质的人，可以告诉他较为高深的道理；中等资质以下的人，则对他们不能做过高的要求，不便于马上告诉他们高深的道理。"

秦始皇以秦国一国之力统一六国，究其原因肇始于其祖父的祖父的父亲——秦孝公，任用了一个经国之才，改变了秦国的落后局面，使秦国逐步走向强大，这个人就是商鞅。据《史记·商君列传》载，商鞅年少就对刑名之学素有研究，在魏国相国公叔座门下为上宾。公叔座知道商鞅身怀擒龙之术，还没有来得及向魏王推荐时，就病倒了。魏王来看望公叔座时，问："万一有一天你不幸死了，国家失去你这样的大臣，社稷江山该怎么办？你可有什么能人推荐？"公叔座说："我门下有一人商鞅，年虽少，有奇才，希望大王能将国政全权交付于他。"但是魏王不以为然，公孙座又谏言："如果大王不想用商鞅，就一定要杀了他，千万别让他跑了。"魏王答应了下来。公叔座又把商鞅叫来对他说："今天魏王问我谁可以继任为相，我推荐了你，可是魏王的意思好像不同意。我刚才先尽君臣之义，对魏王说如果不用你，就要杀了你。魏王答应了。你现在赶快跑吧，不久就要被抓到了。"商鞅说："既然魏王不准备答应您的建议任用我，又怎么会应承您的话来杀我呢？"最后并没有逃跑。魏王离开之后对身边的人说："唉！公叔座真是病得不轻啊！真是让人伤心。居然要我把举国政事听任商鞅处理，岂不是荒唐！"

后来，公叔座死了。商鞅听说秦孝公求贤若渴，于是离开魏国，西去入秦。商鞅想办法见到了秦孝公，说之以帝王之道，可是秦孝公听不进去，"志不开悟"，打起了瞌睡。又过了五天，商鞅第二次见秦孝公，"说公以王道而未入也"，没有什么效果。第三次，商鞅与秦孝公谈论之后，秦孝公觉得他说得不错，但还是没有用他。回去之后想了想，意犹未尽，又叫人把商鞅叫了回来。商鞅在屡次进言不用之后，也明白了秦孝公不需要帝王之术，因为它的效果太慢，等不及，秦孝公不能安安逸逸地等个数十百年以成帝王。所以，这一次，商鞅对秦孝公说以霸道之强国术，秦孝公大喜，与商鞅谈论数天而不厌。只是，商鞅也知道了，用霸道之术强国，终落于下乘，秦孝公也就难以和殷周先贤君王比德了。最后，秦孝公力排众议，任命商鞅"为左庶长，卒定变法之令"，使秦国一跃成为战国七雄之首。

同为君王，公叔座将商鞅举荐给魏王，魏王不以为然，反而认为公叔座糊涂，使得魏王错失了极佳的强国之机；如果商鞅能够为魏王所用，不知历史又会走上一条什么样的道路。而秦王数次听从商鞅的谏言，终于吹尽黄沙始到金，得到了商鞅这一治国之才，使得秦国从此走向强盛之路。

对于不同的人，有的可以语上，有的不可以语上。如魏王，不可以语上；对秦王，则可以语上。

再细而言之，对同一个人，有可以语上，有不可以语上。商鞅初见秦王，"说公以帝道，其志不开悟矣"，"孝公时时睡，弗听"，并说商鞅"妄人耳，安足用邪"；商鞅再见秦王，"说公以王道而未入也"，秦王不得其门而入。商鞅三见秦王，"说公以霸道，其意欲用之矣"，"以强国之术说君，君大说之耳"。对于秦王这样现实的人，你可以"语上"，但是他不感兴趣；如果不"语上"，他反而兴趣盎然，因为投其所好。

【行其道】

对什么样的人说什么样的话，是一件十分重要的事情；对同一个人，什么时候说话，说什么话，怎么说话，也是一件十分讲究的事情。

俄国诗人格·拉耶夫斯基有一首诗《如何对天生的瞎子讲述白色》，文中写道：

如何对天生的瞎子讲述白色：

说什么就像牛奶？就像光？就像亚麻布？

难道你能够解释，什么是风，

指着击打着窗户的树枝？

……

对瞎子讲述白色，怎么去讲？

像牛奶？——牛奶是甜的。白色就是甜？

像光？对于瞎子而言，无所谓光明与黑暗。

像亚麻布？——它是柔软可揉搓的布。白色就是布？

什么是风？——风动则树枝摇动，击打窗户。风是树枝，或是窗户？是风动，还是树枝动？还是窗户动？

"中人以下，不可以语上。"一些知识远超于一部分人的认知之外，不要奢谈能够马上告诉他什么、为他解释什么、让他透彻明白什么，就好比对瞎子解释白色。

但是我们也需要思考，"中人以下，不可以语上"，那"中人以下"可不可以"语下"呢？如果能够将一个十分深刻的道理深入浅出地讲给别人听，也是一件非常了不起的本事。

爱因斯坦的相对论发表之后，由于其理论过于艰深，绝大多数人，包括许多科学大家都不明白。著名德国物理学家普朗克就曾对爱因斯坦说："作为老朋友，我得说你的理论不会成功，即使成功，也不会有人相信你。"德国还成立了一个"德国自然哲学研究小组"，专门反对相对论。

在英国，据说有人在一个宴会上对著名科学家爱丁顿说：

"听人说，这个世界上只有两个半人懂得相对论。一个是爱因斯坦，另一个是您。"

爱丁顿面带沉思，摇了摇头。

那人说："教授，您不必谦虚，大家都是这么认为的。"

爱丁顿却说："不。我是在想，那半个人是谁呢？"

可是如此艰深的理论，爱因斯坦解释起来却深入浅出，让人不禁莞尔。当时，爱因斯坦已经在美国普林斯顿大学高等研究院任职。一天下午，爱因斯坦在校园草坪边的椅子上坐着，一群大学生说笑着跑来问：

"爱因斯坦教授，请问相对论到底是怎么回事？"

爱因斯坦沉吟了一会儿，说："相对论啊！就是这么回事。当你坐在一个漂亮姑娘旁边的时候，坐了 2 小时，可是觉得只有 1 分钟；如果你挨着一个火炉，只坐了 1 分钟，却觉得有 2 小时那么长。这就是相对论。"

所以，高深的理论故作高深地说，人能听懂的不多；高深的理论浅显地说，听不懂的人不多；"中人以上，可以语上"，"中人以下"可不可以"语上"，就看我们怎么说。

【证其果】

这个世界上，又有几个人是真正的不世出的上智之人呢？就以我们面对的学生来说，绝大多数都只是具有中人之智的普通人。可是，资质普通的学生，谁能够断言他通过学习，就不会成为一个人上人呢？一个表现中等的学生如果不积极求学，力求上进，谁又能保证他不会如逆水行舟不进则退一般，掉队到"中人以下"的行列呢？

对于那些极为聪明的学生而言，教师不说他也明白；唯有那些介于可语可不语的中间学生，需要教师的相机引导；通过教师的因材施教，使得"中人以下"也可以通过努力进入"中人以上"，这样才能实现《数学课程标准》所提出的"人人都能获得良好的数学教育，不同的人在数学上得到不同的发展"的目标。

在数学课堂上，我们面对"中人以上""中人以下"等不同能力的学生，该如何通过言语引导学生求知呢？我们可以从《礼记·学记》中吸取精华，《礼记·学记》说："善问者，如攻坚木，先其易者，后其节目，及其久也，相说以解，不善问者反此。善待问者，如撞钟，叩之以小者则小鸣，叩之以大者则大鸣，待其从容，然后尽其声。不善答问者反此。此皆进学之道也。"

一、先其易者，后其节目

"善问者如攻坚木，先其易者，后其节目，及其久也，相说以解。不善问者反此。"意思是说：如同树木有直而壮、枝而结，问题也有易而顺、难而逆。所以，巧匠攻治坚木，先斫治其容易之处，后斫其坚固之节目。师生对话中，善问之人先问其易，后问其难。不善问问题的人则刚好相反。

问题是数学的心脏。一个好的问题，必然经过心智的酝酿，更能激起学生心智的碰撞、思维的火花。所以要讲究先易后难，循序渐进，避免一开始就设计超出学生认知基础和学习能力的问题，给学生以当头棒喝。此所谓"先其易者"：给出一个学生能够解决的问题、一个有挑战性的问题，促使学生进行思考。

师生对话又不能总是平铺直叙，需要为学生创设积极、深入思考的机会，所以，对话中的问题必须是逐步地加大思维的难度，加深思维的深度，层层递进，梯次进行。在"先其易者"之后，再让学生"攻其节目"，就如同用斧子劈木材时先从没有结疤的容易之处开始，借助先前势如破竹之势，毕其攻于"节目"，难题自然顺势而解。

如"循环小数"教学片段。

循环小数是学生较难准确理解和表述的一个概念，特别是表述其意义的"循环""无限"等一些抽象说法，学生难以理解。这就是"节目"。

如何"攻其节目"呢？用讲故事的方法导入新课，用直观形象的方法在课的开始扫除障碍。

（教师播放录音："从前有座山，山上有座庙，庙里有个老和尚，他对小和尚说，从前有座山，山上有座庙，庙里有个老和尚，他对小和尚说，从前……"）

（学生们听着配乐故事，不由自主地笑了）

师：哪位同学能接着往下讲？

生：从前有座山，山上有座庙，庙里有个老和尚，他对小和尚说，从前有座山，山上有座庙，庙里有个老和尚，他对小和尚说——（这位同学讲到这里停了）

师：怎么不讲了？

生：这个故事讲不完？

师：为什么呢？

生：因为这个故事总是不断地重复说这几句话。

（教师板书：不断地重复）

这就是"先其易者"。从学生喜闻乐见的故事入手，利用故事的没完没了帮助学生领会"不断重复"。

师：如果老师让那位同学不断地重复，一直讲下去，不叫停止，想一想，他要讲多少遍？

生：要讲很多很多遍。

生：要讲无数遍。

师：像这样讲的遍数是有限的还是无限的？

生：是无限的。

师：他刚才讲的遍数呢？

生：是有限的。

这就是"攻其节目"。利用"不断重复"帮助学生理解"无数"，利用"无数"帮助学生理解"无限"，利用"有限"反衬"无限"。

师：同学们，我们听、讲这个故事的时候，总是有顺序地说着四句话，"从前有座山，山上有座庙，庙里有个老和尚，他对小和尚说"，然后不断地重复。这样，又可以叫做"依次不断地重复"。

这就是"及其久也，相说以解"。在师生对话中，问问题之人如抽丝剥茧，随对方思考的进度审时度势地予以引导，答问题的人思路清晰，概念理解透彻，明明了了。像这样的师生对话，时间久了，再难的道理也能够豁然开朗。即使如"循环""无限""不断重复""依次不断重复"等抽象难解的概念，学生学起来照样轻松自如。

"不善问者反此"（译为：不善于问的人刚好相反），师生对话中设问文不对题、反问不得其法、追问不得时机，自然效果相反，事倍功半。

二、小叩小鸣，大叩大鸣

"善待问者如撞钟，叩之以小者则小鸣，叩之以大者则大鸣，待其从容，然后尽其声。不善答问者反此。"意思是说：善于回答问题的人在应答时就好比撞钟，钟被轻轻地敲就发出小小的声音，钟被重重地撞就发出大大的声音，每撞之后，一定要等到上一次的钟声余音结束之后再进行下一次。不善应答的人则刚好相反。

钟，这里特指由铜或铁制成的一种中空的响具，多见于寺庙之中。当其被撞之时，其声庄重、浑厚，所以古人有音如"黄钟大吕"之说；其声穿透力强，绵延悠长，常能声闻数里，所以古诗中有"姑苏城外寒山寺，夜半钟声到客船"之句。这里用撞钟来形容师生对话中的问与答，别具深意：对话中应答之时既应有钟声庄重、浑厚之"厚度"，又应有钟声声闻数里之"广度"，两者不可偏废。

同样是一口钟，用不同大小的东西、不同大小的力度去撞，其效果是千差万别的。用一根筷子去敲一口大钟，能指望敲出有力的回声吗？用一根丈八圆木去撞一口小钟，可以撞出雄浑、悠长之声吗？都不可能。所以，小钟，叩之以小者，则小鸣；大钟，叩之以大者，则大鸣。

师生对话时情同此理，也要随对方所问问题的大小做出不同的判断、不同的选择，在恰当的时机，用合适的方式做出大小适宜的回答。而且在应答时要掌握好挈入时机的分寸，就如同撞钟时把握两次撞击之间的时间分寸一样。撞钟时，如果上一次的钟声尚余音袅袅，紧跟着的撞击太早发生，则破坏了"余音绕梁，三日不绝"的韵味；如果上一次的余音已经渐趋于无而下一次的撞击还未发生，则前后脱节，"凝绝不通声暂歇"，顿失美感。师生对话时，既要注意观点清晰，说理充分，语意连贯，还要有问有答、一问一答、逐问逐答，有条不紊；不能瞻前顾后，忽而在前、忽而在后，前面的问题尚没有回答完整，马上又跳到后面的问题做答，前后顺序不明，逻辑不清。此所谓"待其从容，然后尽其声"。

如"倒数"的教学片段：

生：我们有一个问题，如果说只要调换分子、分母的位置就行了，那么像 $2\frac{2}{3}$ 的整数部分怎么办呢？

师：对呀，怎么办呢？

（各小组在下面纷纷议论起来）

生：我们组计算过了。$2\frac{2}{3} \times (\quad) = 1$ 呢？可以这样想：$2\frac{2}{3} = \frac{8}{3}$，$\frac{8}{3} \times \frac{3}{8} = 1$，所以 $2\frac{2}{3}$ 的倒数是 $\frac{3}{8}$。

这就是"叩之以小者则小鸣"。学生提出的是一个具体的问题，有具体的对象——"$2\frac{2}{3}$"，有明确的指向——"整数部分怎么办"，处理的时候便本着具体问题具体处理的原则，就事论事予以解决。同时，教师并没有包办代替，而是在对话中巧妙地将皮球踢回给学生："怎么办呢?"促使"各小组在下面纷纷议论起来"，将学习的主动权交还给学生，尊重了学生的学习主体地位。这就做到了小叩小鸣，而不是对一个小问题采取信马由缰的态度，漫无边际地坐而论道。

又如"百分数的认识"教学片段。

师：你们想弄清楚什么问题啊?

（众生思考）

生：百分数后面为什么要加一横和两个圆圈?

生：百分数怎么长得跟分数不一样呢?

生：百分数为什么不在分数里面?

生：百分数后面的两个圈和一撇，那叫什么?

生：百分数代表什么意思?

生：说是 52%，为什么上面写是 52，后面一个百分号?

生：为什么那个数字在 % 号前面而不在它的后面?

生：为什么许多商品后面的标签上都用百分数，而不用分数?

生：为什么百分数说起来都说 90%，从来没有说超过 100 的? 比如说 101% 这样。

生：90% 人们常用，为什么 101%、102% 都不太用? 就是超过 100 的。

这就是"叩之以大者则大鸣"。学生一口气提出了十个问题，几乎涵盖了"百分数的认识"中所有的内容，学生之所以能够打开思路畅所欲言，关键在于教师抛出了一个大的话题："你们想弄清楚什么问题啊"，给学生以思考的时间和空间，就好比用圆木去撞一口大钟，自然能够撞出巨大的回音。这就做到了"大叩大鸣"，于是就有了学生的积极思考和问题的产生。

师：太棒了，一点点时间，我们问出了这么多的问题，我们把这许多问题稍微整理一下，写在黑板上，作为我们今天研究的问题，好不好? 那你们认为，第一个问题应该写什么?

生：为什么要用百分数?

师：也就是到底用它有什么好处?（板书：1. 百分数有什么用处?）好，第二个问题?

生：百分数的意义?（众生断断续续说）

师：百分数的意义是什么？（板书：2. 百分数的意义是什么？）第三个问题？（众生各自表达意思）在什么情况下用？好的，在什么情况下？（板书：3. 在什么情况下用？）第四个问题？

生：为什么百分数和分数不一样？（一生发言）

师：不一样，好，和分数比较。（板书：4. 和分数比较有什么不同？）刚刚这位同学说的，为什么生活当中 6%、90% 用得多，101% 那些就少呢？这个问题也可以思考的，我们不作为今天的重点，有时间我们也讨论讨论，好不好？你们看，这几个问题，是老师一个一个地讲给你们听呢，还是你们自己研究？

生：（异口同声）自己研究。

这就是"待其从容，然后尽其声"。在师生对话中，学生往往是随心所欲地想到哪里说到哪里，没有考虑知识之间的内在联系和学习的承前启后。所以，教师在这里和学生一起将十个问题按照本节课的学习目标进行重新整理：一是将多个类似的、同一主题的问题进行归类；二是整理出本节课应该完成的数学知识；三是整理出本节课学习的重点难点。这样将问题进行归纳整理，思路明确清晰之后，学习起来便能从容不迫。而且，教学中问题归纳、整理的过程不是教师的一言堂，而是师生之间进行平等、深入的对话，由教师引导，学生在原有问题的基础上充分发表自己的看法，提出自己的见解，教师只是适时点拨，略作语言组织而已。这就做到了让学生"尽其声"。

"不善答问者反此"，试想一下发生如下场景：

师：小红有红色、蓝色 2 顶帽子，准备和 3 件衣服搭配起来穿，有几种搭配呢？

生：有 6 种搭配。一顶帽子有 3 种衣服搭配，2 顶帽子就有两个 3 种搭配，$3+3=6$（种）。

生：有 6 种搭配。一顶帽子有 3 种衣服搭配，2 顶帽子就有两个 3 种搭配，$2 \times 3=6$（种）。

生：为什么可以用 $3+3=6$（种）、$2 \times 3=6$（种）呢？

师：这位同学提的问题真好！老师给大家解释一下。在排列和组合中有两个基本原理，就是加法原理和乘法原理。做一件事，完成它可以有 n 类办法，在第一类办法中有 m_1 种不同的方法，在第二类办法中有 m_2 种不同的方法⋯⋯在第 n 类办法中有 m_n 种不同的方法，那么完成这件事共有 $N=m_1+m_2+\cdots+m_n$ 种不同方法。这就是加法原理。乘法原理是什么呢？做一件事，完成它需要分成 n 个步骤，做第一步有 m_1 种不同的方法，做第二步有 m_2 种不同的方法⋯⋯做第 n 步有 m_n 种不同的方法，那么完成这件事共有 $N=m_1 \cdot m_2 \cdots m_n$ 种不同的方法。这就是乘法原理。听明白了吗？⋯⋯

像这样师生对话时，小问大答或者大问小答、问而不理、问而说尽，这些都无益于所问，无益于学习，所以说"不善答问者反此"。

在《礼记·学记》中还有诸如"幼者听而弗问，学不躐等也""力不能问，然后语之"等有关论述，对于帮助我们提升教育智慧有着极大的帮助，我们不妨"诵数以贯之，思索以通之"。

参考书目

1. 杨树达.《论语疏证》[M].南昌:江西人民出版社,2007 年 2 月

2. 杨伯峻.《论语译注》[M].第 2 版.北京:中华书局,1980 年 12 月

3. 杨伯峻.《白话四书》[M].长沙:岳麓书社,1989 年 11 月

4. 钱穆.《论语新解》[M].第 2 版.北京:生活·读书·新知三联书店,2005 年 3 月

5. 李鉴等.《论语高级解读》[M].福州:海峡文艺出版社,2009 年 1 月

6. 杨忠.《论语新读》[M].北京:科学技术文献出版社,2008 年 8 月

7. 查正贤.《论语讲读》[M].上海:华东师范大学出版社,2006 年 6 月

8. 南怀瑾.《论语别裁》[M].第 3 版.上海:复旦大学出版社,2005 年 7 月

9. 孔丘.《论语》[M].北京:蓝天出版社,2007 年 6 月

10. 金纲.《"论语"鼓吹》[M].天津:天津人民出版社,2007 年 9 月

11. 朱熹.《四书集注》[M].长沙:岳麓书社,1987 年 6 月

12. 诸葛慧源.《孙子兵法·边读边悟》[M].北京:中国长安出版社,2008 年 5 月

13. 司马迁.《史记》[M].长沙:岳麓书社,1983 年 10 月

14. 陈戍国.《礼记校注》[M].长沙:岳麓书社,2004 年 05 月

15. 刘义庆.《世说新语》[M].北京:北京燕山出版社,2008 年 05 月

16. 王阳明.《传习录》[M].广州:广州出版社,2004 年

17. 吴国胜.《科学的历程》[M].长沙:湖南科学技术出版社,1995 年 12 月

18. 劳凯声.《教育学》[M].天津:南开大学出版社,2001 年 10 月

19. 张世富.《心理学》[M].北京:人民教育出版社,1988 年 10 月

20. 张厚粲.《心理学》[M].天津:南开大学出版社,2002 年 2 月

21. 方明.《陶行知教育名篇》[M].北京：教育科学出版社，2005年1月

22. 林格.《教育是没有用的》[M].北京：北京大学出版社，2009年5月

23. 聂运伟.《爱因斯坦传》[M].武汉：湖北辞书出版社，1996年4月

24. 黄爱华.《黄爱华与智慧课堂》[M].北京：北京师范大学出版社，2006年1月

25. 徐湘灵等.《佛学入门》[M].西安：三秦出版社，1994年7月

26. 南怀瑾.《历史的经验》[M].上海：复旦大学出版社，1992年5月

27. 圣严法师.《正信的佛教》[M].上海：上海佛学书局，1993年

28. 黄修明等.《中国十大高僧》[M].延吉：延边大学出版社，1991年5月

29. 吴言生等.《禅门公案》[M].西安：陕西师范大学出版社，1992年9月

30. 钱仁康.《十大音乐家》[M].上海：上海古籍出版社，1991年10月

31. 张声怡等.《中国古代写作理论》[M].武汉：华中师范学院出版社，1983年7月

32. 张奠宙.《20世纪数学经纬》[M].上海：华东师范大学出版社，2002年3月

33. 袁梦.《专家型教师的成长之路》[M].长春：吉林大学大学出版社，2008年8月

34. 张孝达等.《数学大师论数学教育》[M].杭州：浙江教育出版社，2007年8月

35.《读者文摘》编辑部.《人生百味》[M].兰州：甘肃人民出版社，1990年7月

36.《读者》编辑部.《名人轶事》[M].兰州：甘肃人民出版社，1998年11月

37. 成尚荣.《学会数学地思维》[M].南京：江苏教育出版社，2001年8月

38. 黄爱华.《怎样上出好课》[M].重庆：重庆大学出版社，2008年5月

39. 郑毓信.《数学方法论入门》[M].杭州：浙江教育出版社，2006年3月

40. 肖川.《教育的视界》[M]. 长沙：岳麓书社，2003 年 1 月

41. 肖川.《教育的智慧与真情》[M]. 长沙：岳麓书社，2005 年 3 月

42. 肖川.《教育的情趣与艺术》[M]. 长沙：岳麓书社，2008 年 5 月

43. 肖川.《教育的理想与信念》[M]. 长沙：岳麓书社，2002 年 6 月

44. 肖川.《教育的使命与责任》[M]. 长沙：岳麓书社，2007 年 4 月

45. 田正平，肖朗.《中国教育经典解读》[M]. 上海：上海教育出版社，2005 年 12 月

46. 刘儒德等.《教育中的心理效应》[M]. 上海：华东师范大学出版社，2006 年 4 月

47. 苏霍姆林斯基，杜殿坤. 给教师的建议 [M]. 第 2 版. 北京：教育科学出版社，1984 年 6 月

48. 欧根·赫里格尔，余小华、周齐. 学箭悟禅录 [M]. 北京：今日中国出版社，1993 年 8 月

49. R. 柯朗，H. 罗宾，左平、张饴慈. 什么是数学 [M]. 第 2 版. 上海：复旦大学出版社，2007 年 8 月

50. 康斯坦丝·瑞德，袁向东、李文林. 希尔伯特——数学世界的亚历山大 [M]. 第 2 版. 上海：上海科学技术出版社，2006 年 7 月

51. 伊索，李长山等. 伊索寓言 [M]. 第 2 版. 北京：中国对外翻译出版公司，2008 年 1 月

西南师范大学出版社
《名师工程》系列丛书目录

系列	序号	书　名	主编	定价
创新语文教学系列	1	《曹洪彪新概念快速作文》	曹洪彪	30.00
	2	《小学语文：享受对话教学》	孙建锋	30.00
	3	《小学语文：名师教学目标落实艺术》	刘海涛　王林发	30.00
	4	《小学语文：名师魅力教学设计艺术》	刘海涛　王林发	30.00
	5	《小学语文：名师魅力课堂激趣艺术》	刘海涛　豆海湛	30.00
	6	《小学语文：单元整体教学构建艺术》	李怀源	30.00
	7	《小学作文：名师情趣课堂创设艺术》	张化万	30.00
思想者系列	8	《心根课堂——让教育随学生心灵起舞》	刘云生	30.00
	9	《做一个纯粹的教师》	许丽芬	26.00
	10	《率性教书》	夏昆	26.00
	11	《为爱教书》	马一舜	26.00
	12	《课堂，诗意还在》	赵赵（赵克芳）	26.00
	13	《今日教育之民间立场》	子虚（扈永进）	30.00
	14	《教育，细节的深度反思》	许传利	30.00
	15	《追寻教育的真谛——许锡良教育思考录》	许锡良	30.00
创新课堂系列	16	《个性化课堂教学艺术：小学语文》	商德远	30.00
	17	《如何实现三维目标——让学生与文本共鸣的诵读教学》	张连元	30.00
	18	《想说　会说　有话可说——突破作文瓶颈的三维教学法》	杨和平	30.00
	19	《综合课的整合创新教学》	周辉兵	30.00
	20	《如何打造学生喜欢的音乐课堂》	张娟	30.00
	21	《理想课堂的构建与实施——一个教研员眼中的理想课堂》	张玉彬	30.00
	22	《小学语文：决定教学质量的关键策略》	李楠	30.00
	23	《用〈论语〉思想提升数学教育智慧》	胡爱民	30.00
	24	《童化作文——浸润儿童心灵的作文教学》	吴勇	30.00
高效课堂系列	25	《用什么提高课堂效率——有效数学课必须关注的10大要素》	赵红婷	30.00
	26	《让作文更轻松——小学作文高效教学36锦囊》	李素环	30.00
	27	《让研究性学习更高效——研究性学习施教指导策略》	欧阳仁宣	30.00
	28	《让母语融入学生心灵——提升学生语文素养的高效施教艺术》	黄桂林	30.00
班主任专业化系列	29	《神奇的教育场——打造特色班级文化创新艺术》	李德善	30.00
教研提升系列	30	《教师怎样做小课题研究——高效助力教师专业化成长》	徐世贵　刘恒贺	30.00
	31	《今天我们应怎样评课》	张文质　陈海滨	30.00
	32	《今天我们应怎样进行教学反思》	张文质　刘永席	30.00
	33	《一节好课需要的教育智慧》	张文质　姚春杰	30.00
优化教学系列	34	《让教学更生动——激发兴趣让学生快乐认知》	朱良才	30.00
	35	《让教学更高效——策略创新让教学事半功倍》	孙朝仁	30.00
	36	《让教学更开放——拓展延伸让学生触类旁通》	焦祖卿　吕勤	30.00
	37	《让教学更生活——体验运用让学生内化知识》	强光峰	30.00
	38	《让知识更系统——整合与概括让学生建构体系》	杨向谊	30.00
	39	《让思维更创新——思辨与发散让学生思维活跃》	朱良才	30.00

系列	序号	书　　　名	主编	定价
名校长核心思想系列	40	《做一个智慧的校长》	孙世杰	30.00
	41	《成为有思想的校长》	赵艳然	30.00
名校系列	42	《好学校，从关注每个学生开始——石梅小学优质教育多元感悟》	顾　泳　张文质	30.00
幼师提升系列	43	《全国优秀幼儿健康教育活动课例评析》	教育部教育管理信息中心	30.00
	44	《全国优秀幼儿艺术教育活动课例评析》	教育部教育管理信息中心	30.00
	45	《全国优秀幼儿社会教育活动课例评析》	教育部教育管理信息中心	30.00
	46	《全国优秀幼儿语言教育活动课例评析》	教育部教育管理信息中心	30.00
	47	《全国优秀幼儿科学教育活动课例评析》	教育部教育管理信息中心	30.00
名师名课系列	48	《名师如何炼就名课》（美术卷）	李力加	35.00
教师修炼系列	49	《班主任工作行为八项修炼》	杨连山	30.00
	50	《教师心理健康六项修炼》	李慧生	30.00
	51	《教师专业化五项修炼》	杨连山　田福安	30.00
	52	《课堂教学素养五项修炼》	刘金生　霍克林	30.00
	53	《高效教学技能十项修炼》	欧阳芬　诸葛彪	30.00
	54	《教师新师德六项修炼》	王毓珣　王　颖	30.00
创新数学教学系列	55	《小学数学：名师教学目标落实艺术》	余文森	30.00
	56	《小学数学：名师高效教学设计艺术》	余文森	30.00
	57	《小学数学：名师易错问题针对教学》	余文森	30.00
	58	《小学数学：名师魅力课堂激趣艺术》	余文森	30.00
	59	《小学数学：名师同课异教》	林高明　陈燕香	30.00
	60	《小学数学：名师抽象问题艺术教学》	余文森	30.00
教育通识系列	61	《用心做教师——青年教师快速成长的十大定律》	王福强	30.00
	62	《做最受学生欢迎的老师》	赵馨　许俊仪	30.00
	63	《做有策略的校长——经典寓言与学校管理智慧》	宋运来	30.00
	64	《做有策略的教师——经典故事中的教育启示》	孙志毅	30.00
	65	《从学生那里学教书》	严育洪	30.00
	66	《突破平庸——提升教育质量的31个跳板》	严育洪	30.00
	67	《教育，诗意地栖居》	朱华忠	30.00
	68	《好班规打造好班级》	赵凯	30.00
	69	《做学生成长的引领者——学生终身成长的素质培养》	田祥珍	30.00
	70	《如何管出好班级——突破班级管理的四大瓶颈》	刘令军	30.00
	71	《青春期性教育教师实用手册》	闵乐夫	30.00
教育细节系列	72	《名师最具渲染力的口才细节》	高万祥	30.00
	73	《名师最有效的沟通细节》	李燕　徐波	30.00
	74	《名师最有效的激励细节》	张利　李波	30.00
	75	《名师培养学生好习惯的高效细节》	李文娟　郭香萍	30.00
	76	《名师人格教育的经典细节》	齐欣	30.00
	77	《名师营造课堂氛围的经典细节》	高帆　李秀华	30.00
	78	《名师最有效的赏识教育细节》	李慧军	30.00
	79	《名师最有效的批评细节》	沈旎	30.00

系列	序号	书 名	主编	定价
教育管理力系列	80	《名校激励管理促进力》	周 兵	30.00
	81	《名校安全管理执行力》	袁先澂	30.00
	82	《名校师资团队建设力》	赵圣华	30.00
	83	《名校危机管理应对力》	李明汉	30.00
	84	《名校校本研究创新力》	李春华	30.00
	85	《学校文化力建设策略》	袁先澂	30.00
	86	《名校长核心教育力》	陶继新	30.00
	87	《名校长高绩效领导力》	周辉兵	30.00
	88	《名校行政管理细节力》	杨少春	30.00
	89	《名校教学管理提升力》	张 韬 戴诗银	30.00
	90	《名校学生管理教导力》	田福安	30.00
	91	《名校校园文化构建力》	岳春峰	30.00
教育心理系列	92	《做最好的心理导师——中学生心理健康咨询手册》	杨 东	30.00
	93	《每天学点教育心理学》	石国兴 白晋荣	30.00
	94	《学生心理拓展训练与指导》	徐岳敏	30.00
	95	《好心态成就好学生——学生心理问题剖析与对症教育》	李韦遵	30.00
大师讲坛系列	96	《大师谈教育心理》	肖 川	30.00
	97	《大师谈教育激励》	肖 川	30.00
	98	《大师谈教育沟通》	王斌兴 吴杰明	30.00
	99	《大师谈启蒙教育》	周 宏	30.00
	100	《大师谈教育管理》	樊 雁	30.00
	101	《大师谈儿童人格塑造》	齐 欣	30.00
	102	《大师谈儿童习惯培养》	唐西胜	30.00
	103	《大师谈儿童能力培养》	张启福	30.00
	104	《大师谈早恋与性教育》	闵乐夫	30.00
	105	《大师谈儿童情感教育》	张光林 张 静	30.00
教师成长系列	106	《学学名师那些事》	孙志毅	30.00
	107	《给新教师的建议》	李镇西	30.00
	108	《教师心灵读本：成为有思想的教师》	肖 川	30.00
	109	《教师心灵读本：教师，做反思的实践者》	肖 川	30.00
高中新课程系列	110	《高中新课程：教师角色转变细节》	缪水娟	30.00
	111	《高中新课程：班主任新兵法细节》	李国汉 杨连山	30.00
	112	《高中新课程：教学管理创新细节》	陈 文	30.00
	113	《高中新课程：更有效的评价细节》	李淑华	30.00
教学新突破系列	114	《把教学目标落实到位——名师优质课堂的效率管理》	冯增俊	30.00
	115	《拿什么调动学生——名师生态课堂的情绪管理》	胡 涛	30.00
	116	《零距离施教——名师和谐师生关系的构建艺术》	贺 斌	30.00
	117	《一个都不能落——名师提升学困生的针对教学》	侯一波	30.00
	118	《让学习变得更轻松——名师最能吸引学生的情境设计》	施建平	30.00
	119	《让知识变得更易学——名师改造难学知识的优化艺术》	周维强	30.00
教学提升系列	120	《方法总比问题多——名师转变棘手学生的施教艺术》	杨志军	30.00
	121	《用特色吸引学生——名师最受欢迎的特色教学艺术》	卞金祥	30.00
	122	《让学生爱上课堂——名师高效课堂的引导艺术》	邓 涛	30.00
	123	《拿什么打开思路——名师最吸引学生的课堂切入点》	马友文	30.00
	124	《没有记不牢的知识——名师最能提升学生记忆效果的秘诀》	谢定兰	30.00
	125	《让学生的思维活起来——名师最激发潜能的课堂提问艺术》	严永金	30.00

系列	序号	书　　名	主编	定价
名师讲述系列	126	《施教先施爱——名师讲述班主任的核心教导力》	杨连山　魏永田	30.00
	127	《在欢乐中成长——名师讲述最具活力的课堂愉快教学》	王斌兴	30.00
	128	《让学生做自己的老师 ——名师讲述如何提升学生自主学习能力》	徐学福　房　慧	30.00
	129	《引领学生高效学习 ——名师讲述如何提高学生课堂学习效率》	刘世斌	30.00
	130	《教育从心灵开始——名师讲述最能感动学生的心灵教育》	张文质	30.00